ITQ 시험준비를 위한

한글 정복하기

| 이준형 지음 |

21세기사

이 책의 1장에서는 한글(Hangul)을 시작하는 방법에 대해 설명한다. 1절은 한글 시작하기이고 2절은 용지여백 설정하기이다. 2장에서는 머리말 작성하는 방법에 대한 내용이다. 이 장에서는 머리말/꼬리말 대화상자로 머리말을 작성하는 방법을 설명한다. 3장에서는 표(Table)를 작성하는 방법에 대한 내용이다. 표 제목 작성하기, 표 작성하기, 표 편집하기로 구성된다. 4장은 문단 번호에 대한 설명을 한다. 문단 제목, 문단 번호, 문단 수준에 대한 내용을 다룬다.

5장에서는 책갈피 작성하기와 덧말 넣기를 다룬다. 6장에서는 문단 첫 글자 장식 기능을 사용하는 방법을 소개한다. 7장은 그림 작성과 편집에 대한 실습을 한다. 8장은 각주와 한자 넣기에 대해 설명한다. 9장에서는 쪽 번호 매기기와 새 번호로 시작하기를 다룬다.

10장에서는 도형 이미지 꾸러미와 글맵시 개체 활용하기인데, 직사각형 개체 작성하기, 가로 글상자 개체 작성하기, 책갈피에 하이퍼링크 연결하기, 글맵시 개체 작성하기, 그리기 개체를 이용한 다양한 도형 작업하기를 실습한다. 11장에서는 표 작업하기 이며 표를 작성하고 작성된 표의 계산기능 이용한 합계 계산하기, 캡션 기능 사용하기를 설명한다.

12장에서는 차트 작업하기를 다룬다. 차트를 작성하기, 차트 종류 설정하기, 차트 제목 설정하기, 축 제목 설정하기, 차트 제목 모양 편집하기, 축 제목 모양 편집하기, 축 모양 편집하기, 축 이름표 모양 편집하기(가로 값 축), 축 이름표 모양 편집하기(세로 항목 축), 범례 모양 편집하기에 대한 내용을 다룬다. 13장에서는 문단스타일 작성하기에 대한 내용을 설명한다. 문단 스타일 추가하기와 문단 모양 설정하기, 글자 모양 설정하기를 소개한다. 14장에서는 수식 편집하기를 설명한다.

머리말

많은 사람들이 관심을 갖고 있는 ITQ(정보기술자격) 시험은 매번 유사한 유형의 문제가 나오기 때문에 이 책을 통해 문제의 유형을 파악하는데 도움이 될 것 같다. 본 교재는 한글을 이용해 문서를 작성하고자 하는 사람과 ITQ 자격시험을 준비하는 학생들에게도 도움이 될 수 있을 거라고 생각된다.

좋은 책이 되도록 정성을 다해 편집하고 출판해주신 출판사 관계자 분들과 많은 도움을 주신 분들께 깊은 감사를 드립니다.

2020년

이준형

목차

목차

01
CHAPTER

한글(Hangul) 시작하기

1.1 한글 시작하기

1.2 용지여백 설정하기

1장에서는 1절의 한글 시작하기와 2절의 용지여백 설정하기로 구성된다. 먼저, 1절에서는 한글 프로그램을 실행하기위해 "한글과컴퓨터/한컴오피스 한글 2010" 폴더에 있는 "한컴오피스 한글 2010"을 실행하는 방법을 알아본다.

2절에서는 ITQ 시험의 공통부문에서 설정해야할 용지여백 설정하는 방법을 실습한다. 왼쪽 · 오른쪽 여백은 1.1cm(11mm), 위쪽 · 아래쪽 · 머리말 · 꼬리말은 1cm (10mm), 제본 0cm(0mm)로 설정한다. "쪽(W)" 메뉴의 "편집 용지(J)..."에서 작업한다.

편집 용지의 최종 설정 화면은 아래 그림과 같다.

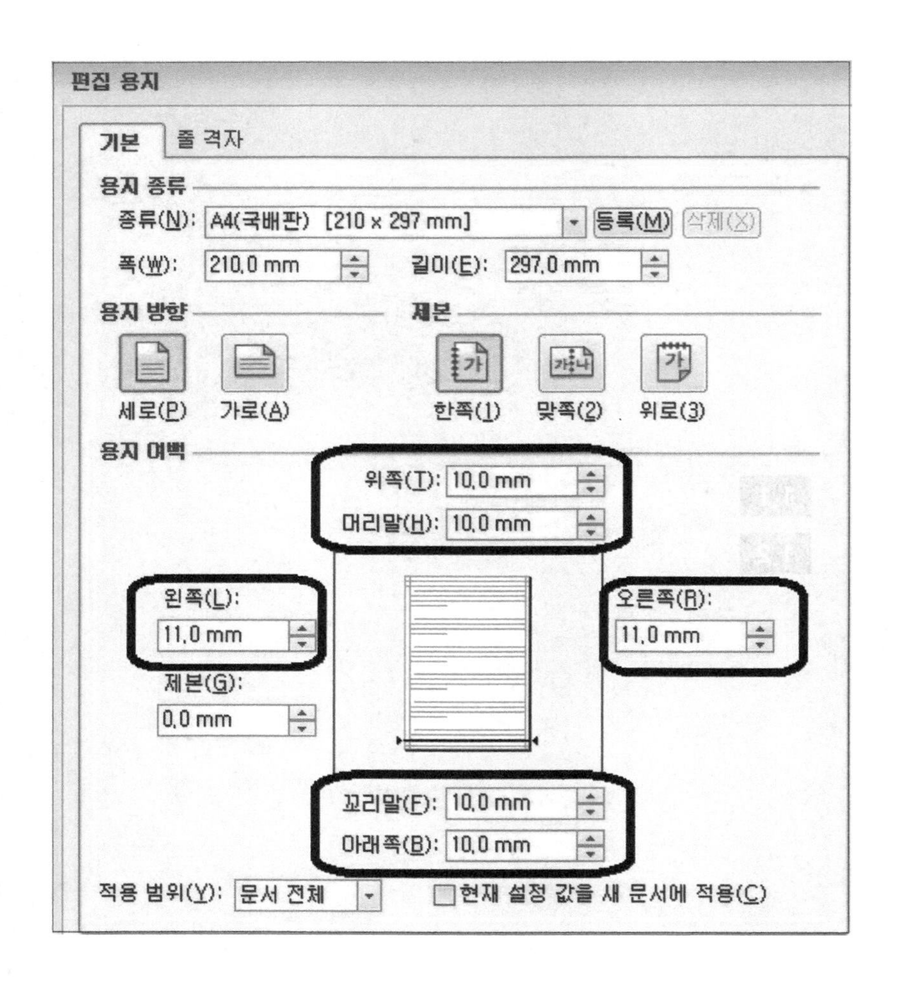

1.1 한글 시작하기

한글 프로그램을 실행하기위해 바탕화면 좌측 하단의 "시작"을 클릭한 다음, "모든 프로그램"을 클릭한다. 이어서, "한글과컴퓨터/한컴오피스 한글 2010" 폴더를 클릭한 다음, "한컴오피스 한글 2010"을 클릭한다. 성공적으로 한글 프로그램이 실행되면, 〈그림 1〉과 같은 화면이 나타난다.

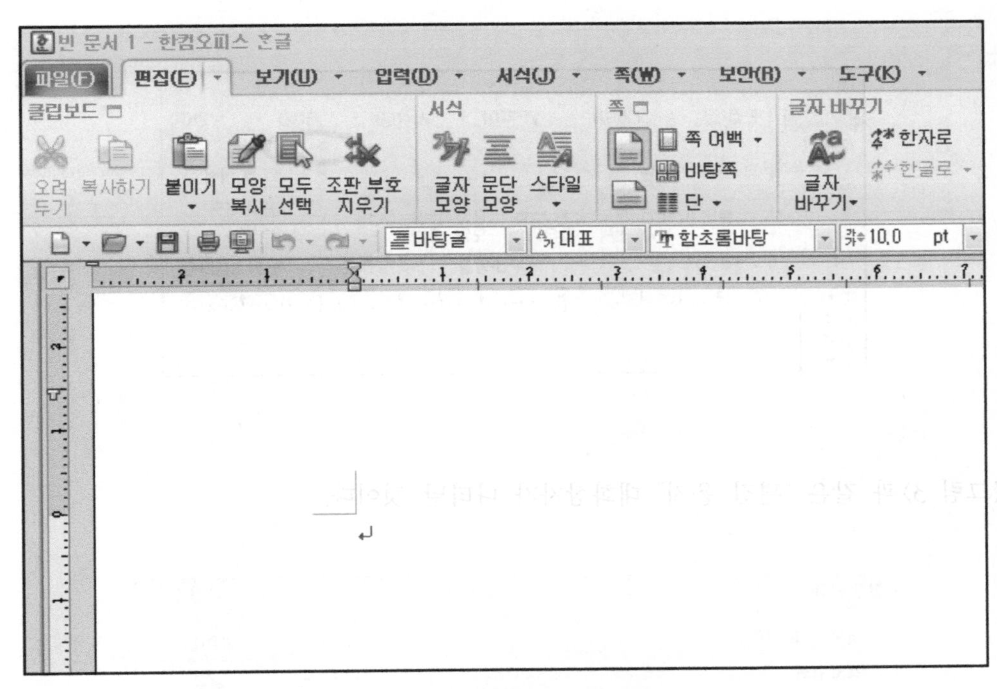

〈그림 1〉

이상으로 한글 시작하기의 실습을 마친다.

1.2 용지여백 설정하기

ITQ 시험의 공통부문에서 설정해야할 용지여백 설정하는 방법을 실습해보기로 한다. 왼쪽 · 오른쪽 여백은 1.1cm(11mm), 위쪽 · 아래쪽 · 머리말 · 꼬리말은 1cm(10mm), 제본 0cm(0mm)로 설정하기로 한다. 〈그림 2〉와 같이 타원으로 표시한 "쪽" 이라는 위치를 클릭한다. 혹은 "쪽(W)" 메뉴의 "편집 용지(J)..."를 클릭해도 된다.

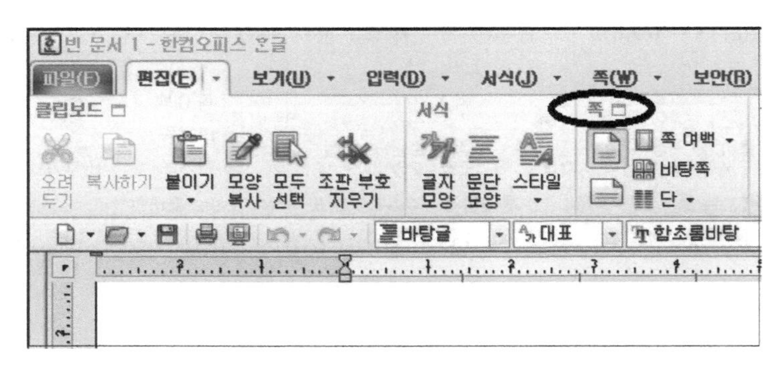

〈그림 2〉

〈그림 3〉과 같은 "편집 용지" 대화상자가 나타날 것이다.

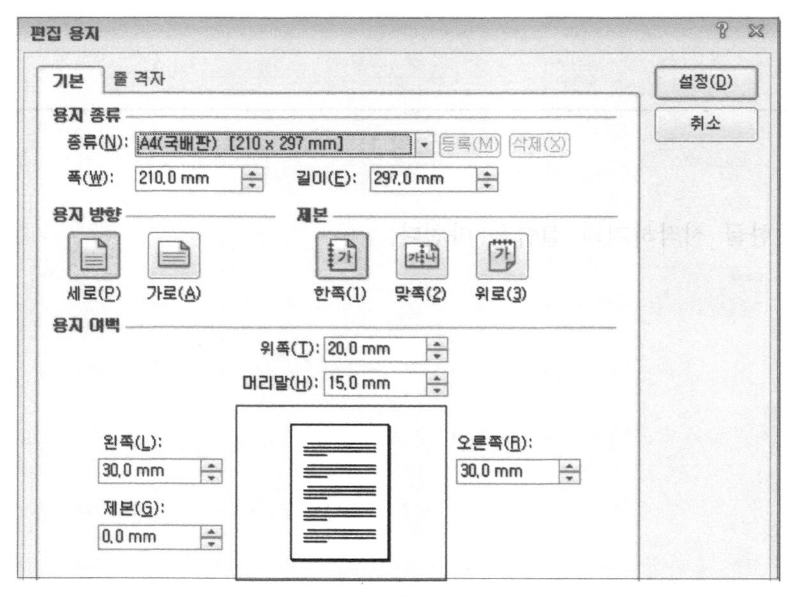

〈그림 3〉

〈그림 4〉와 같이 왼쪽 · 오른쪽 여백은 11mm(1.1cm), 위쪽 · 아래쪽 · 머리말 · 꼬리말은 10mm(1cm), 제본은 0mm(0cm)로 입력한다. 이때, 탭(TAB)키를 이용하여 다음 입력항목으로 이동하면 편리하다(즉, 제일먼저 위쪽에 해당하는 "10"을 입력한 다음, 탭 키를 눌러 다음 입력항목으로 이동한다). 입력이 모두 완료되었으면 타원으로 표시한 위치인 "설정(D)"을 클릭한다.

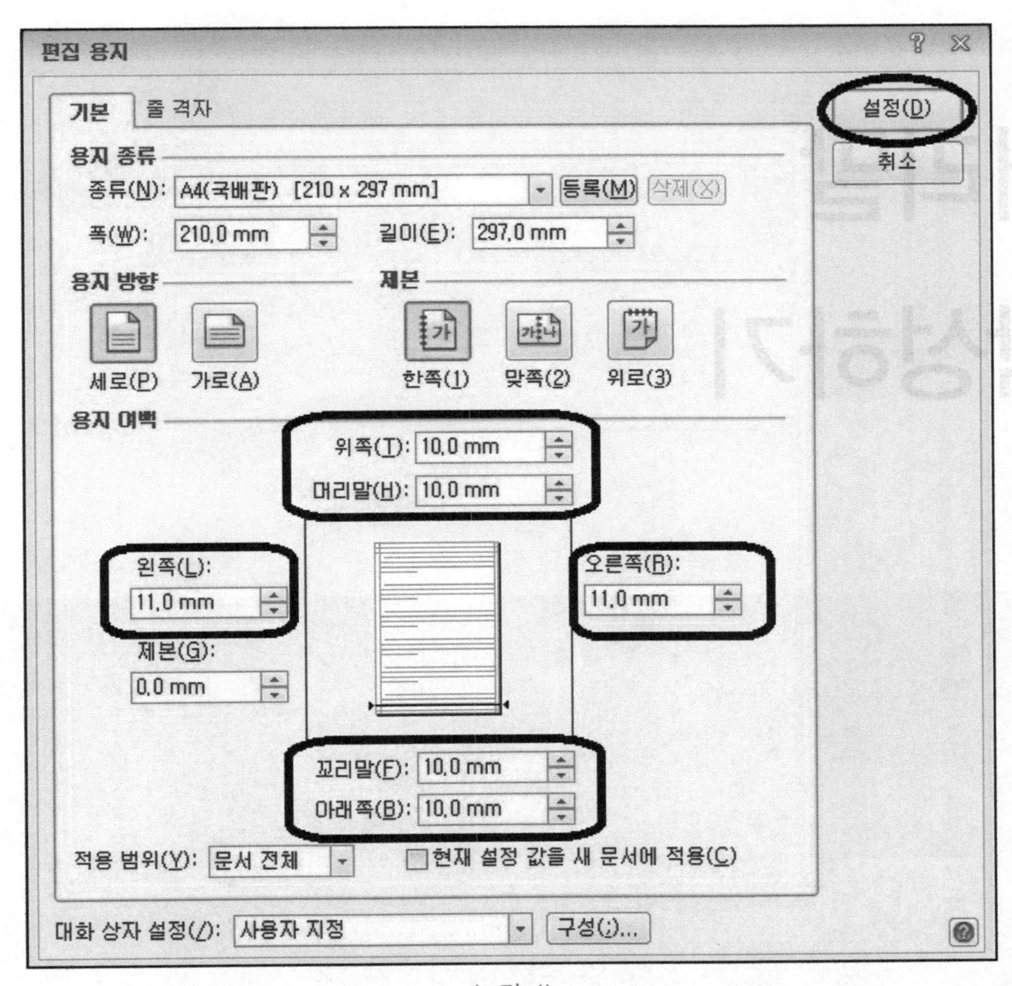

〈그림 4〉

용지여백 설정하기의 실습을 마친다. 이상으로 1장의 실습을 모두 마친다.

02

CHAPTER

머리말 작성하기

2.1 머리말/꼬리말 대화상자로 머리말 작성하기

2장에서는 머리말/꼬리말 대화상자로 머리말을 작성한다. “육군 민간부사관”이라는 머리말을 머리말 기능을 사용하여 작성한다. 작성된 머리말은 돋움(글꼴), 10pt (글자 크기), 오른쪽 정렬을 사용하여 변경한다.

먼저, “쪽” 메뉴 아래의 “머리말/꼬리말” 메뉴를 이용한 머리말 작성 초기 화면은 아래 그림과 같다.

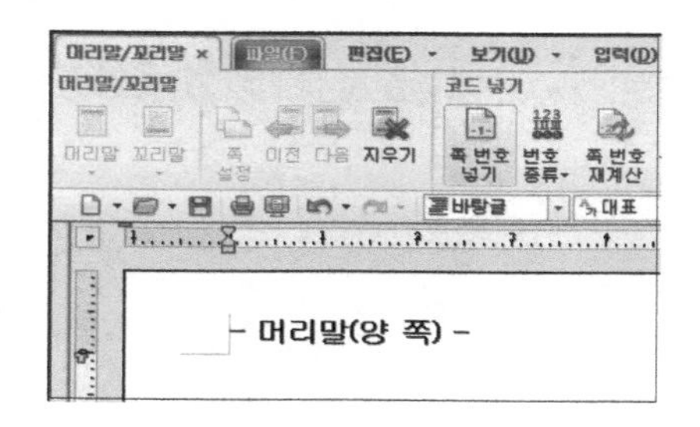

이어서, “육군 민간부사관”이라는 머리말을 입력한 결과는 아래와 같다.

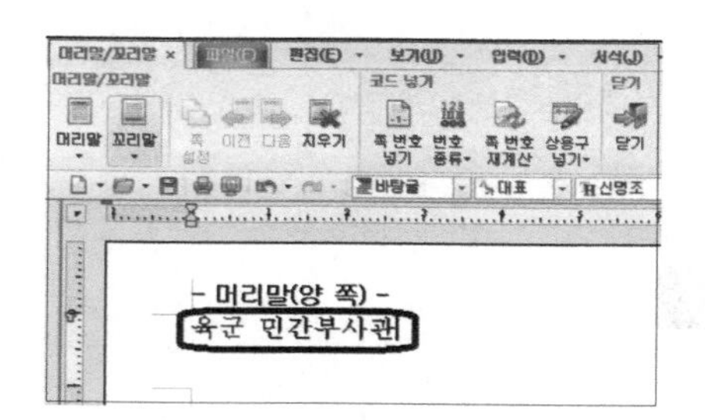

마지막으로 글꼴을 “돋움”으로 설정하고 “글자 크기”를 “10 pt”로 한 다음, “오른쪽 정렬”을 적용하였다. 최종적으로 생성된 머리말(“육군 민간부사관”)은 아래 그림과 같다.

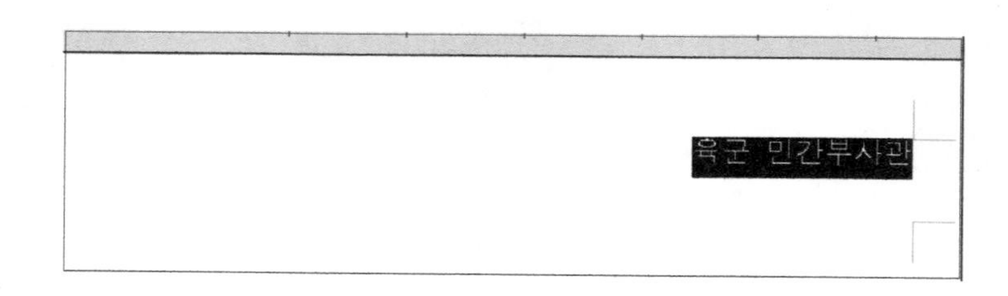

2.1 머리말/꼬리말 대화상자로 머리말 작성하기

〈그림 1〉과 같이 "쪽" 메뉴 아래의 "머리말/꼬리말" 메뉴를 클릭한다.

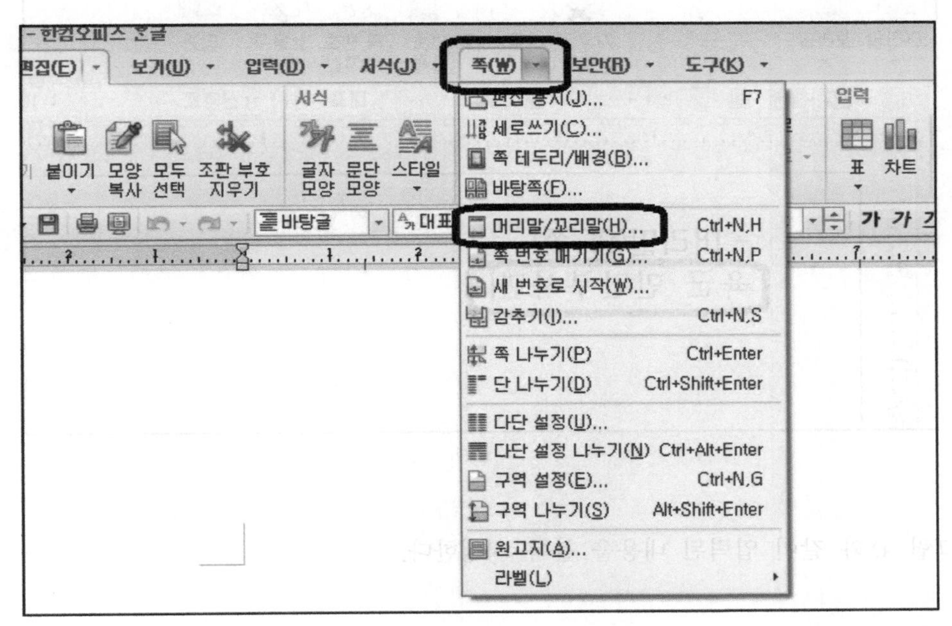

〈그림 1〉

〈그림 2〉와 같이 "만들기" 버튼을 클릭한다.

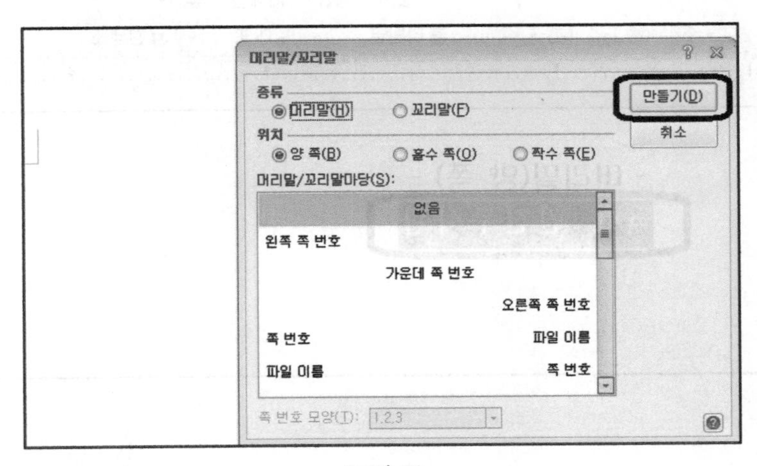

〈그림 2〉

〈그림 3〉과 같이 "육군 민간부사관" 이라고 입력한다.

〈그림 3〉

〈그림 4〉와 같이 입력된 내용을 블록 지정한다.

〈그림 4〉

〈그림 5〉와 같이 글꼴을 "돋움"이라고 입력한 다음, "엔터키"를 누른다.

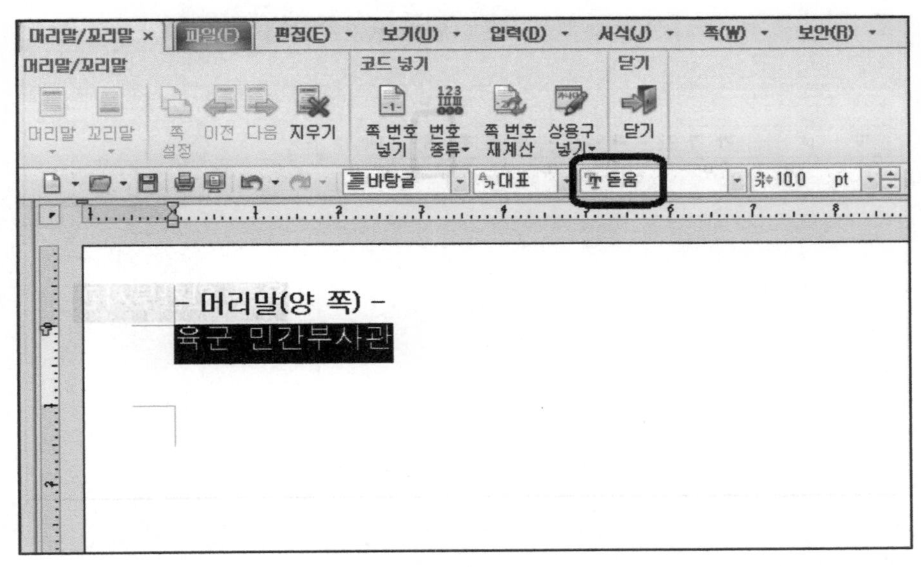

〈그림 5〉

〈그림 6〉과 같이 "글자 크기"를 "10 pt"라고 입력한 다음, "엔터키"를 누른다.

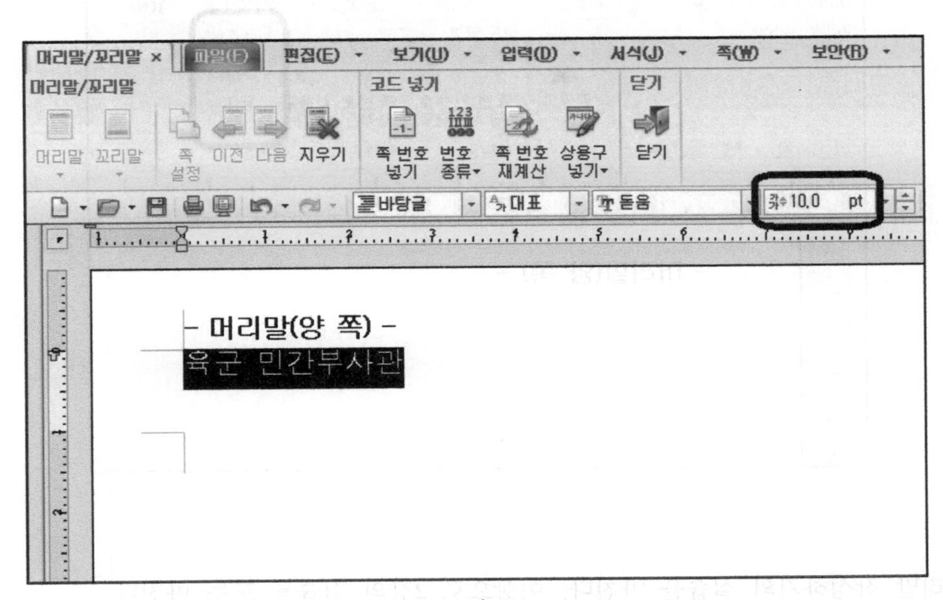

〈그림 6〉

〈그림 7〉과 같이 "오른쪽 정렬"을 클릭한다.

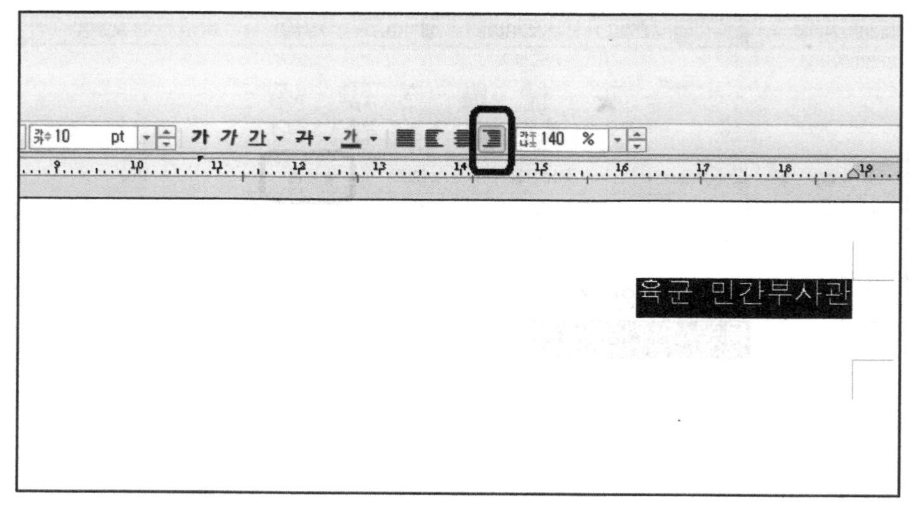

〈그림 7〉

〈그림 8〉과 같이 "닫기" 버튼을 클릭한다.

〈그림 8〉

머리말 작성하기의 실습을 마친다. 이상으로 2장의 실습을 모두 마친다.

03
CHAPTER

표(Table) 작성하기

3.1 표 제목 작성하기

3.2 표 작성하기

3.3 표 편집하기

3장의 실습은 표(테이블)를 작성하는 것이다. 먼저, 1절에서 표 제목을 작성하고 2절에서는 표를 작성한 다음, 3절에서는 작성된 표를 편집하는 방법과 글의 "작성 단체나 기관 이름" 등을 작성하는 방법을 소개한다.

표 제목 작성 부분에서는 표 제목 앞에 있는 기호를 작성하고 글자모양에서 "강조점"을 작성한다. 작성된 제목의 형태는 아래와 같다.

◈ 선발평가요소별 배점

표를 작성하는 부분에서는 아래와 같은 표를 작성한다.

구분		필기평가	직무수행능력	체력평가	면접평가
민간 부사관	비전문성 특기	30점	30점	20점	50점
	전문성 특기	10점	40점	10점	50점

작성된 표를 편집하는 방법에서는 테두리와 그러데이션 등을 작업한다. 테두리 작업은 "셀 테두리/배경" 종류에서 "이중 실선 테두리"를 적용해 편집한다. 그러데이션 작업은 "하양"색에서 시작해 "노랑"으로 끝나는 "수평 유형"의 그러데이션을 작성해 본다.

작성된 테이블 결과는 아래와 같다.

◈ 선발평가요소별 배점

구분		필기평가	직무수행능력	체력평가	면접평가
민간 부사관	비전문성 특기	30점	30점	20점	50점
	전문성 특기	10점	40점	10점	50점

마지막 부분에서는 글의 "작성 단체나 기관 이름" 등을 작성해본다.

3.1 표 제목 작성하기

먼저, 표 제목 앞에 있는 기호를 작성하기로 한다. 〈그림 1〉과 같이 한글 프로그램이 실행한 초기 화면에서 시작하기로 한다.

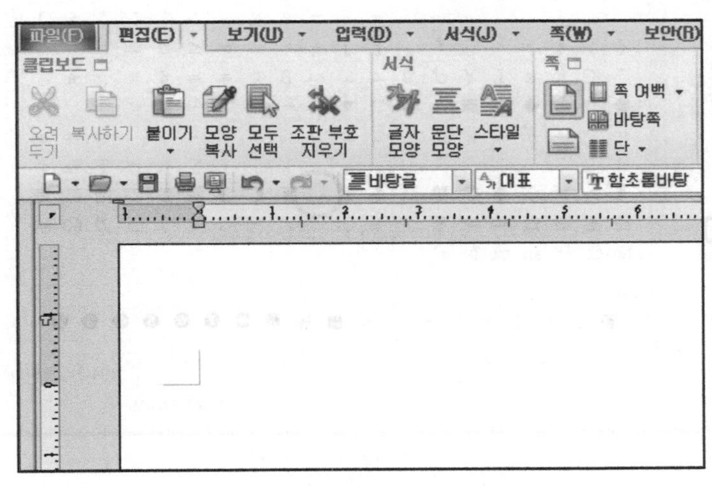

〈그림 1〉

〈그림 2〉와 같이 "입력/문자표" 메뉴를 차례로 클릭한다.

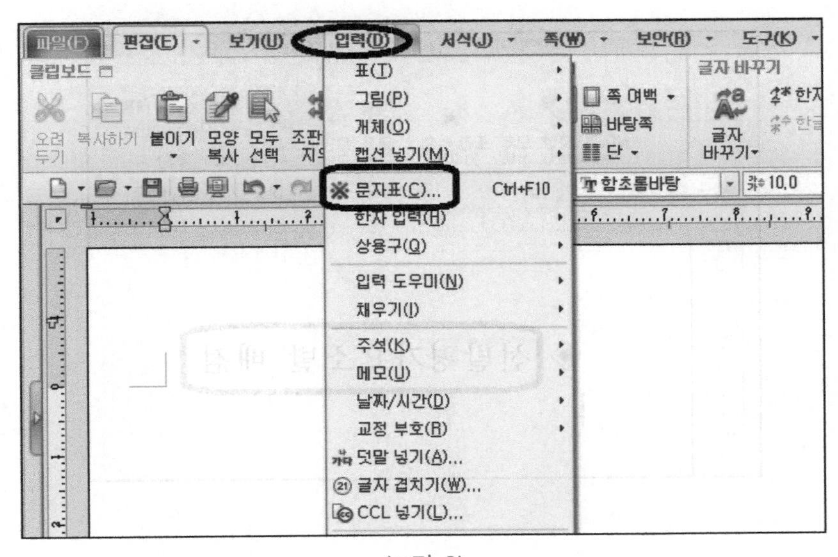

〈그림 2〉

〈그림 3〉과 같이 "문자표 입력" 대화상자의 "한글(HNC) 문자표"탭 아래의 "전각 기호(일반)"에 있는 원으로 표시한 기호를 클릭한 다음, "넣기"를 클릭한다.

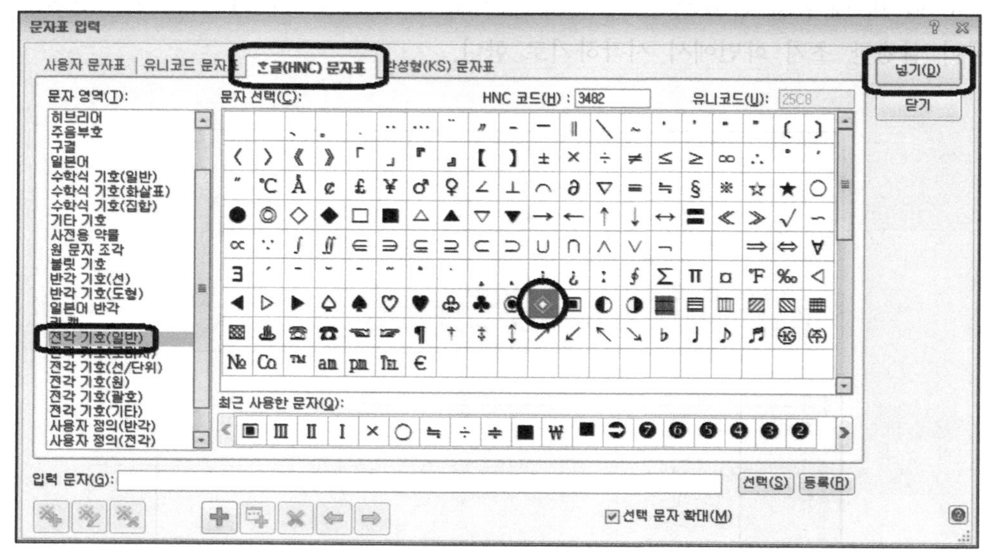

〈그림 3〉

이어서, 〈그림 4〉와 같이 "선발평가요소별 배점"을 입력한 다음 "엔터(Enter)"키를 누른다.

〈그림 4〉

〈그림 5〉와 같이 입력한 모든 내용을 선택하여 블록 지정한다.

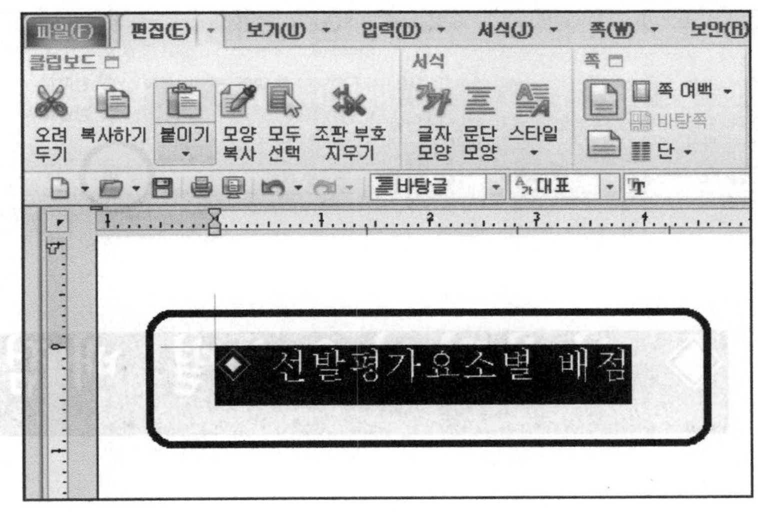

〈그림 5〉

〈그림 6〉과 같이 원으로 표시한 글꼴 입력 위치를 클릭하고 "궁서"를 입력한 다음, 엔터키를 누른다.

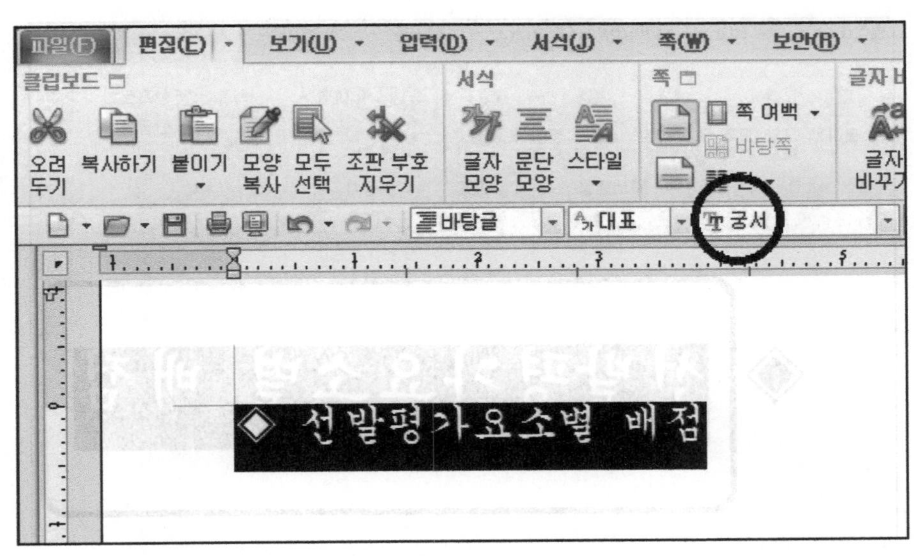

〈그림 6〉

〈그림 7〉과 같이 "글자 크기"에 "18"을 입력한 다음, 엔터키를 누른다.

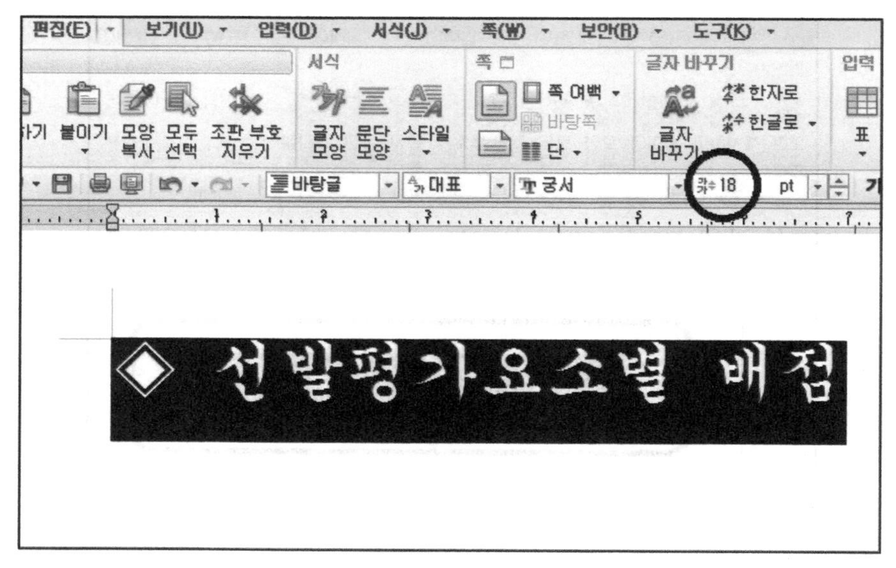

〈그림 7〉

〈그림 8〉과 같이 기호를 제외한 나머지 부분을 선택하여 블록 지정한다.

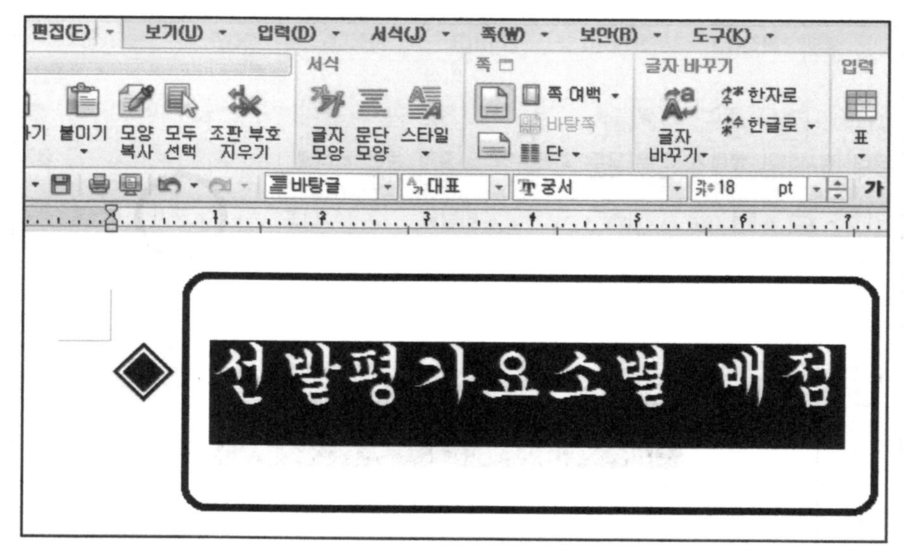

〈그림 8〉

〈그림 9〉와 같이 원으로 표시한 “기울임”을 클릭한다.

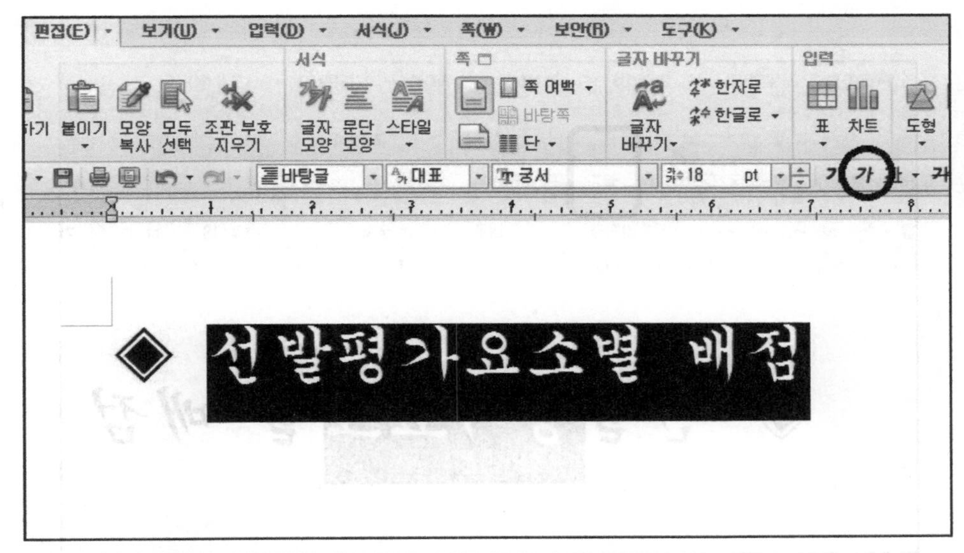

〈그림 9〉

〈그림 10〉과 같이 사각형으로 표시한 “평가요소”를 블록 지정한다.

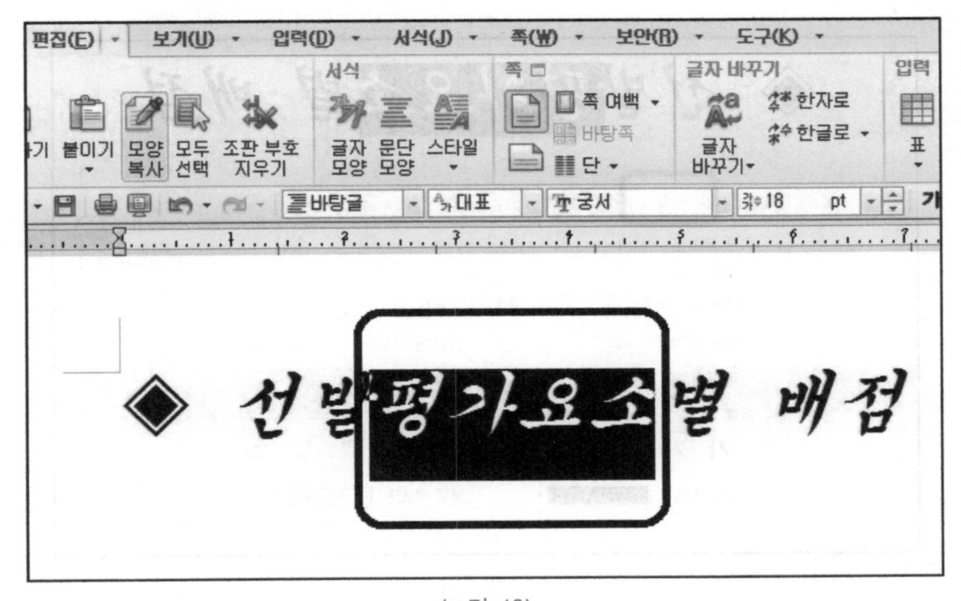

〈그림 10〉

〈그림 11〉과 같이 "글자모양"을 클릭한다(참고로, 마우스 우측 버튼을 클릭하여 "글자모양"을 클릭해도 된다).

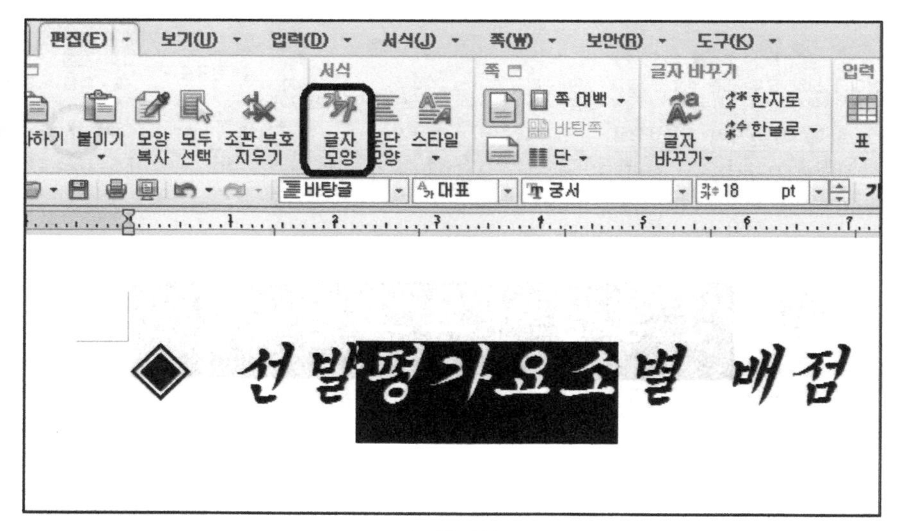

〈그림 11〉

〈그림 12〉와 같이 사각형으로 표시한 "확장" 탭을 클릭한다.

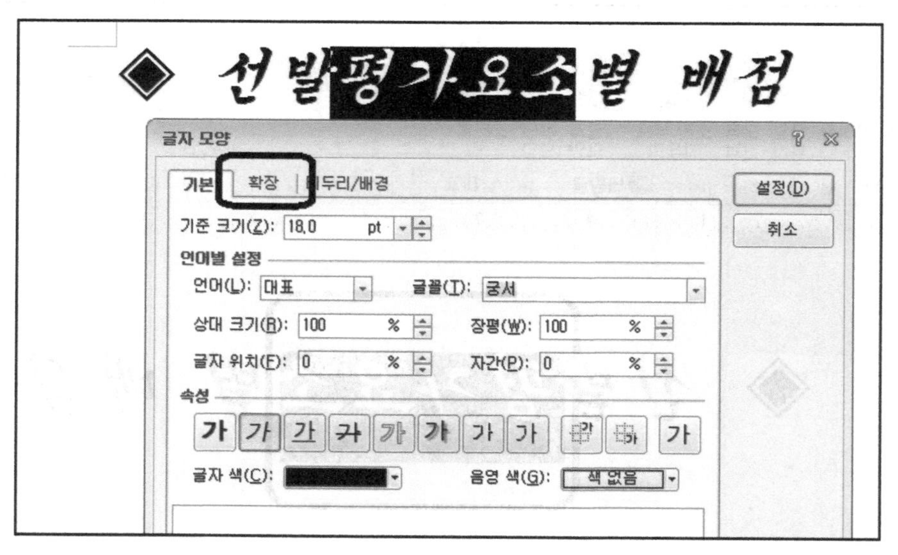

〈그림 12〉

〈그림 13〉과 같이 "강조점"에서 세 번째 항목("없음" 으로부터 두 번째 아래)을 선택한다. 이어서, "설정"을 클릭한다.

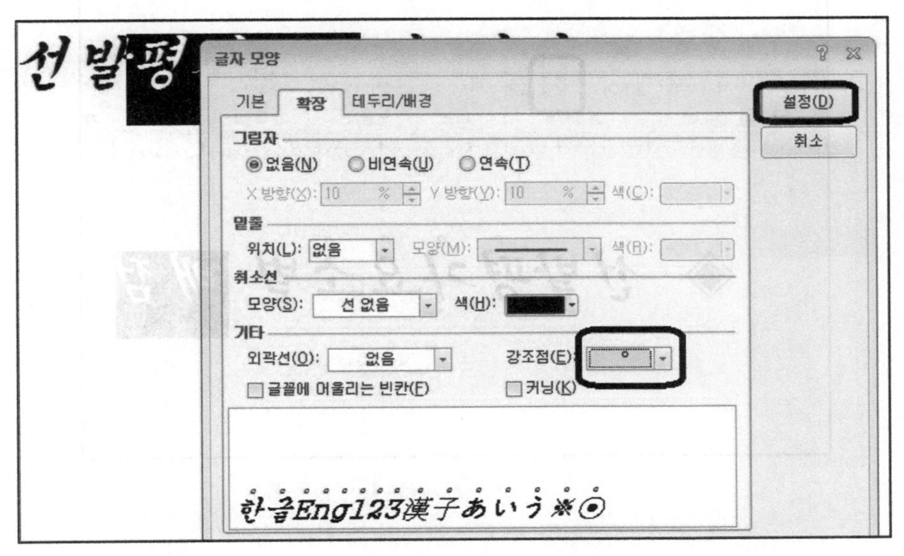

〈그림 13〉

〈그림 14〉와 같이 사각형으로 표시한 "배점"을 블록 지정한다.

〈그림 14〉

〈그림 15〉와 같이 "글자모양"을 클릭한다.

〈그림 15〉

〈그림 16〉과 같이 "강조점"에서 세 번째 항목("없음" 으로부터 두 번째 아래)을 선택한다. 이어서, "설정"을 클릭한다.

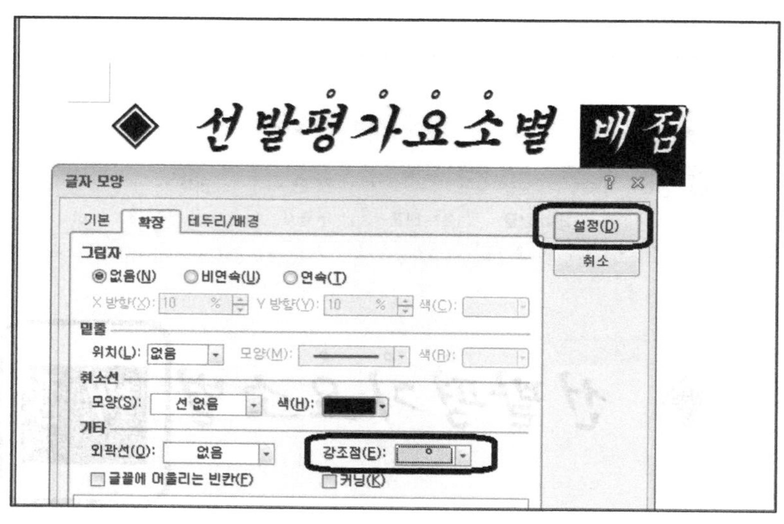

〈그림 16〉

파일 이름은 "3장_1"이라고 저장한다. 이상으로 "표 제목 작성하기"를 마친다.

3.2 표 작성하기

앞 절에 이어서 작업하기로 한다. 〈그림 17〉과 같이 "입력" 아래의 "표"를 클릭한다(혹은 "입력/표/표 만들기" 메뉴를 차례로 클릭한다).

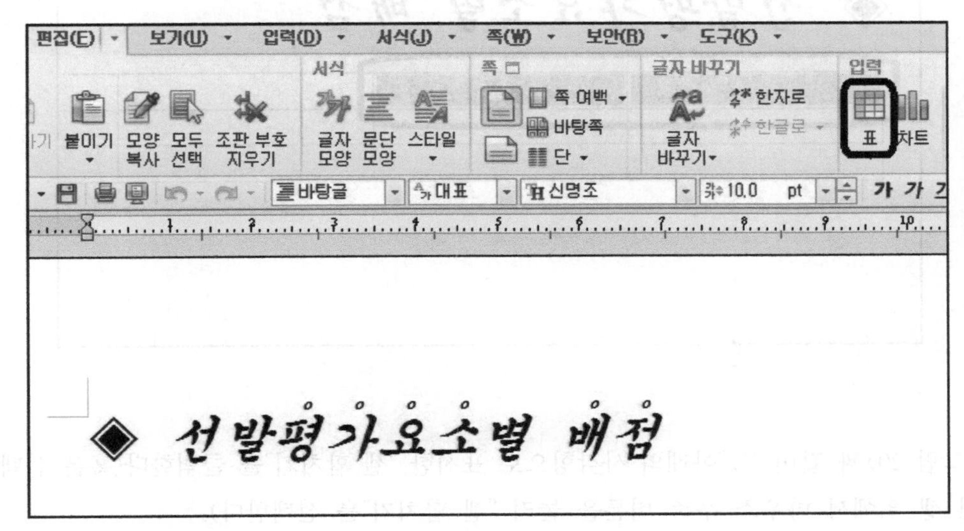

〈그림 17〉

〈그림 18〉과 같이 "줄 수"와 "칸 수"에 "3"과 "6"을 입력한 다음 "만들기" 버튼을 클릭한다.

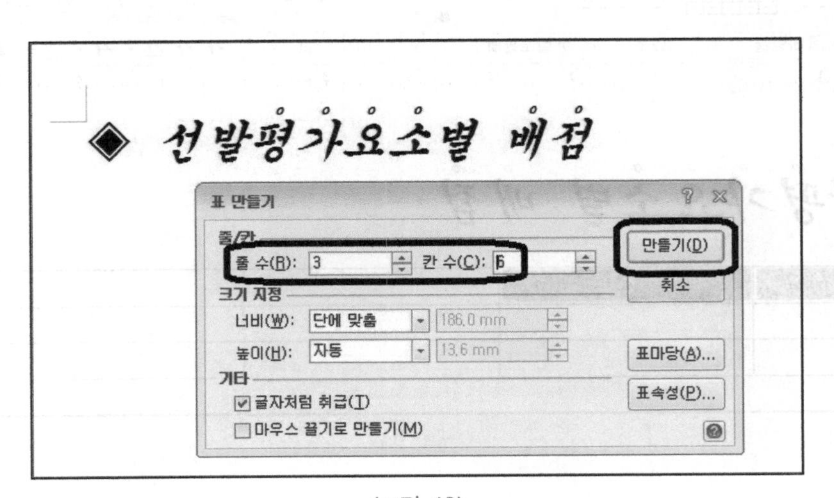

〈그림 18〉

〈그림 19〉와 같이 사각형으로 표시한 두 개의 셀을 마우스로 드래그 하여 선택(블록지정) 한다.

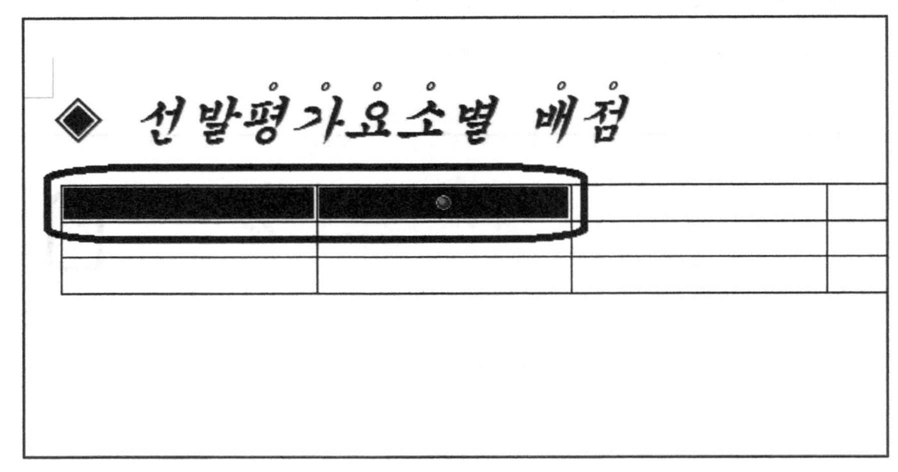

〈그림 19〉

〈그림 20〉과 같이 "표"아래의 사각형으로 표시한 "셀 합치기"를 클릭한다(혹은 선택된 셀 위에서 마우스 우측 버튼을 눌러 "셀 합치기"를 선택한다).

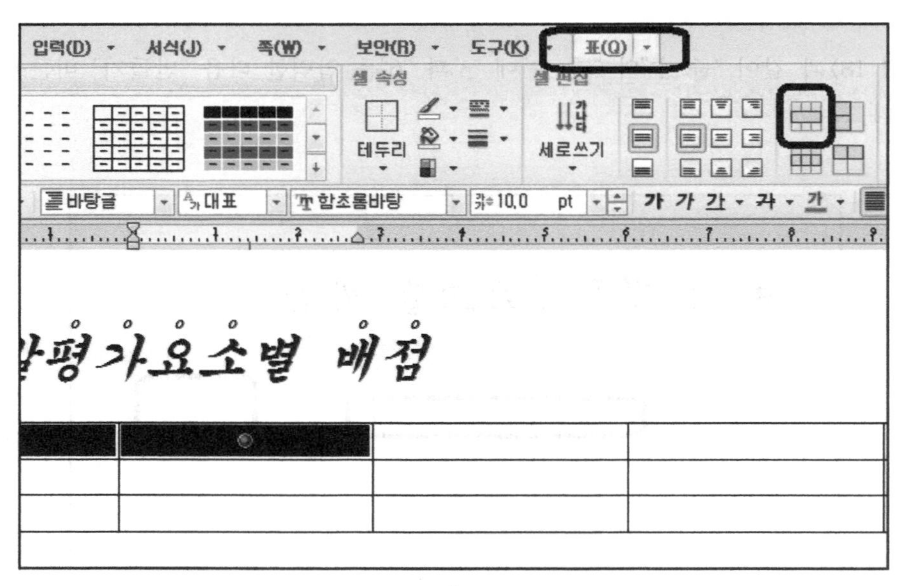

〈그림 20〉

〈그림 21〉과 같이 사각형으로 표시한 두 개의 셀을 마우스로 드래그 하여 선택(블록지정) 한다. 이어서, "표"아래의 사각형으로 표시한 "셀 합치기"를 클릭한다.

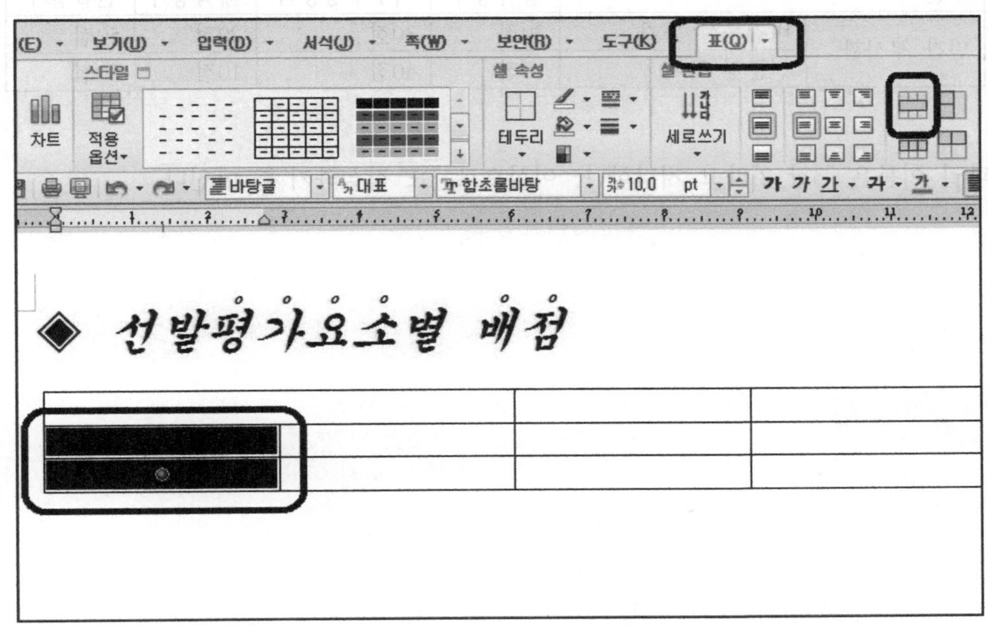

〈그림 21〉

〈그림 22〉와 같이 입력한다.

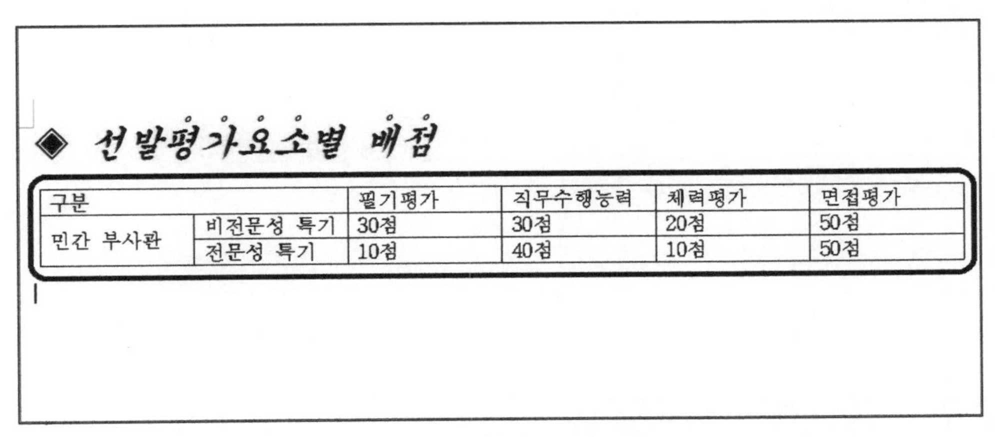

◈ 선발평가요소별 배점

구분		필기평가	직무수행능력	체력평가	면접평가
민간 부사관	비전문성 특기	30점	30점	20점	50점
	전문성 특기	10점	40점	10점	50점

〈그림 22〉

앞의 〈그림 22〉에서 입력된 내용은 아래의 테이블 내용과 같다.

구분		필기평가	직무수행능력	체력평가	면접평가
민간 부사관	비전문성 특기	30점	30점	20점	50점
	전문성 특기	10점	40점	10점	50점

파일 이름은 “3장_2”라고 저장한다. 이상으로 “표 작성하기”를 마친다.

3.3 표 편집하기

앞 절에 이어서 작업하기로 한다. 〈그림 23〉과 같이 사각형으로 표시한 것처럼 테이블의 모든 셀들을 드래그 하여 선택한다. 선택된 셀 위에서 마우스 우측 버튼을 클릭한 다음, "셀 테두리/배경"을 클릭한다. 이어서, "각 셀마다 적용"을 클릭한다.

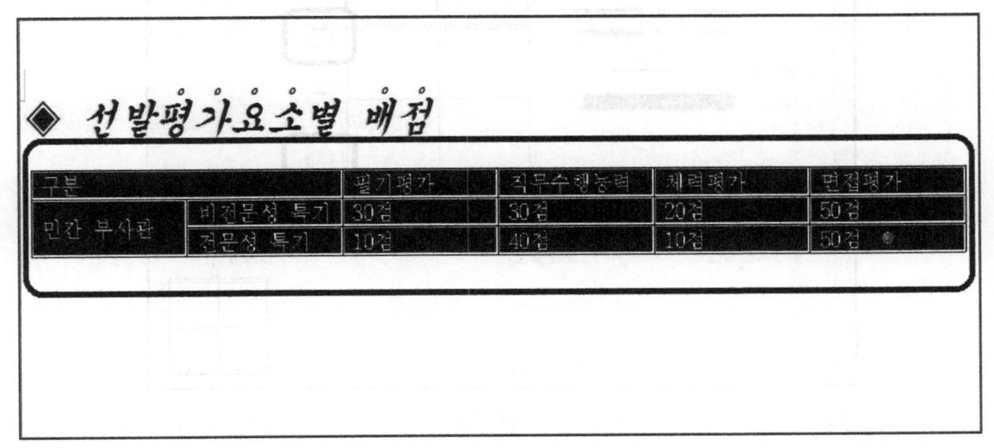

〈그림 23〉

〈그림 24〉와 같이 "테두리" 종류에서 "이중 실선"을 클릭한다.

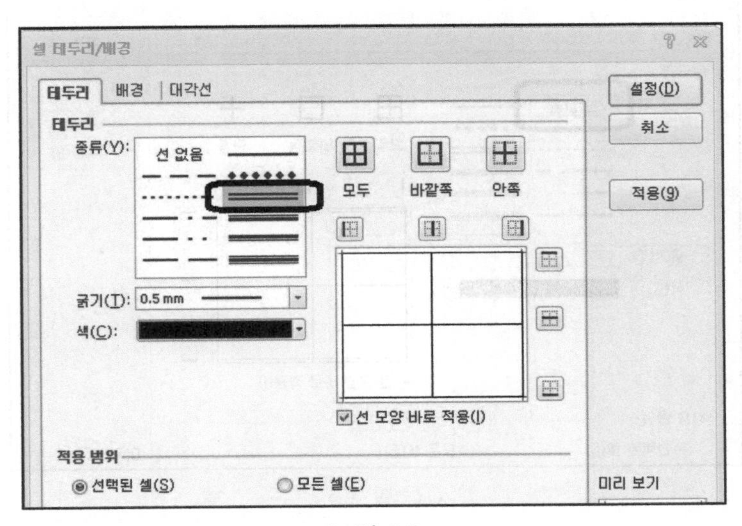

〈그림 24〉

〈그림 25〉와 같이 사각형으로 표시한 "위"와 "아래"를 클릭한다.

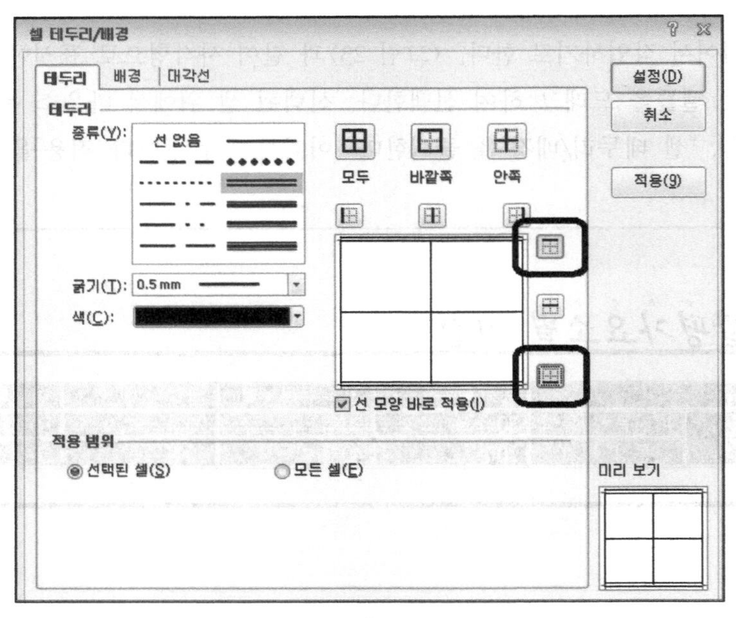

〈그림 25〉

〈그림 26〉과 같이 사각형으로 표시한 "선 없음"을 클릭한다.

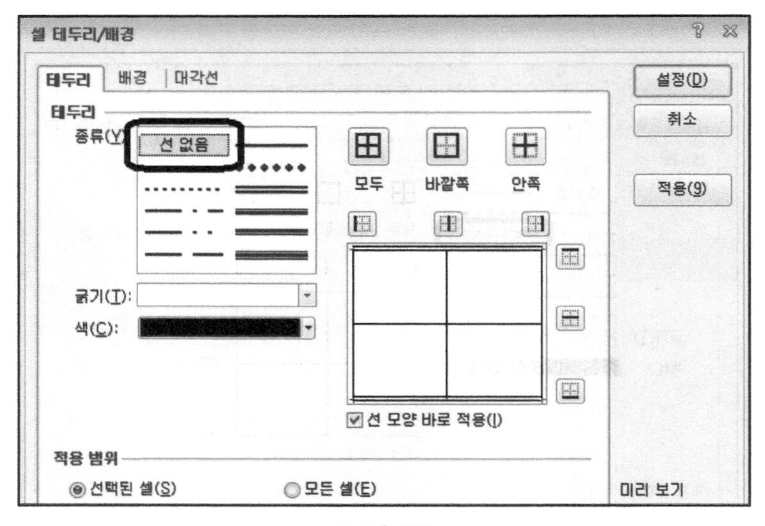

〈그림 26〉

〈그림 27〉과 같이 사각형으로 표시한 "왼쪽"과 "오른쪽"을 클릭한 다음, "설정" 버튼을 클릭한다.

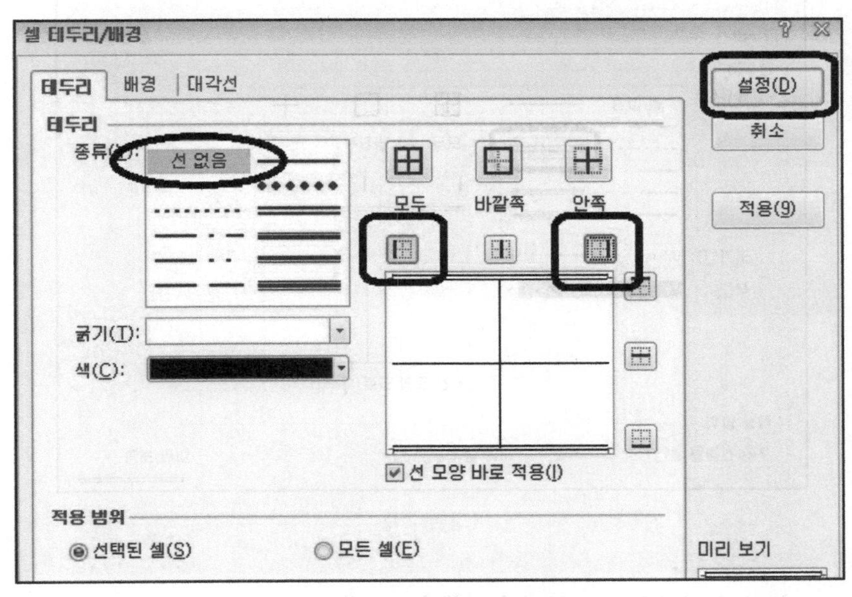

〈그림 27〉

〈그림 28〉과 같이 원으로 표시한 빈 공간을 클릭 한 다음, 테이블의 첫 번째 행을 모두 선택해 블록 지정한다. 이어서, 선택된 셀 위에서 마우스 우측 버튼을 클릭한 다음, "셀 테두리/배경"을 클릭한다. 이어서, "각 셀마다 적용"을 클릭한다.

◆ 선발평가요소별 배점

구분		필기평가	직무수행능력	체력평가	면접평가
민간 부사관	비전문성 특기	30점	30점	20점	50점
	전문성 특기	10점	40점	10점	50점

〈그림 28〉

〈그림 29〉와 같이 "테두리" 종류에서 "이중 실선"을 클릭한다.

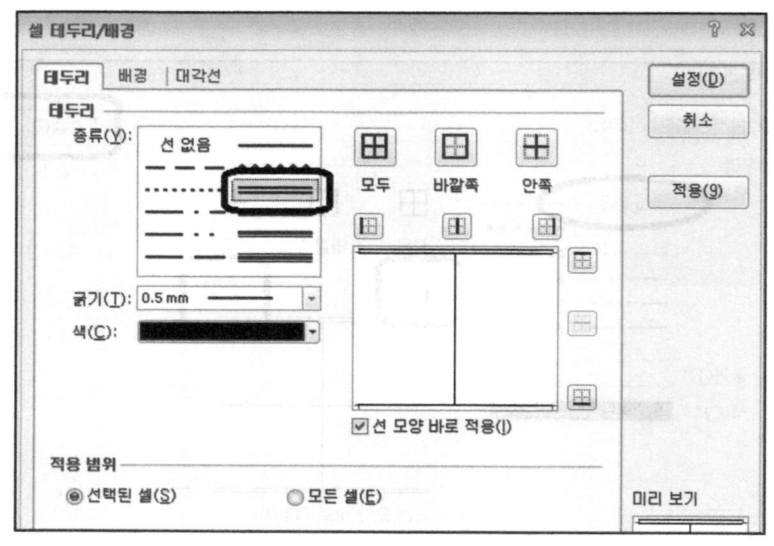

〈그림 29〉

〈그림 30〉과 같이 사각형으로 표시한 "위"와 "아래"를 클릭한 다음, "설정"을 클릭한다.

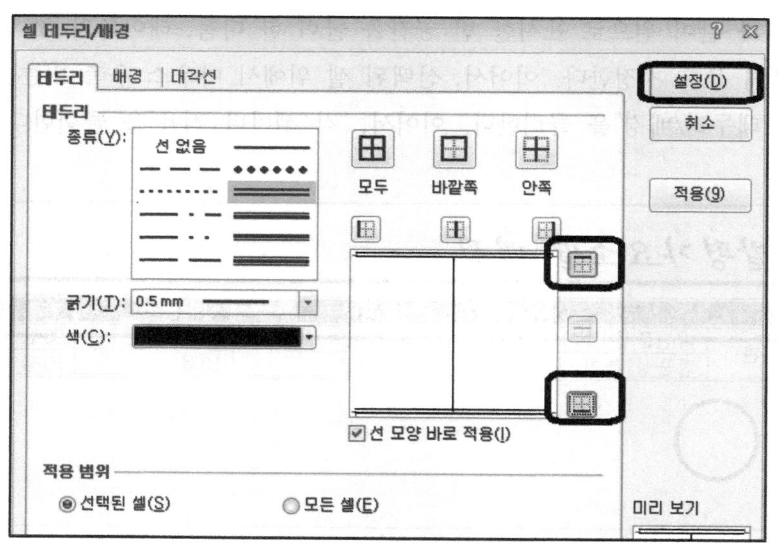

〈그림 30〉

〈그림 31〉과 같이 원으로 표시한 위치를 클릭한다.

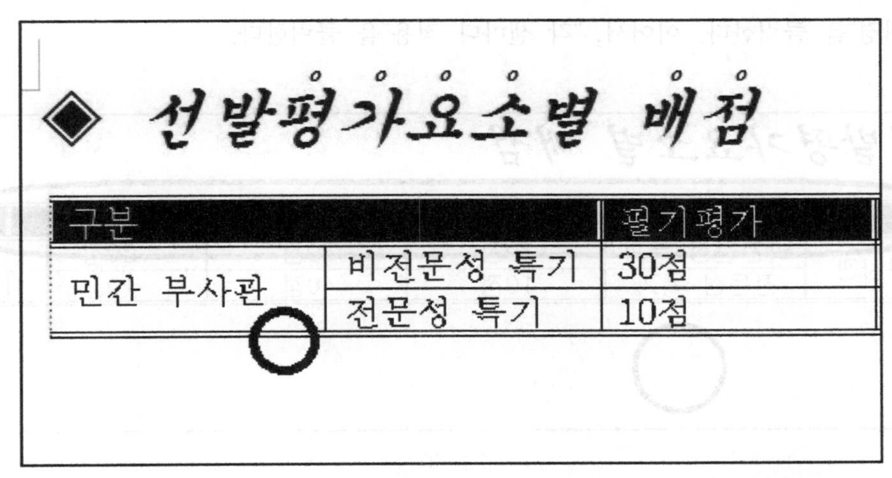

〈그림 31〉

〈그림 32〉와 같이 "굴림"을 입력한 다음, "엔터" 키를 누른다. 이어서, 10을 입력한 다음, "엔터" 키를 누른다. 그리고 "가운데 정렬"을 클릭한다.

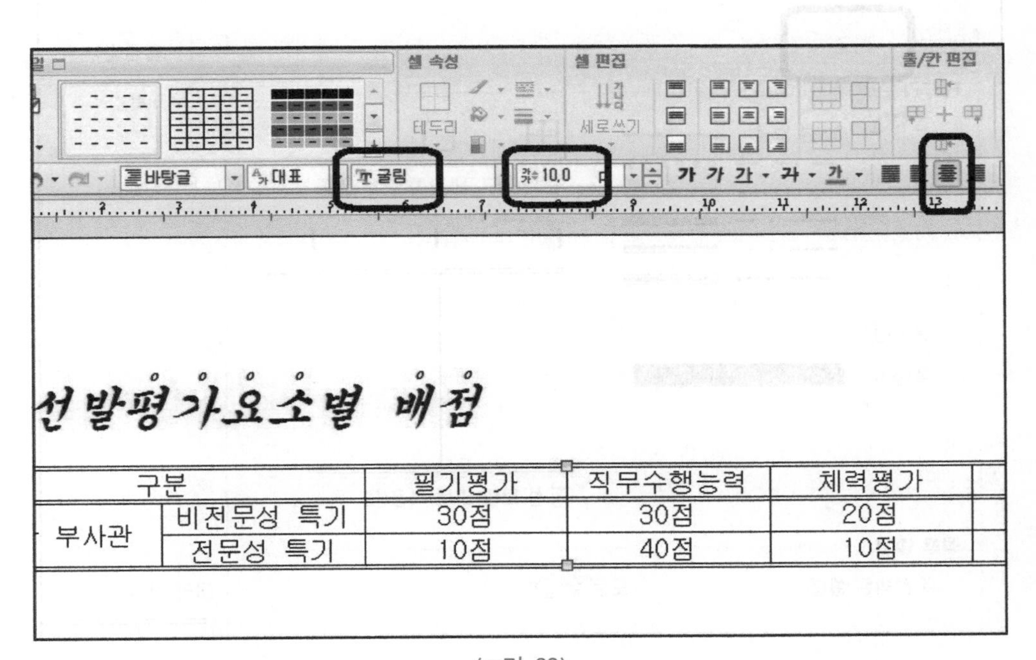

〈그림 32〉

〈그림 33〉과 같이 원으로 표시한 "빈 공간"을 클릭한다. 이어서, 첫 번째 행의 셀을 전부 블록 지정한다. 선택된 셀 위에서 마우스 우측 버튼을 클릭한 다음, "셀 테두리/배경"을 클릭한다. 이어서, "각 셀마다 적용"을 클릭한다.

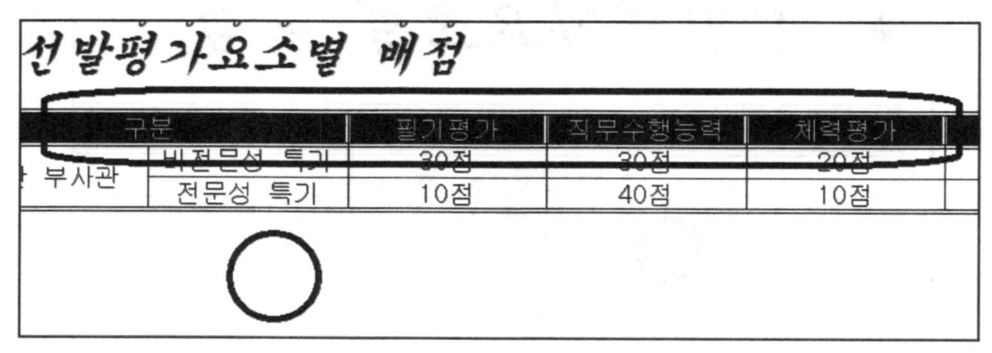

〈그림 33〉

〈그림 34〉와 같이 "배경" 탭을 클릭한다.

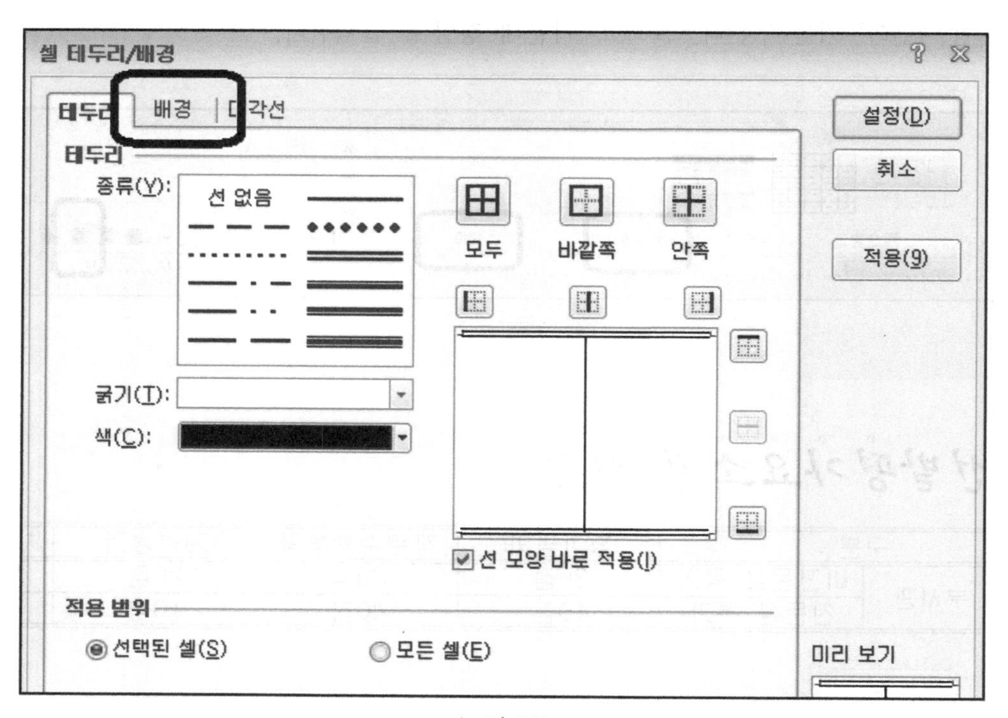

〈그림 34〉

〈그림 35〉와 같이 "그러데이션"을 선택한 다음, "시작 색"을 "하양"으로 선택하고 "끝 색"을 "노랑"으로 선택한다.

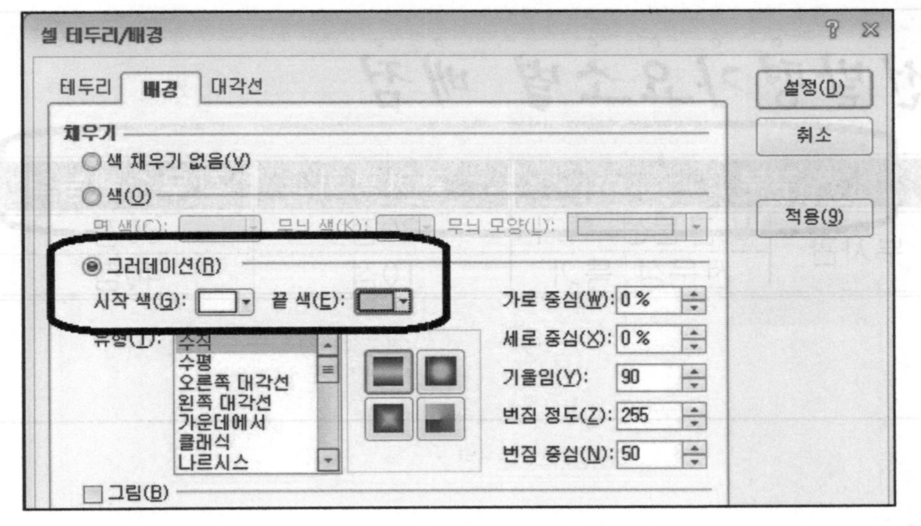

〈그림 35〉

〈그림 36〉과 같이 "유형"을 "수평"으로 선택한 다음, "설정"을 클릭한다(지금까지의 작업은 셀 음영을 "노랑" 색으로 설정하는 것이다).

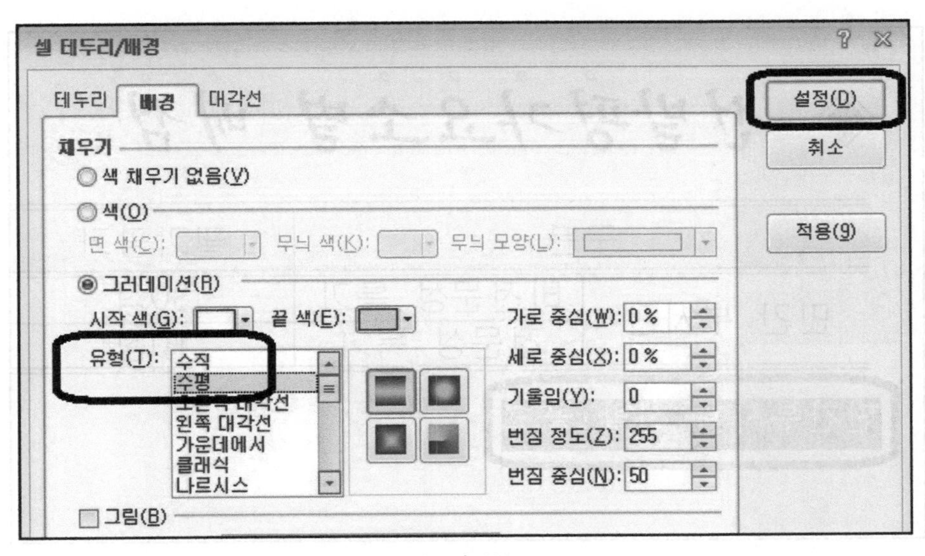

〈그림 36〉

〈그림 37〉과 같이 첫 행의 셀들이 선택된 상태에서, "Ctrl키 + 아래쪽 방향 키"를 동시에 누른다(첫 행의 셀 간격을 조금 크게 만들기 위한 작업이다).

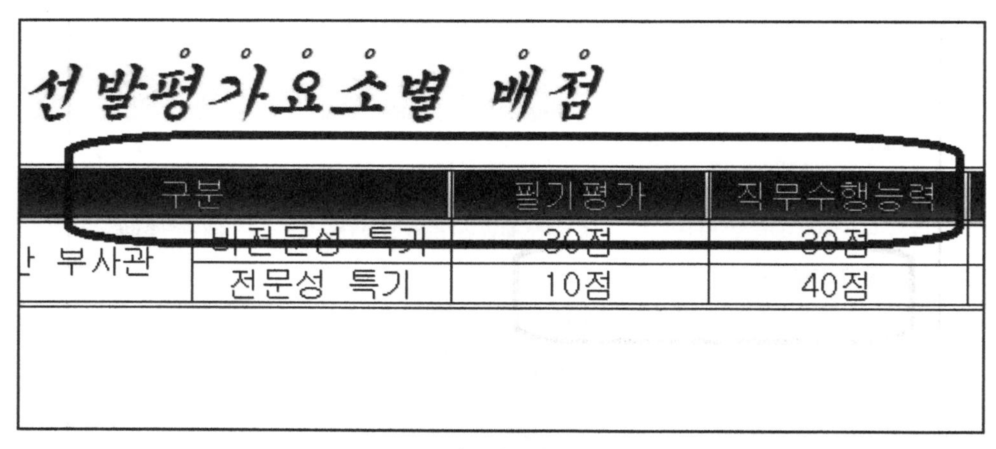

〈그림 37〉

이상으로 표 편집하기를 마친다.

이어서, 글의 "작성 단체나 기관 이름" 등을 작성하기로 한다. 〈그림 38〉과 같이 "민간부사관 선발 공고"라고 입력한 다음, 블록 지정한다.

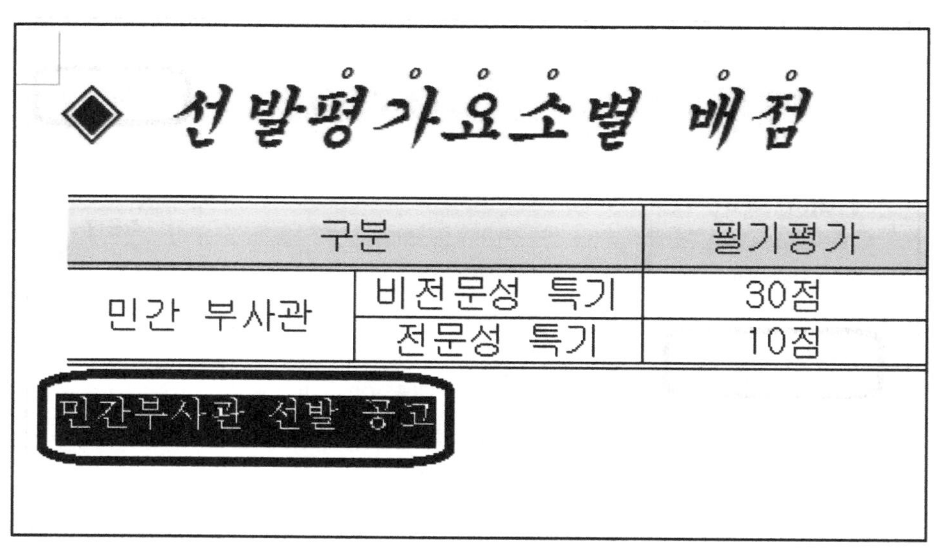

〈그림 38〉

〈그림 39〉와 같이 글꼴을 "돋움"이라고 입력한 다음, 엔터키를 누른다.

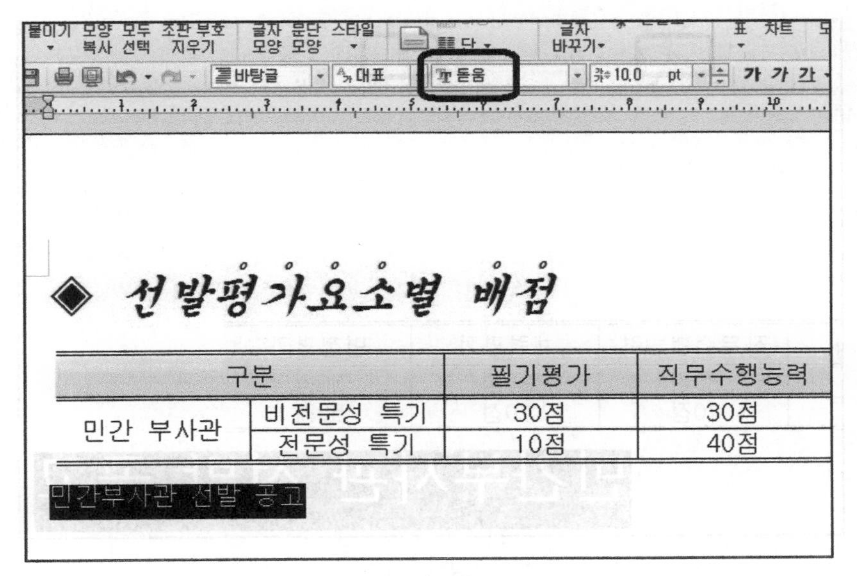

〈그림 39〉

〈그림 40〉과 같이 "글자 크기"를 "24"로 입력한 다음, 엔터키를 누른다.

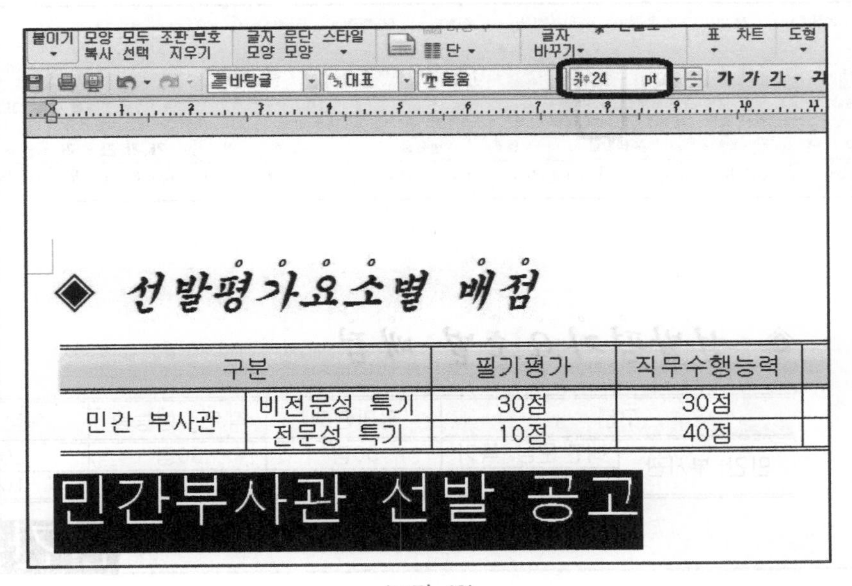

〈그림 40〉

〈그림 41〉과 같이 "진하게"와 "오른쪽 정렬"을 차례로 클릭한다.

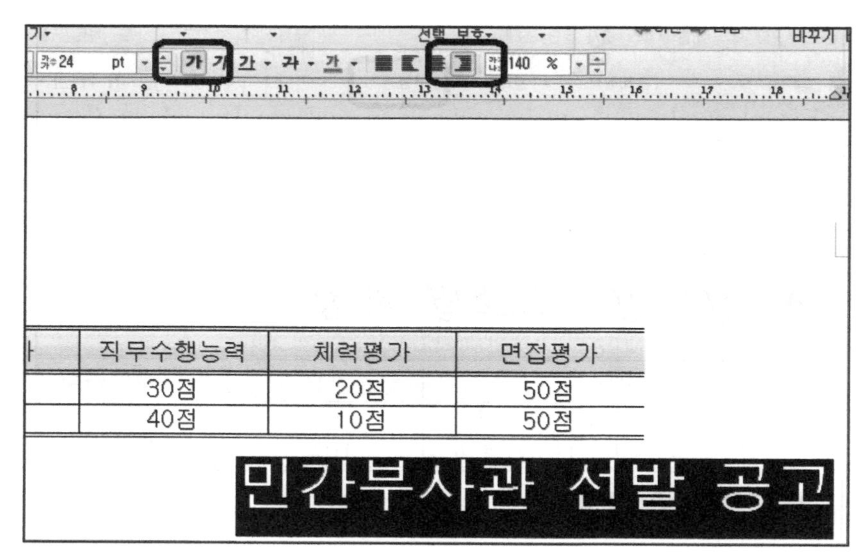

직무수행능력
체력평가
면접평가
30점
20점
50점
40점
10점
50점
민간부사관 선발 공고

〈그림 41〉

〈그림 42〉와 같이 "글자 모양"을 클릭한다.

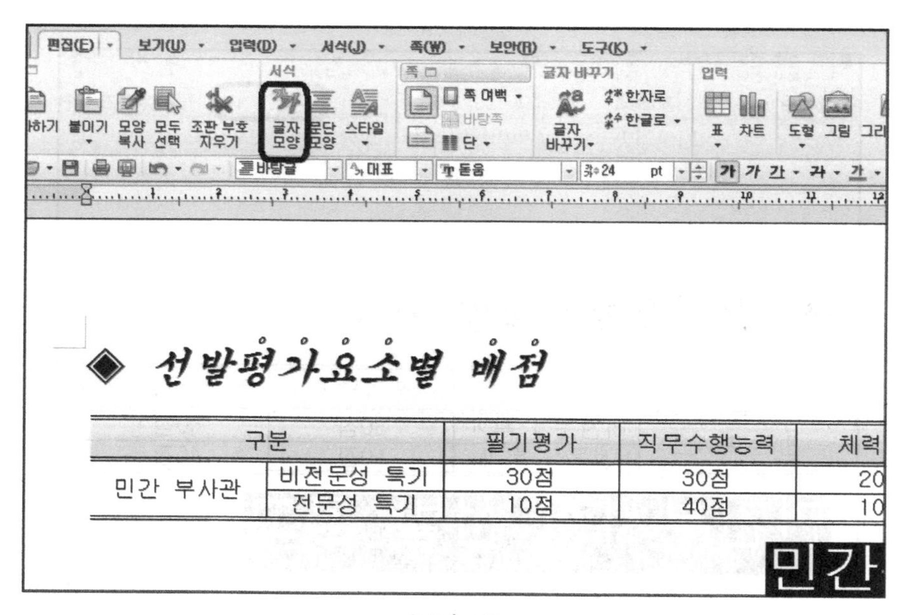

〈그림 42〉

〈그림 43〉과 같이 "기본" 탭 아래의 "장평"에 "105"라고 입력한 다음, "설정"을 클릭한다.

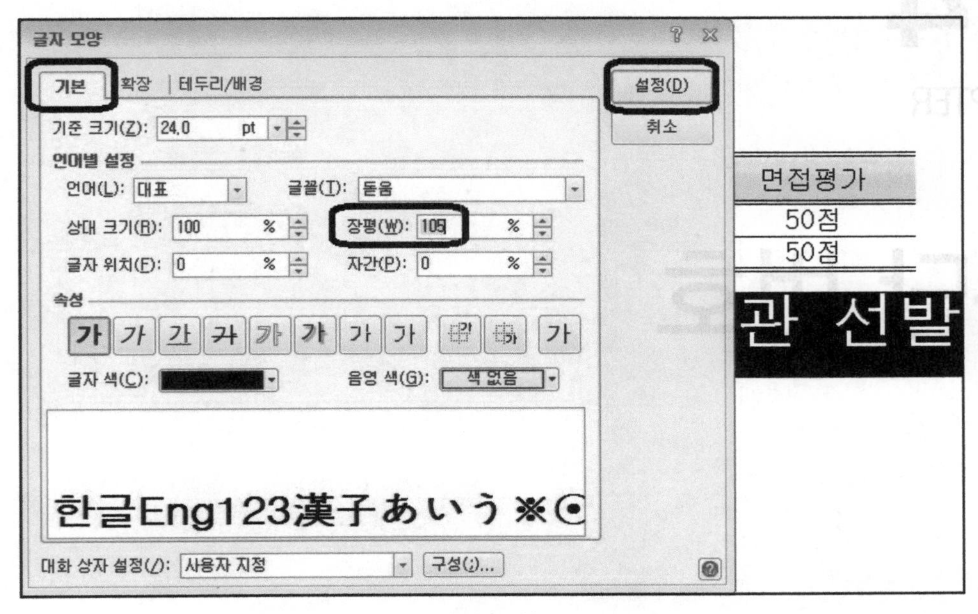

〈그림 43〉

파일 이름은 "3장_3"이라고 저장한다. 이상으로 3장의 실습을 모두 마친다.

04

CHAPTER

문단 번호

이번 장에서는 문단 번호를 작성한다. 1절에서는 문단 제목을 작성하고, 2절에서는 문단 번호를 작성하고, 3절에서는 문단 수준을 설정한다.

문단 제목 작성 부분에서는 문단 제목 앞에 기호를 삽입하는 작업을 한다.

문단 번호 작성 부분에서는 "서식" 메뉴 아래의 "문단 번호 모양"을 이용한다.
"1 수준"의 번호 모양은 "가,나,다"로 하고 번호 서식은 "^1."으로 한다. 20.0 pt로 너비를 조정하고 오른쪽 정렬을 적용한다.
"2 수준"의 번호 모양은 "㉠,㉡,㉢"로 하고 "번호 서식은 "^2"로 한다. 30.0 pt로 너비를 조정하고 오른쪽 정렬을 수행하고 줄 간격을 "180 %"로 설정한다.

문단 수준을 설정하는 부분에서는 "서식" 메뉴 아래의 "한 수준 감소" 메뉴를 이용한다.

최종 작업 결과는 아래와 같다.

 선발평가요소별 배점

가. 민간 부사관 비전문성 특기
㉠ 필기평가 : 30점, 직무수행능력 : 30점
㉡ 체력평가 : 20점, 면접평가 : 50점
나. 민간 부사관 전문성 특기
㉠ 필기평가 : 10점, 직무수행능력 : 40점
㉡ 체력평가 : 10점, 면접평가 : 50점

4.1 문단 제목

〈그림 1〉과 같은 문단 번호 기능을 이용한 결과를 작성하기로 한다.

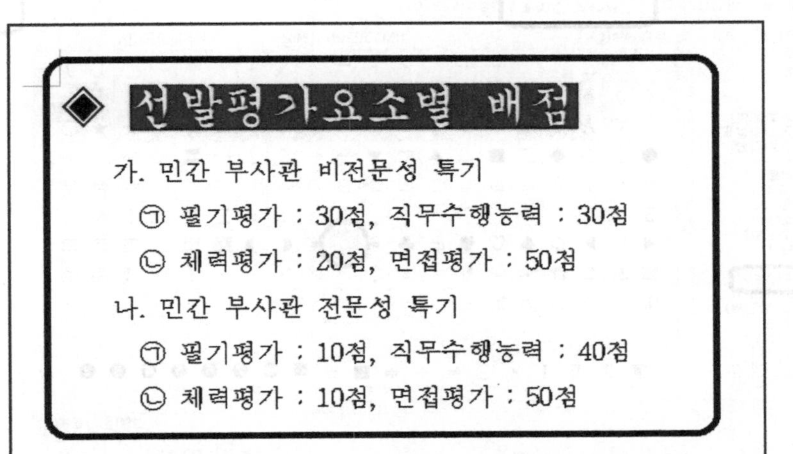

〈그림 1〉

먼저, 문단 제목 앞에 기호를 삽입하기로 한다. 〈그림 2〉와 같이 "입력/문자 표" 메뉴를 차례로 클릭한다.

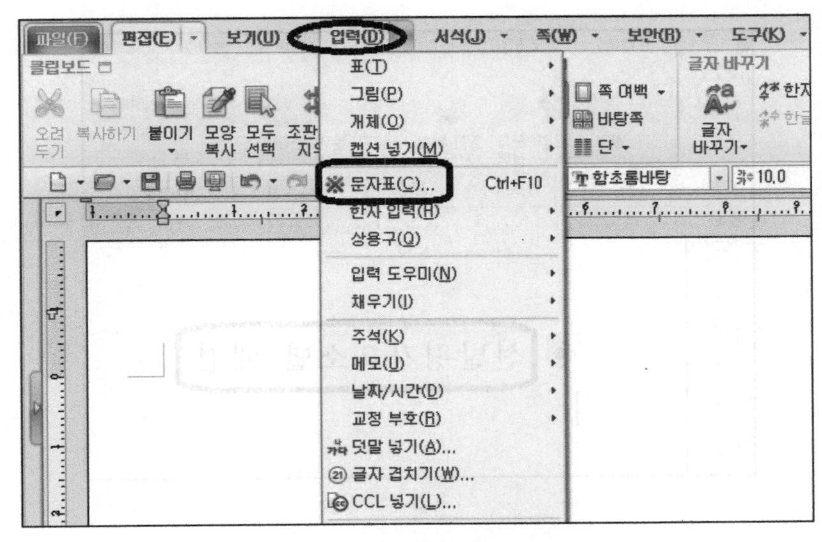

〈그림 2〉

〈그림 3〉과 같이 "문자표 입력" 대화상자의 "한글(HNC) 문자표"탭 아래의 "전각 기호(일반)"에 있는 원으로 표시한 기호를 클릭한 다음, "넣기"를 클릭한다.

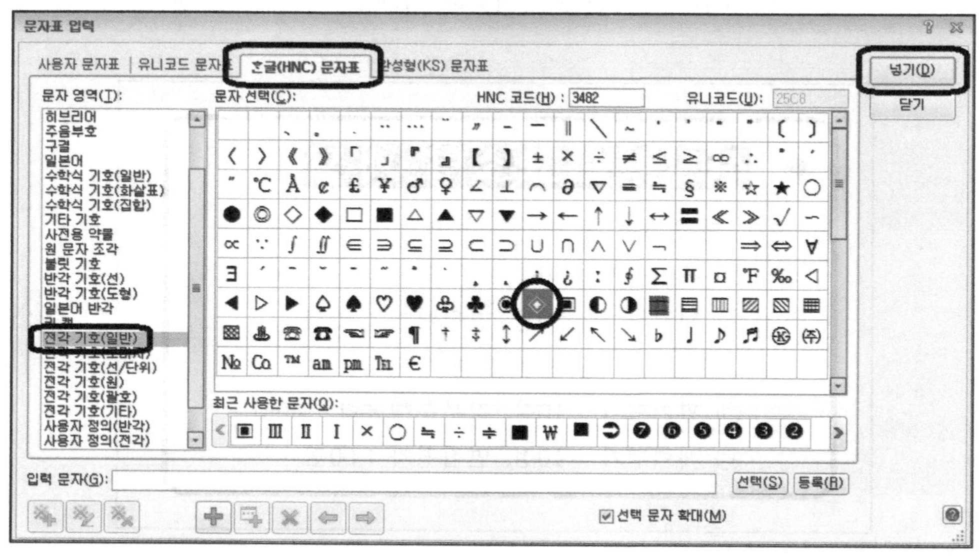

〈그림 3〉

이어서, 〈그림 4〉와 같이 "선발평가요소별 배점"을 입력한 다음 "엔터(Enter)"키를 누른다.

〈그림 4〉

〈그림 5〉와 같이 입력한 모든 내용을 선택하여 블록 지정한다.

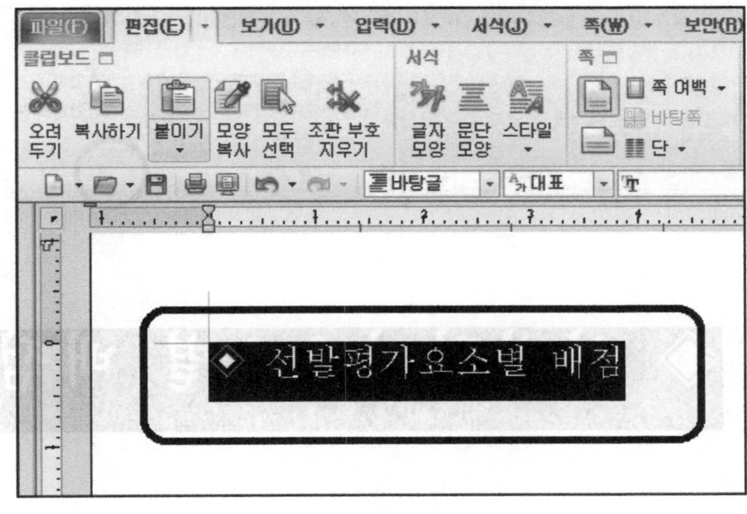

〈그림 5〉

〈그림 6〉과 같이 원으로 표시한 글꼴 입력 위치를 클릭하고 "궁서"를 입력한 다음, 엔터키를 누른다.

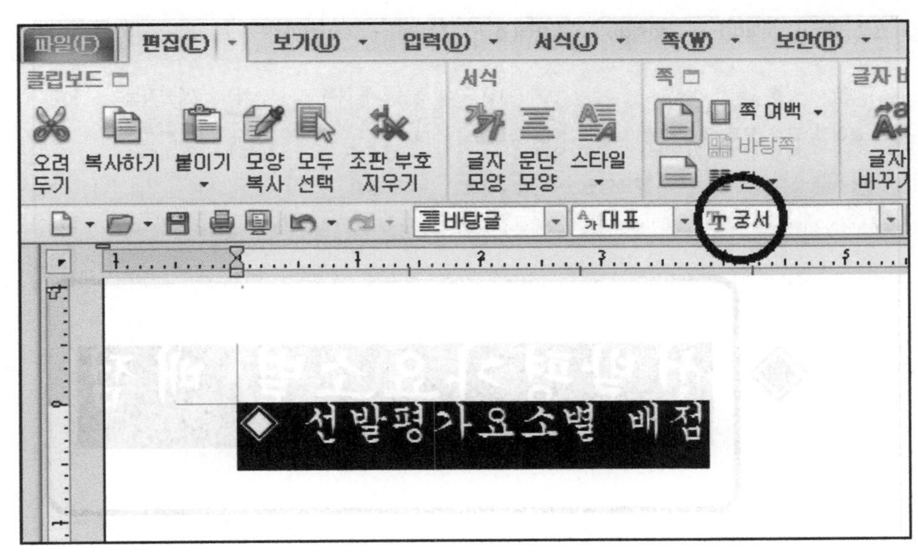

〈그림 6〉

〈그림 7〉과 같이 "글자 크기"에 "18"을 입력한 다음, 엔터키를 누른다.

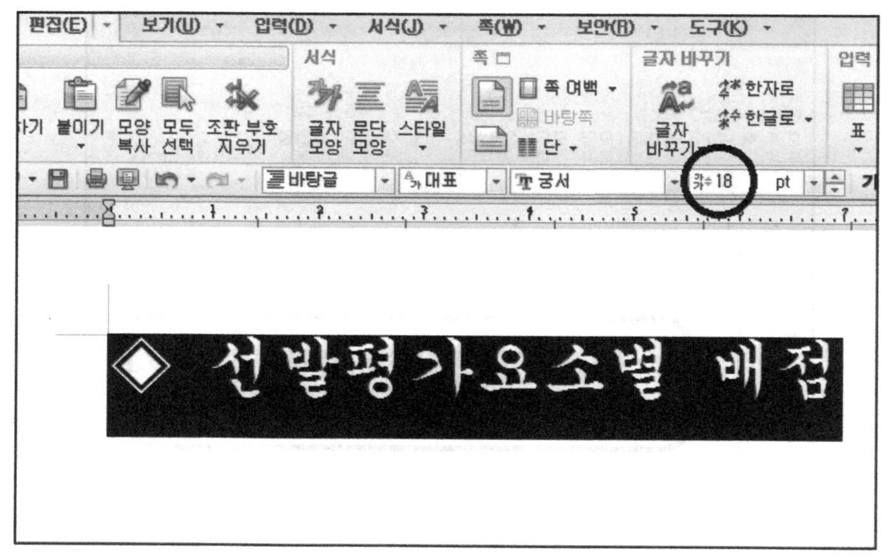

〈그림 7〉

〈그림 8〉과 같이 기호를 제외한 나머지 부분을 선택하여 블록 지정한다.

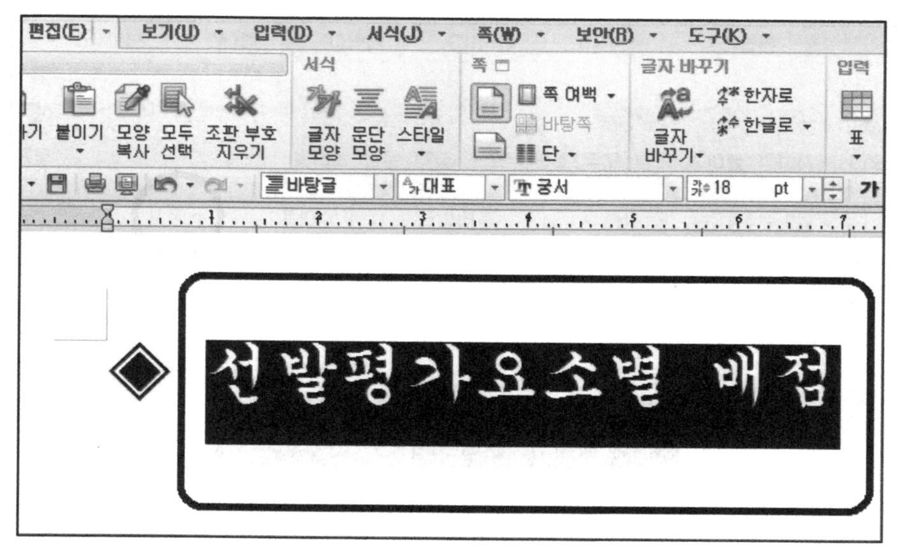

〈그림 8〉

〈그림 9〉와 같이 사각형으로 표시한 "글자 모양"을 클릭한다.

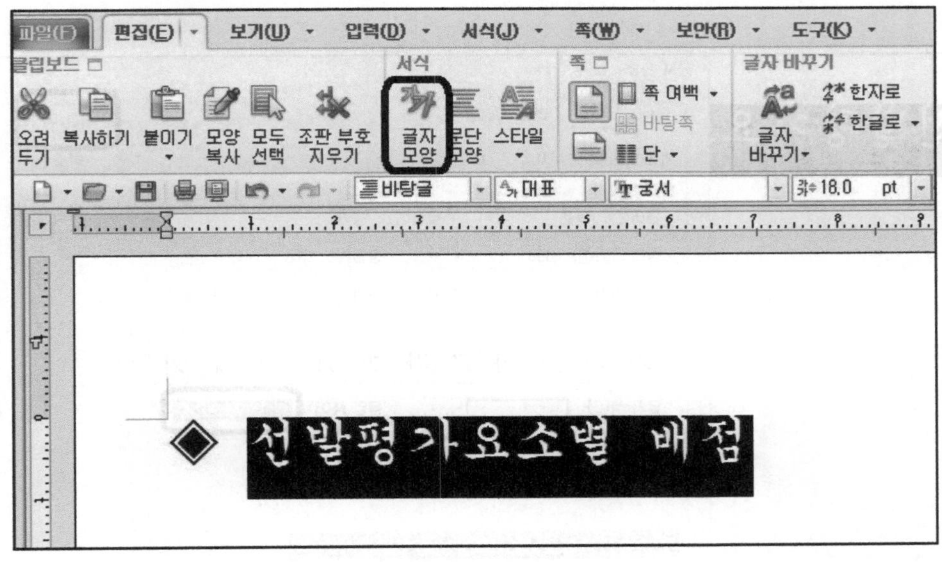

〈그림 9〉

〈그림 10〉과 같이 사각형으로 표시한 위치에서 "흰색(하양)"을 선택한다.

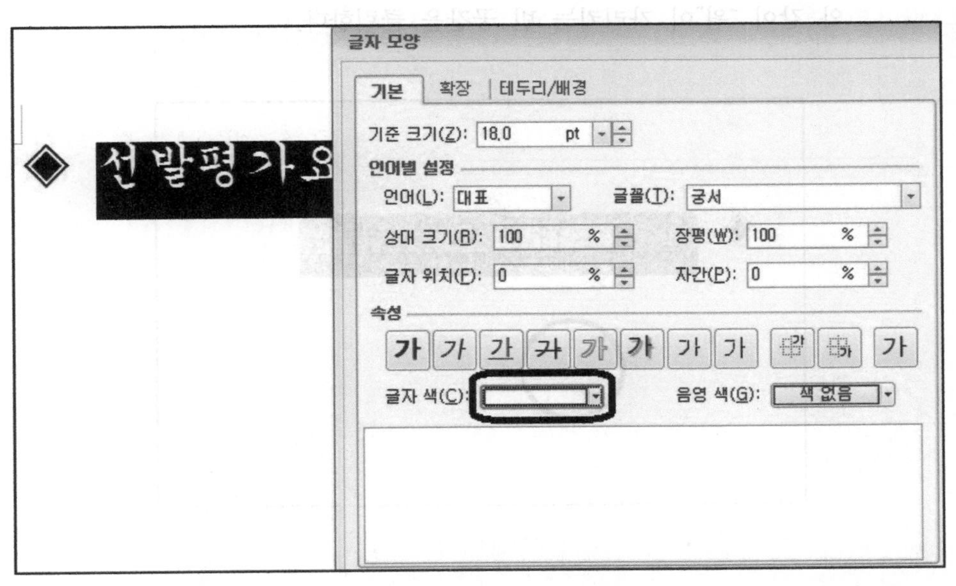

〈그림 10〉

〈그림 11〉과 같이 "음영 색" 위치를 클릭한 다음, "파랑"을 선택한다. 이어서, "설정" 버튼을 클릭한다.

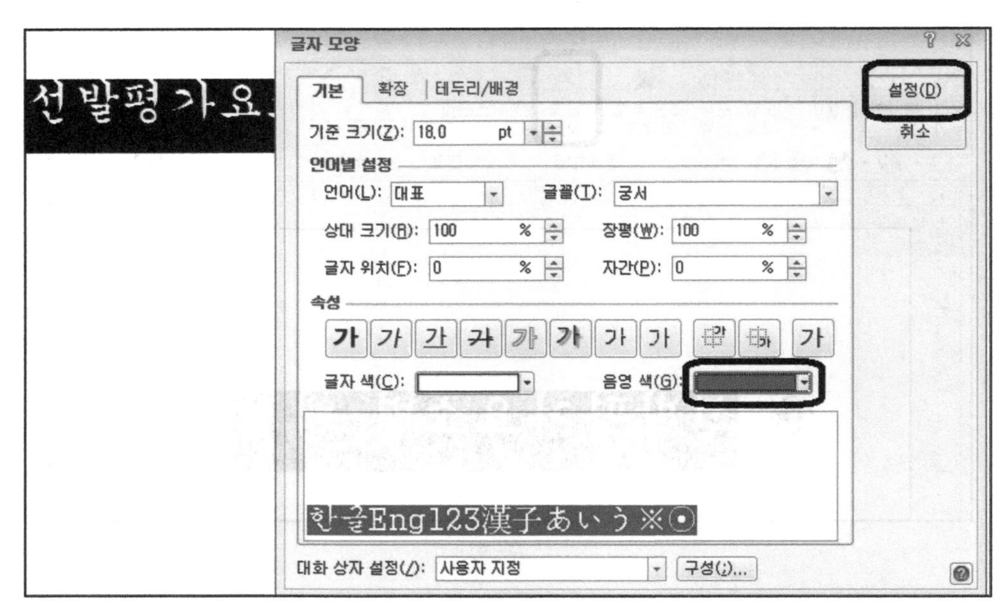

〈그림 11〉

〈그림 12〉와 같이 "원"이 가리키는 빈 공간을 클릭한다.

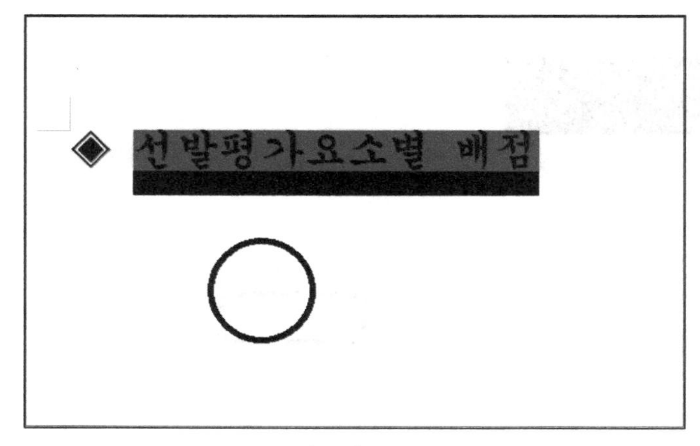

〈그림 12〉

이상으로 문단 제목 작성을 마친다. 파일 이름은 "4장_1"이라고 저장한다.

4.2 문단 번호

앞 절에 이어서 작성하기로 한다. 〈그림 13〉과 같이 입력한다.

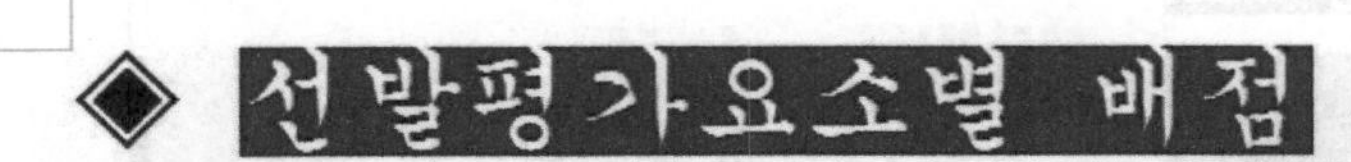

민간 부사관 비전문성 특기
필기평가 : 30점, 직무수행능력 : 30점
체력평가 : 20점, 면접평가 : 50점
민간 부사관 전문성 특기
필기평가 : 10점, 직무수행능력 : 40점
체력평가 : 10점, 면접평가 : 50점

〈그림 13〉

〈그림 14〉와 같이 입력한 내용을 블록 지정하여 선택한다.

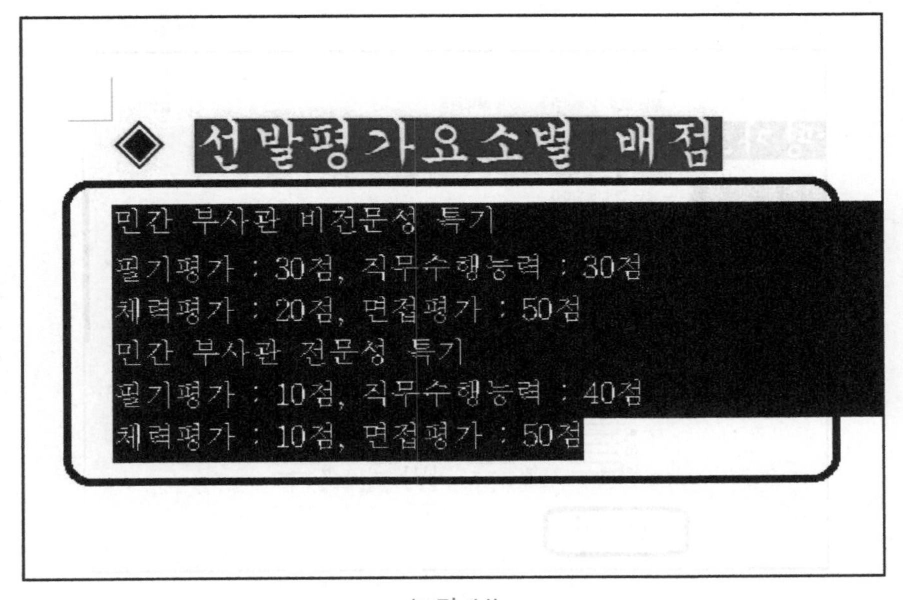

〈그림 14〉

"서식" 메뉴 아래의 "문단 번호 모양"을 클릭한다. 〈그림 15〉와 같이 "가."와 "㉠"로 이뤄진 모양을 클릭한 다음, "설정" 버튼을 클릭한다.

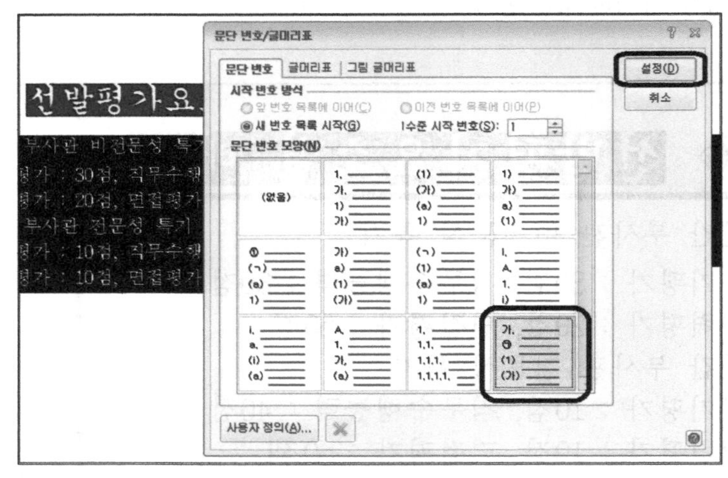

〈그림 15〉

만약, 〈그림 15〉와 같이 "가."와 "㉠"로 이뤄진 모양이 없다면, 〈그림 16〉과 같이 1순위가 "가."나 "가)" 등으로 시작되는 모양을 선택한다. 이어서, "사용자 정의" 버튼을 클릭한다.

〈그림 16〉

〈그림 17〉과 같이 수준은 "1 수준", 번호 모양은 "가,나,다"를 클릭한다.

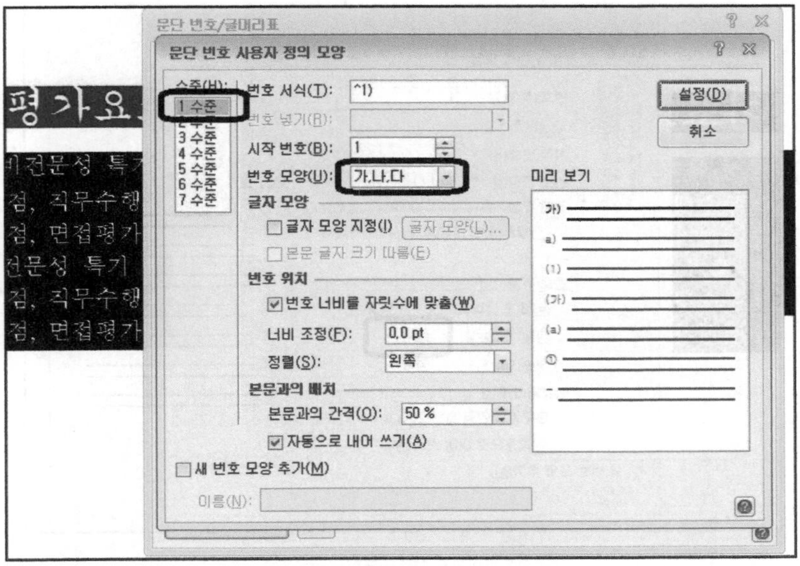

문단 번호/글머리표

문단 번호 사용자 정의 모양

수준(H): 1 수준 2 수준 3 수준 4 수준 5 수준 6 수준 7 수준

번호 서식(T): ^1)

번호 넣기(R):

시작 번호(B): 1

번호 모양(U): 가,나,다

글자 모양

글자 모양 지정(I) 글자 모양(L)...

본문 글자 크기 따름(E)

번호 위치

번호 너비를 자릿수에 맞춤(W)

너비 조정(F): 0.0 pt

정렬(S): 왼쪽

본문과의 배치

본문과의 간격(O): 50 %

자동으로 내어 쓰기(A)

새 번호 모양 추가(M)

이름(N):

설정(D)

취소

미리 보기

평가요

전문성 특기

점, 직무수행

점, 면접평가

〈그림 17〉

〈그림 18〉과 같이 번호 서식을 "^1."으로 수정한다.

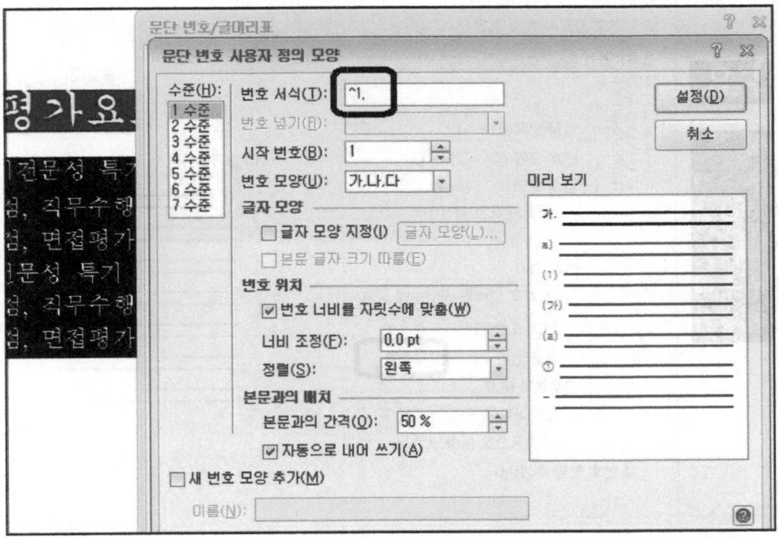

문단 번호/글머리표

문단 번호 사용자 정의 모양

수준(H): 1 수준 2 수준 3 수준 4 수준 5 수준 6 수준 7 수준

번호 서식(T): ^1.

번호 넣기(R):

시작 번호(B): 1

번호 모양(U): 가,나,다

글자 모양

글자 모양 지정(I) 글자 모양(L)...

본문 글자 크기 따름(E)

번호 위치

번호 너비를 자릿수에 맞춤(W)

너비 조정(F): 0.0 pt

정렬(S): 왼쪽

본문과의 배치

본문과의 간격(O): 50 %

자동으로 내어 쓰기(A)

새 번호 모양 추가(M)

이름(N):

설정(D)

취소

미리 보기

평가요

전문성 특기

점, 직무수행

점, 면접평가

〈그림 18〉

〈그림 19〉와 같이 "너비 조정"을 "20.0 pt"로 수정한다.

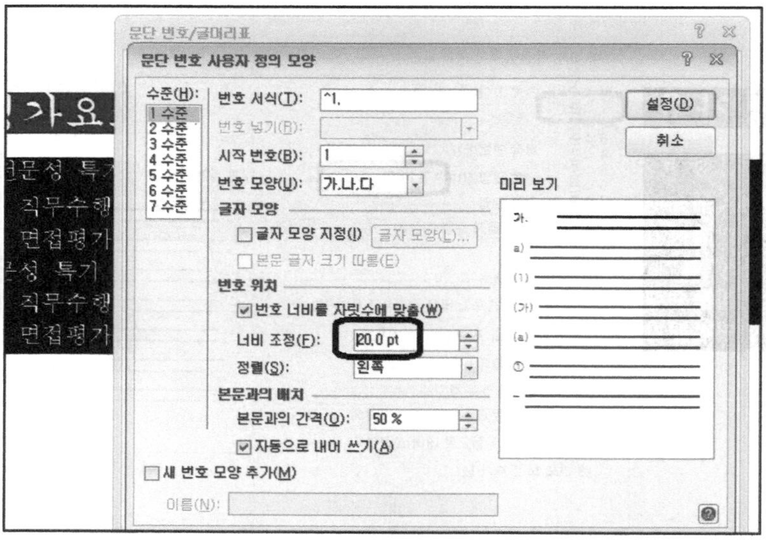

문단 번호/글머리표

문단 번호 사용자 정의 모양

수준(H): 1 수준 2 수준 3 수준 4 수준 5 수준 6 수준 7 수준

번호 서식(T): ^1.

번호 넣기(R):

시작 번호(B): 1

번호 모양(U): 가,나,다

글자 모양

글자 모양 지정(I) 글자 모양(L)...

본문 글자 크기 따름(E)

번호 위치

번호 너비를 자릿수에 맞춤(W)

너비 조정(F): 20.0 pt

정렬(S): 왼쪽

본문과의 배치

본문과의 간격(O): 50 %

자동으로 내어 쓰기(A)

새 번호 모양 추가(M)

이름(N):

설정(D) 취소

미리 보기

가. a) (1) (가) (a) ① -

〈그림 19〉

〈그림 20〉과 같이 정렬을 "오른쪽"으로 설정한다.

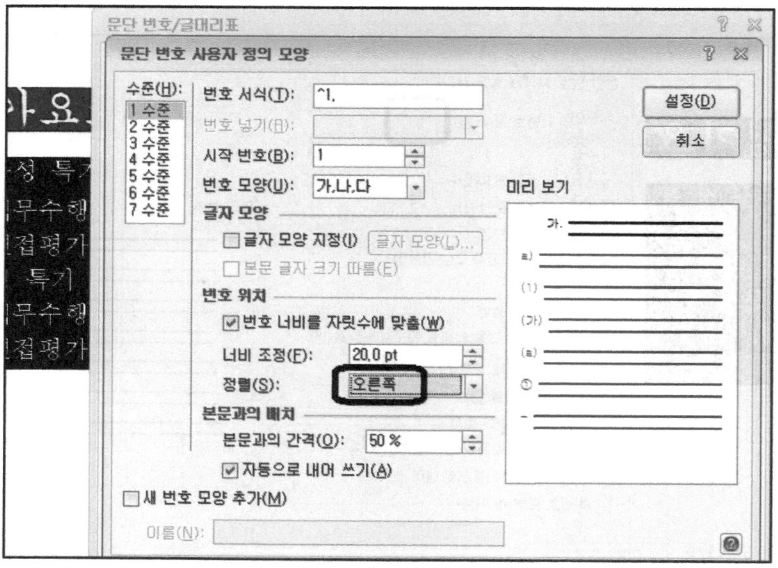

문단 번호/글머리표

문단 번호 사용자 정의 모양

수준(H): 1 수준 2 수준 3 수준 4 수준 5 수준 6 수준 7 수준

번호 서식(T): ^1.

번호 넣기(R):

시작 번호(B): 1

번호 모양(U): 가,나,다

글자 모양

글자 모양 지정(I) 글자 모양(L)...

본문 글자 크기 따름(E)

번호 위치

번호 너비를 자릿수에 맞춤(W)

너비 조정(F): 20.0 pt

정렬(S): 오른쪽

본문과의 배치

본문과의 간격(O): 50 %

자동으로 내어 쓰기(A)

새 번호 모양 추가(M)

이름(N):

설정(D) 취소

미리 보기

가. a) (1) (가) (a) ① -

〈그림 20〉

〈그림 21〉과 같이 "2 수준", "번호 모양 : ㉠,㉡,㉢", "번호 서식 : ^2"을 작성한다.

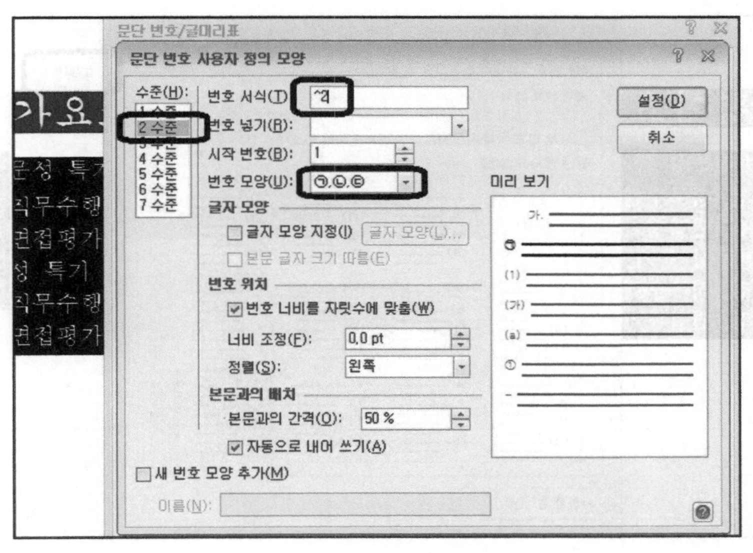

〈그림 21〉

〈그림 22〉와 같이 "너비 조정: 30.0 pt", "정렬: 오른쪽"을 선택하고 "설정"을 클릭한다.

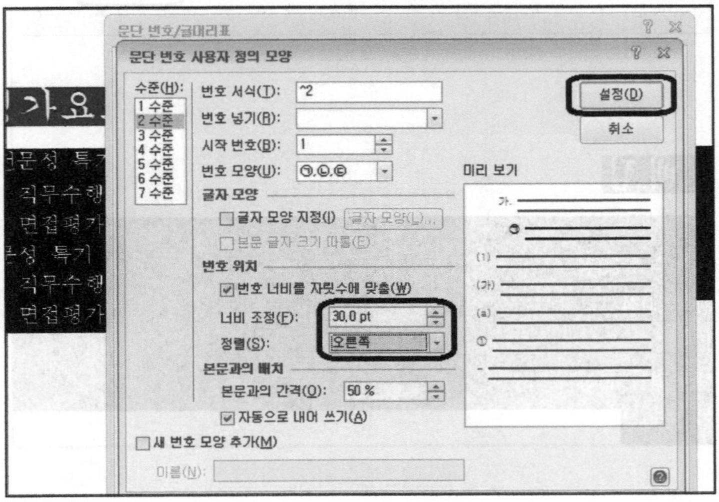

〈그림 22〉

〈그림 23〉과 같이 "설정"을 클릭한다.

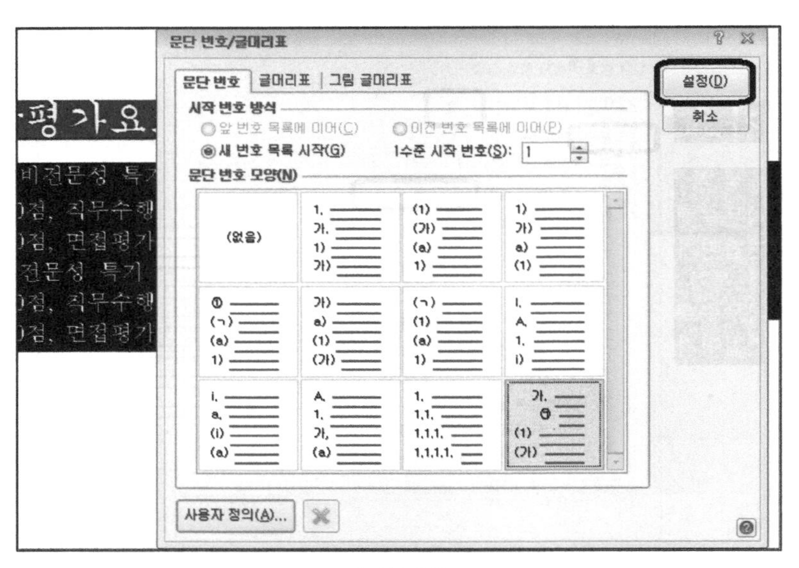

〈그림 23〉

〈그림 24〉와 같이 "줄 간격"을 "180 %"로 작성한다.

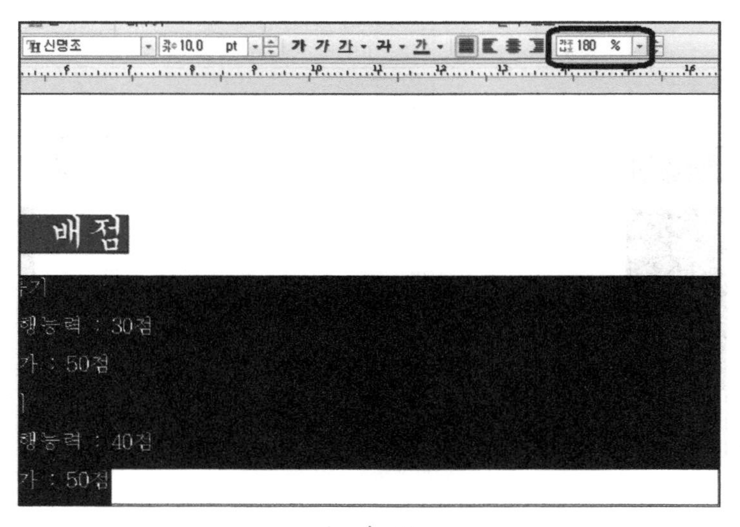

〈그림 24〉

이상으로 문단 번호 작성을 마친다. 파일 이름은 "4장_2"이라고 저장한다.

4.3 문단 수준

앞 절에 이어서 작성하기로 한다. 〈그림 25〉와 같이 사각형이 포함하는 것과 같이 블록지정 한다. 이어서, "서식" 메뉴 아래의 "한 수준 감소" 메뉴를 클릭한다.

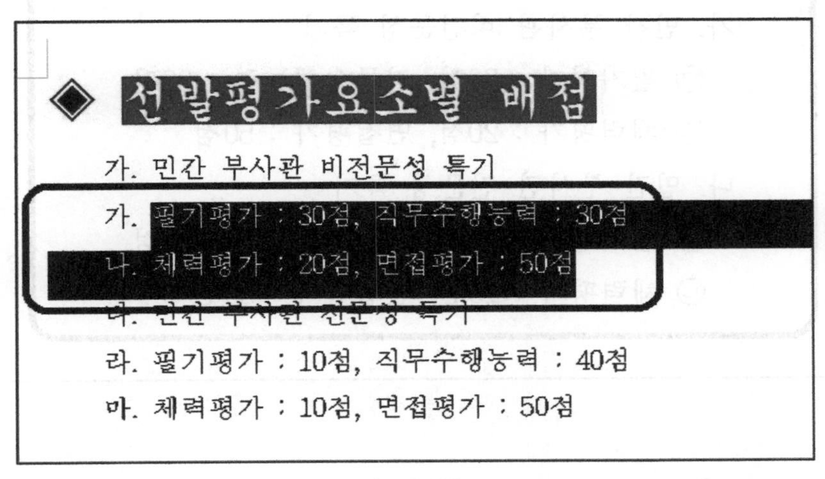

〈그림 25〉

〈그림 26〉과 같이 사각형이 포함하는 것과 같이 블록지정 한다. 이어서, "서식" 메뉴 아래의 "한 수준 감소" 메뉴를 클릭한다.

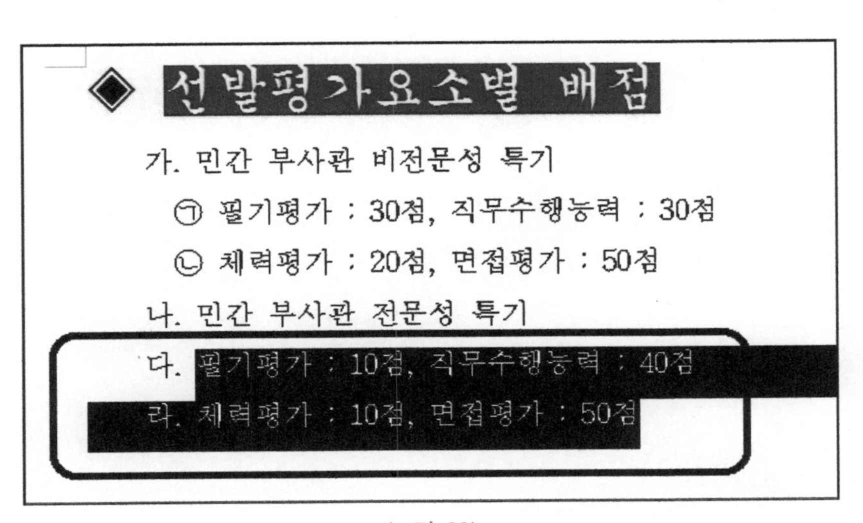

〈그림 26〉

지금까지 문단 번호 기능을 적용해 작성된 결과는 〈그림 27〉과 같다.

 선발평가요소별 배점

가. 민간 부사관 비전문성 특기

㉠ 필기평가 : 30점, 직무수행능력 : 30점

㉡ 체력평가 : 20점, 면접평가 : 50점

나. 민간 부사관 전문성 특기

㉠ 필기평가 : 10점, 직무수행능력 : 40점

㉡ 체력평가 : 10점, 면접평가 : 50점

〈그림 27〉

이상으로 문단 수준 작성을 마친다. 파일 이름은 "4장_3"이라고 저장한다.

05

CHAPTER

책갈피 작성하기와 덧말 넣기

이번 장에서는 책갈피 작성하기와 덧말 넣기를 작성한다. 1절에서는 책갈피를 작성하고 2절에서는 덧말 넣기를 실습한다.

책갈피를 작성하는 부분에서는 “입력” 메뉴 아래의 “책갈피” 메뉴를 통해 책갈피를 작성한다. 10장 3절의 “책갈피에 하이퍼링크 연결하기”에서는 그림에 설정된 하이퍼링크에 책갈피를 설정한다. 그러기 위해서는 먼저 책갈피에 하이퍼링크를 연결하기 위해서 책갈피를 만든다. 책갈피 이름은 “민간부사관”으로 한다. 그림의 “하이퍼링크”에 책갈피를 설정하면, 그림을 클릭했을 때 설정된 책갈피 위치로 이동하게 한다. 즉, 하이퍼링크로 연결된 “책갈피”로 이동된다. 책갈피는 책갈피 이름이나 위치에 의해 정렬이 가능하다.

덧말 넣기를 작성하는 부분에서는 “입력” 메뉴 아래의 “덧말 넣기” 메뉴를 통해 덧말을 작성한다. 덧말 이름은 “남군 3기”로 한다.

아래의 그림에서 책갈피가 설정된 위치는 “2019” 바로 앞에 있는 커서가 가리키는 위치가 된다. “덧말”은 “남군 3기”가 된다.

5.1 책갈피 작성하기

〈그림 1〉과 같이 "2019년 육군 민간부사관 선발 공고문"을 입력한 다음, 블록 지정한다.

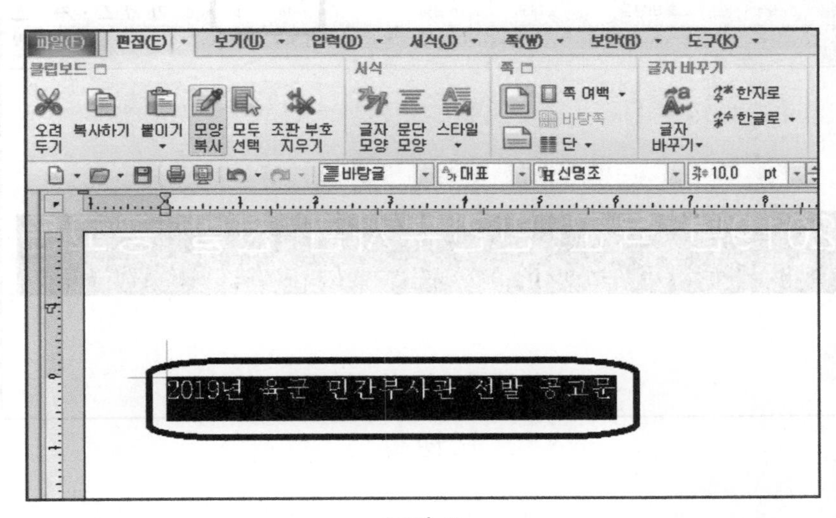

〈그림 1〉

〈그림 2〉와 같이 "글꼴"에 "굴림"을 입력한 다음, "엔터키"를 누른다.

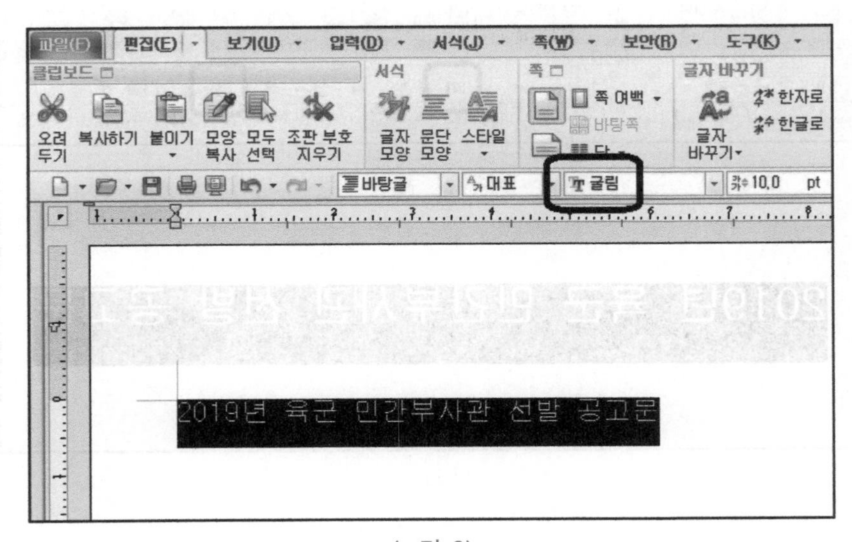

〈그림 2〉

〈그림 3〉과 같이 "글자 크기"에 "18 pt"을 입력한 다음, "엔터키"를 누른다.

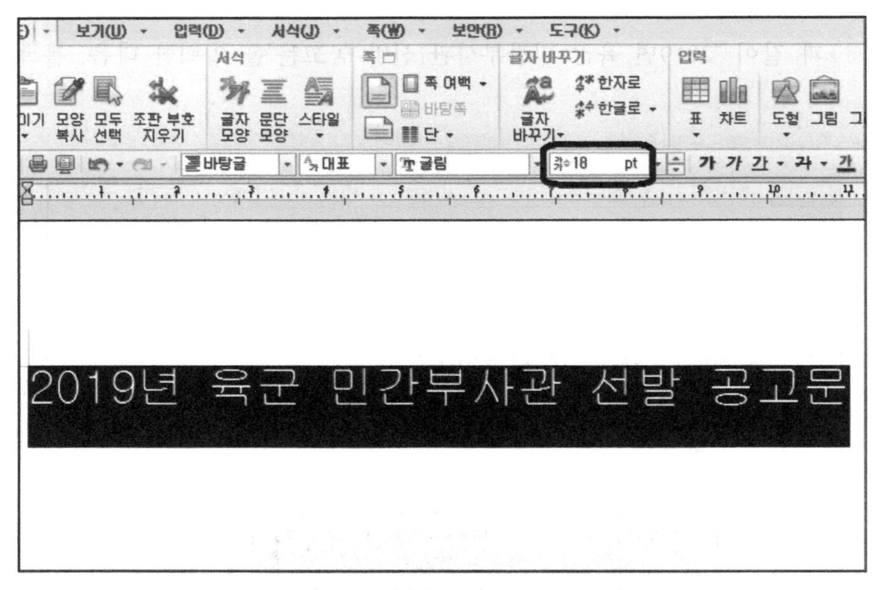

〈그림 3〉

〈그림 4〉와 같이 "진하게"와 "가운데 정렬"을 차례로 클릭한다.

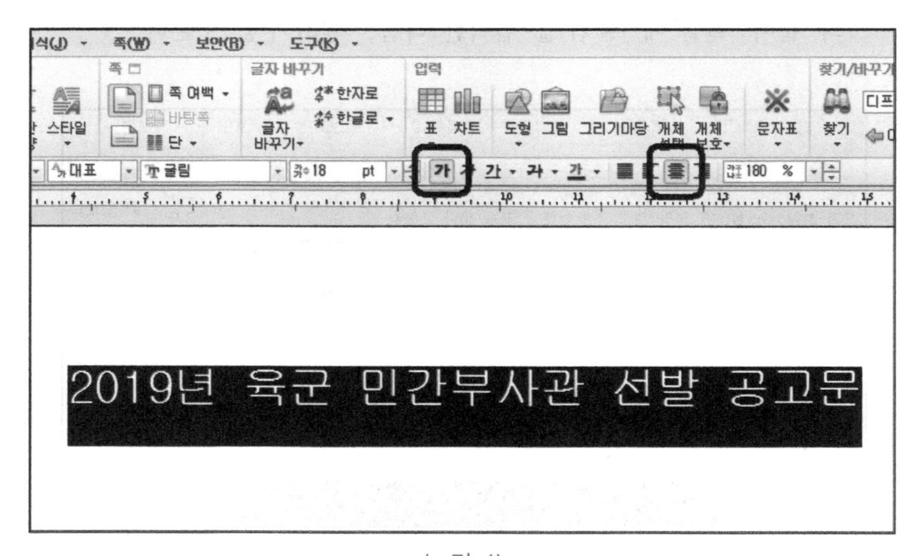

〈그림 4〉

〈그림 5〉와 같이 커서가 가리키는 것처럼 “2019”바로 앞 위치를 마우스로 클릭한다.

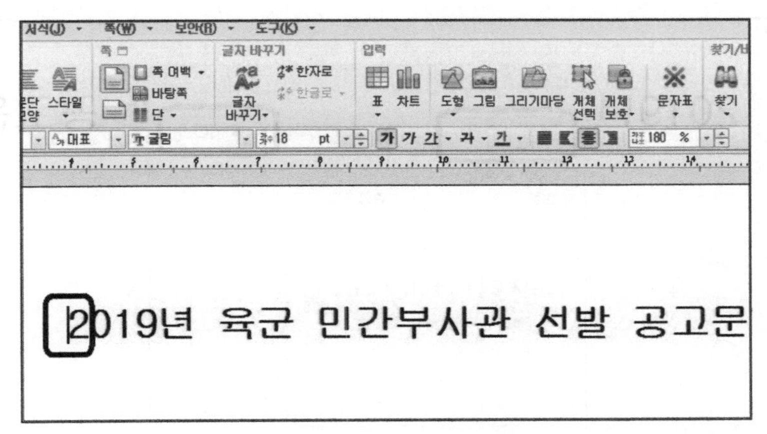

〈그림 5〉

〈그림 6〉과 같이 “입력” 메뉴 아래의 “책갈피” 메뉴를 클릭한다.

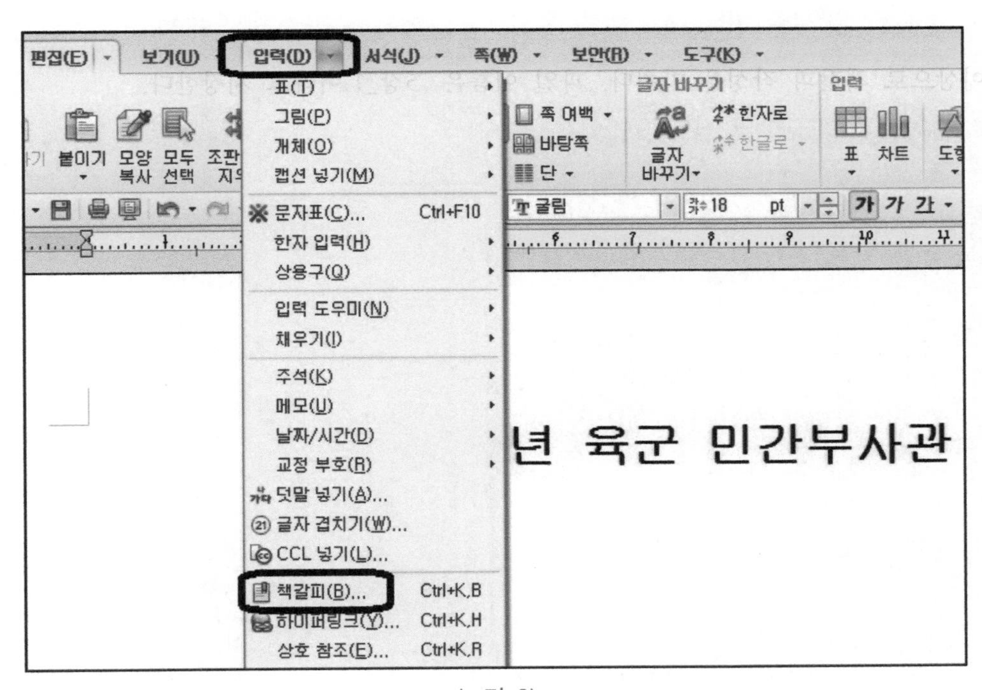

〈그림 6〉

〈그림 7〉과 같이 "민간부사관"을 입력한 다음, "넣기"를 클릭한다.

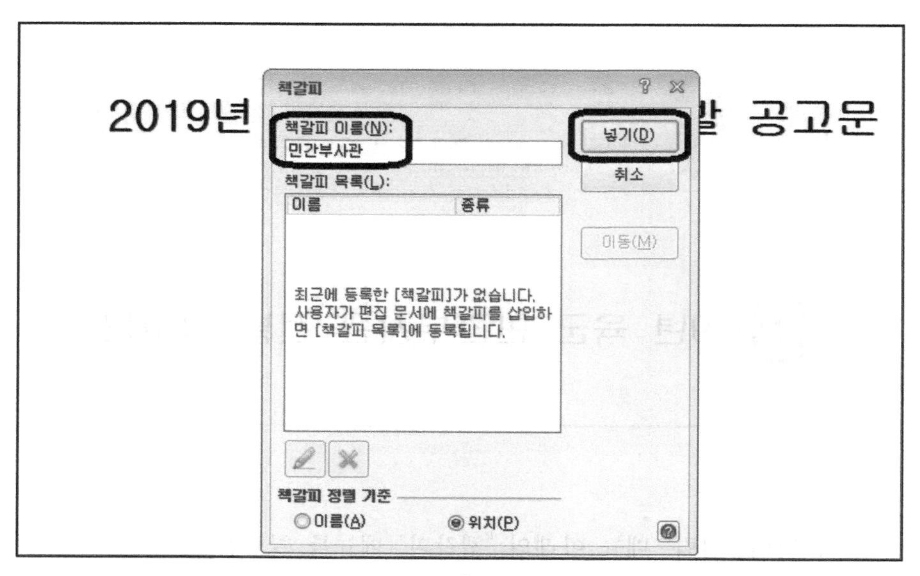

〈그림 7〉

이상으로 책갈피 작성을 마친다. 파일 이름은 "5장_1"이라고 저장한다.

5.2 덧말 넣기

"5.1"절에 이어 작업하기로 한다. 〈그림 8〉과 같이 블록 지정한다.

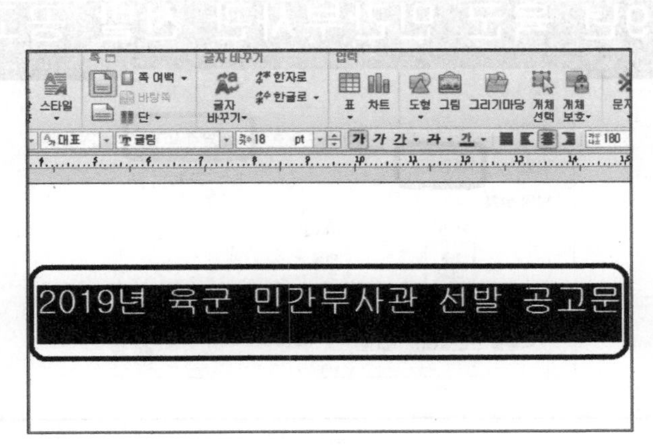

〈그림 8〉

〈그림 9〉와 같이 "입력" 메뉴 아래의 "덧말 넣기"를 클릭한다.

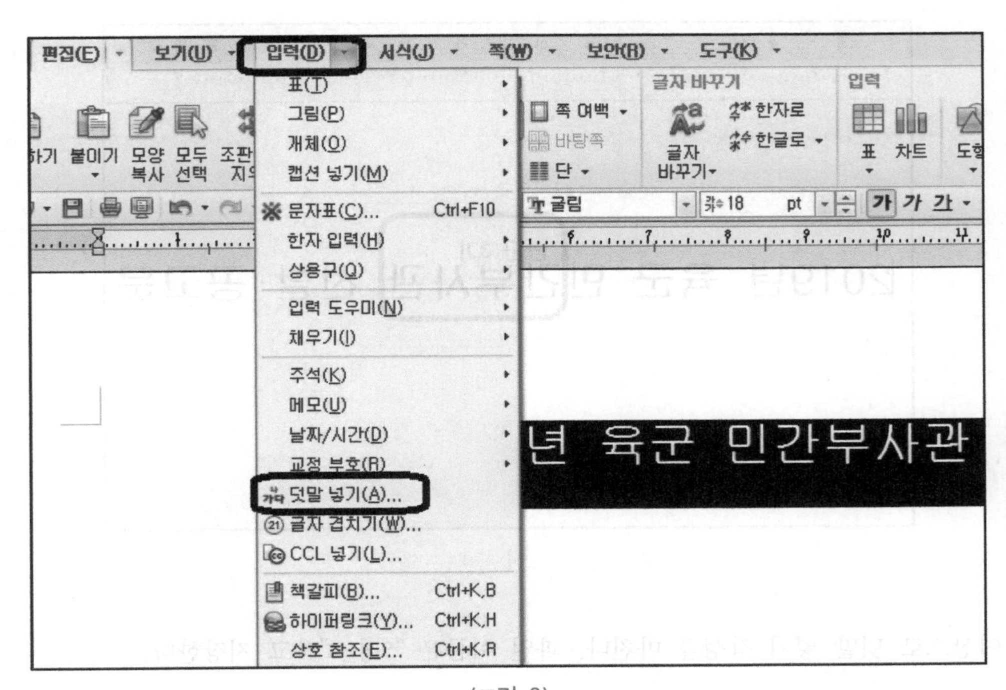

〈그림 9〉

〈그림 10〉과 같이 "남군 3기"를 입력한 다음, "넣기"를 클릭한다.

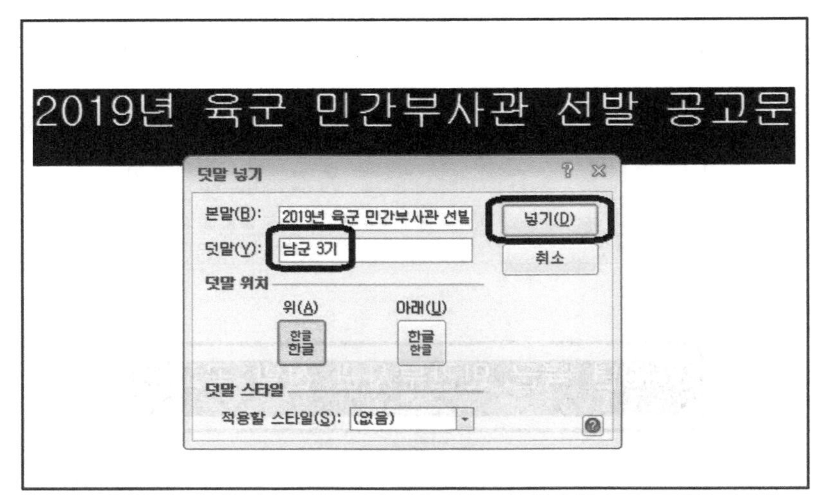

〈그림 10〉

결과는 〈그림 11〉과 같다.

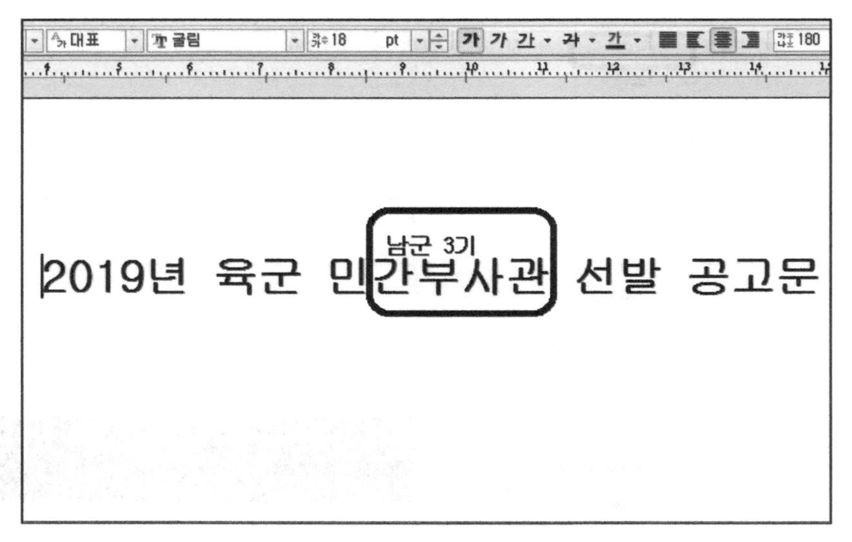

〈그림 11〉

이상으로 덧말 넣기 작성을 마친다. 파일 이름은 "5장_2"라고 저장한다.

06

CHAPTER

문단 첫 글자 장식 기능

6.1 문단 첫 글자 장식 기능

이번 장에서는 문단 첫 글자 장식 기능에 대해 알아본다. 먼저, ITQ 시험의 공통 부문에서 설정해야할 편집 용지여백 설정하는 방법으로 왼쪽 · 오른쪽 여백은 1.1cm(11mm), 위쪽 · 아래쪽 · 머리말 · 꼬리말은 1cm(10mm), 제본 0cm(0mm)로 설정한다(1장 2절의 용지여백 설정하기 참조).

문단 첫 글자 장식을 작성하기 위해서는 "서식" 메뉴 아래의 "문단 첫 글자 장식" 메뉴를 이용한다. 아래의 "문단 첫 글자 장식" 대화상자에서 모양은 "2줄(2)"을 선택하고 글꼴은 "궁서"를 선택한다. "면 색"은 "노랑"을 사용한다.

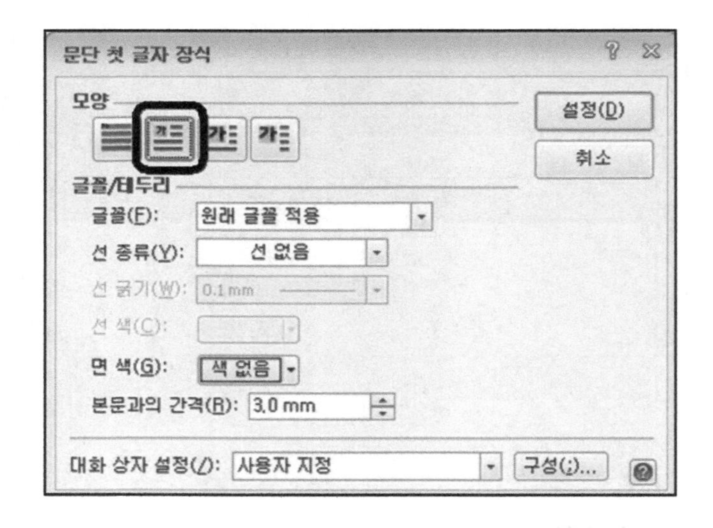

"문단 첫 글자 장식"을 이용해 최종 완성된 내용은 다음과 같다.

잠재역량 평가 기준은 기본점수, 한국어, 전산, 한자, 한국사, 무도, 영어
2019년도의 경우 기본점수(1.5), 한국어(0.5), 전산(0.5), 한자(0.5),
리더십(0.5)으로 이뤄진다. 기본점수는 지원자 전원에게 부여되는 점수이다.
가 4급 이상(KBS 한국방송공사, (재)한국 언어 문화연구원), 국어능력인증시
해당된다. 전산은 PCT 550점 이상, 컴퓨터 활용능력 2급 이상, e-Test 2급
이상, 리눅스 마스터(전문가, 1급), ITQ A급 이상, 디지털 정보 활용능력(고
시험(A급), PC활용능력평가시험(A급), 정보기술프로젝트관리전문가(1급),
상이 해당된다. 한자는 한국한자어능력인증시험(3급 이상) 동, 한자 · 한문
(지도사 2급 이상), YBM상무한검(2급 이상)이다. 한국사는 한국사능력검정
도는 무도 2단(품증, 무력 확인서) 이상(태권도, 합기도, 검도, 유도, 특공무술
인서)이다.

6.1 문단 첫 글자 장식 기능

먼저, 1장 2절의 용지여백 설정하기를 참조하여 〈그림 1〉과 같이 왼쪽 · 오른쪽 여백은 11mm(1.1cm), 위쪽 · 아래쪽 · 머리말 · 꼬리말은 10mm(1cm), 제본은 0mm (0cm)로 설정한다.

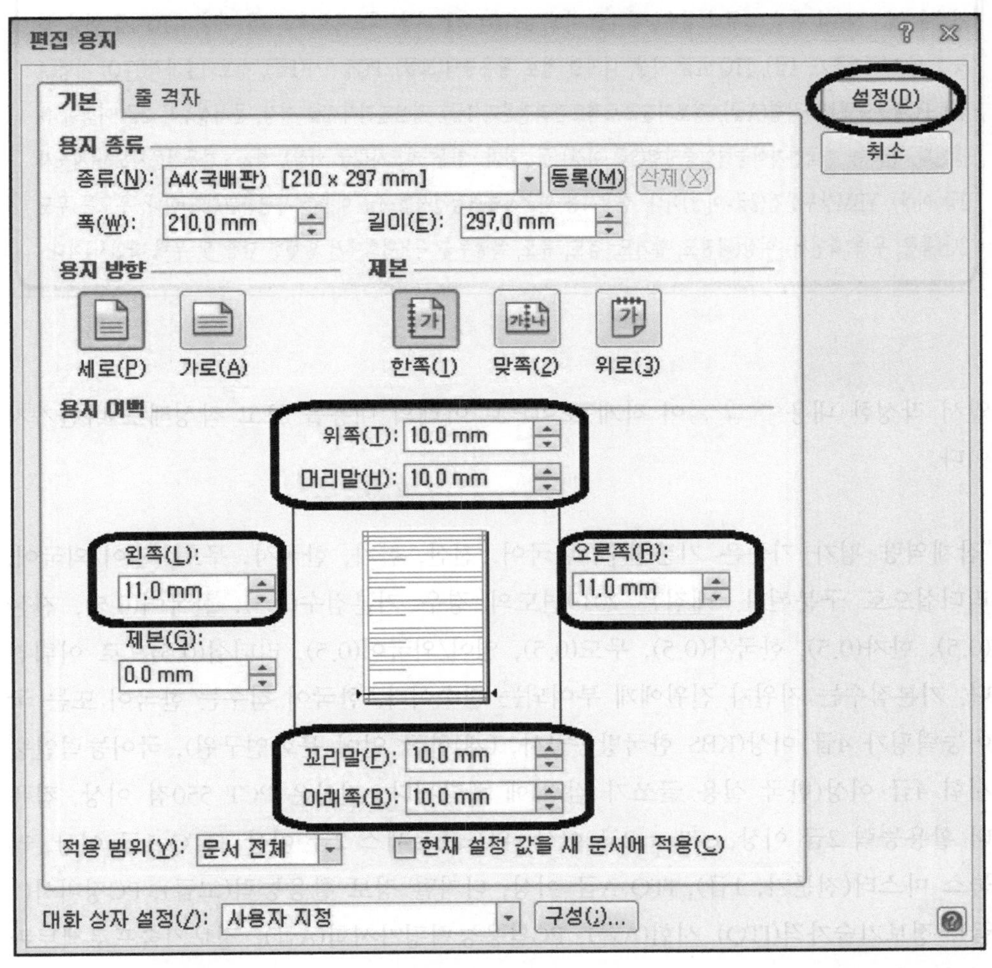

〈그림 1〉

문단 첫 글자 장식 기능을 적용할 내용을 〈그림 2〉와 같이 입력하여 작성한다(단, 글 내용을 입력할 때 "엔터키"를 사용하지 않고 계속 이어서 작성하도록 한다).

잠재역량 평가 기준은 기본점수, 한국어, 전산, 한자, 한국사, 무도, 영어/외국어, 리더십으로 구분된다. 배점은 2019년도의 경우 기본점수(1.5), 한국어(0.5), 전산(0.5), 한자(0.5), 한국사(0.5), 무도(0.5), 영어/외국어(0.5), 리더십(0.5)으로 이뤄진다. 기본점수는 지원자 전원에게 부여되는 점수이다. 한국어 점수는 한국어 또는 국어능력평가 4급 이상(KBS 한국방송공사, (재)한국 언어 문화연구원), 국어능력인증시험 4급 이상(한국 실용 글쓰기 검정)에 해당된다. 전산은 PCT 550점 이상, 컴퓨터 활용능력 2급 이상, e-Test 2급 이상, 워드프로세스 2급 이상, GTQ 1급 이상, 리눅스 마스터(전문가, 1급), ITQ A급 이상, 디지털 정보 활용능력(고급), PC정비사(1급), 정보기술자격(ITQ) 시험(A급), PC활용능력평가시험(A급), 정보기술프로젝트관리전문가(1급), 정보관리사 2급 이상, 문서실무사 2급 이상이 해당된다. 한자는 한국한자어능력인증시험(3급 이상) 등, 한자·한문 지도사(2급 이상), 한자·한문전문지도사(지도사 2급 이상), YBM상무한검(2급 이상)이다. 한국사는 한국사능력검정시험 4급 이상(국사편찬위원회)이다. 무도는 무도 2단(품증, 무력 확인서) 이상(태권도, 합기도, 검도, 유도, 특공무술 등)(협회에서 발행한 단증 및 무력 확인서)이다.

〈그림 2〉

앞서 작성한 내용(그림 2)이 작게 보이므로 아래의 내용을 보고 작성해도 마찬가지이다.

"잠재역량 평가 기준은 기본점수, 한국어, 전산, 한자, 한국사, 무도, 영어/외국어, 리더십으로 구분된다. 배점은 2019년도의 경우 기본점수(1.5), 한국어(0.5), 전산(0.5), 한자(0.5), 한국사(0.5), 무도(0.5), 영어/외국어(0.5), 리더십(0.5)으로 이뤄진다. 기본점수는 지원자 전원에게 부여되는 점수이다. 한국어 점수는 한국어 또는 국어능력평가 4급 이상(KBS 한국방송공사, (재)한국 언어 문화연구원), 국어능력인증시험 4급 이상(한국 실용 글쓰기 검정)에 해당된다. 전산은 PCT 550점 이상, 컴퓨터 활용능력 2급 이상, e-Test 2급 이상, 워드프로세스 2급 이상, GTQ 1급 이상, 리눅스 마스터(전문가, 1급), ITQ A급 이상, 디지털 정보 활용능력(고급), PC정비사(1급), 정보기술자격(ITQ) 시험(A급), PC활용능력평가시험(A급), 정보기술프로젝트관리전문가(1급), 정보관리사 2급 이상, 문서실무사 2급 이상이 해당된다. 한자는 한국한자어능력인증시험(3급 이상) 등, 한자한문 지도사(2급 이상), 한자한문전문지도사(지도사 2급 이상), YBM상무한검(2급 이상)이다. 한국사는 한국사능력검정시험 4급 이상(국사편찬위원회)이다. 무도는 무도 2단(품증, 무력 확인서) 이상(태권도, 합기도, 검도, 유도, 특공무술 등)(협회에서 발행한 단증 및 무력 확인서)이다."

〈그림 3〉과 같이 "잠재역량" 바로 앞에 커서를 클릭한다.

잠재역량 평가 기준은 기본점수, 한국어, 전산, 한자, 한국사, 무도, 영어/외국어,
년도의 경우 기본점수(1.5), 한국어(0.5), 전산(0.5), 한자(0.5), 한국사(0.5), 무도(0
로 이뤄진다. 기본점수는 지원자 전원에게 부여되는 점수이다. 한국어 점수는 한
(KBS 한국방송공사, (재)한국 언어 문화연구원), 국어능력인증시험 4급 이상(한
전산은 PCT 550점 이상, 컴퓨터 활용능력 2급 이상, e-Test 2급 이상, 워드프로
눅스 마스터(전문가, 1급), ITQ A급 이상, 디지털 정보 활용능력(고급), PC정비
급), PC활용능력평가시험(A급), 정보기술프로젝트관리전문가(1급), 정보관리사 2
당된다. 한자는 한국한자어능력인증시험(3급 이상) 등, 한자 · 한문 지도사(2급
2급 이상), YBM상무한검(2급 이상)이다. 한국사는 한국사능력검정시험 4급 이상
2단(품증, 무력 확인서) 이상(태권도, 합기도, 검도, 유도, 특공무술 등)(협회에서

〈그림 3〉

〈그림 4〉와 같이 "서식"메뉴 아래의 "문단 첫 글자 장식" 메뉴를 클릭한다.

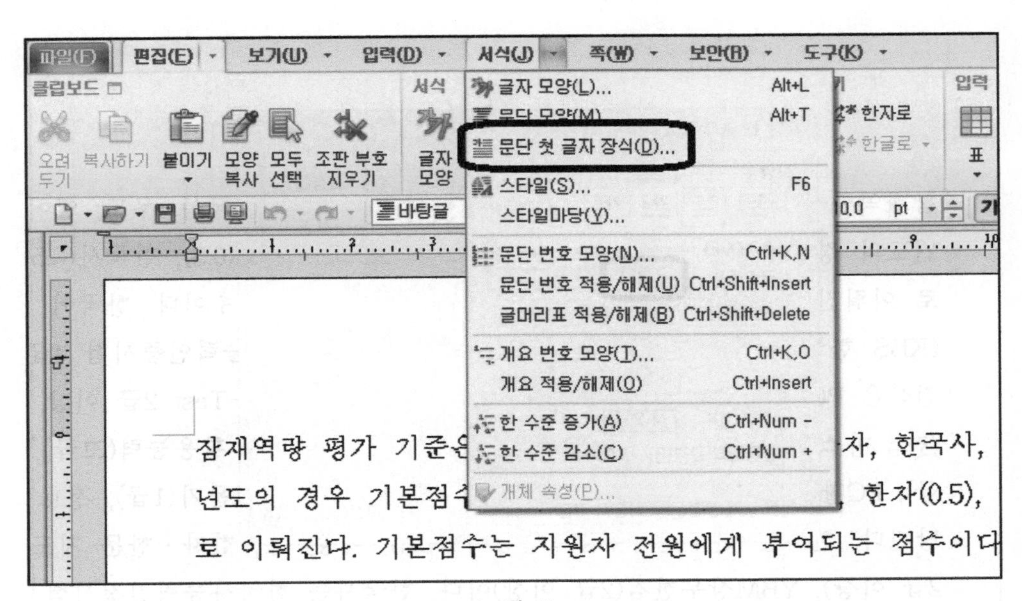

〈그림 4〉

〈그림 5〉와 같이 "2줄(2)"를 클릭한다.

〈그림 5〉

〈그림 6〉과 같이 "궁서"를 선택한다.

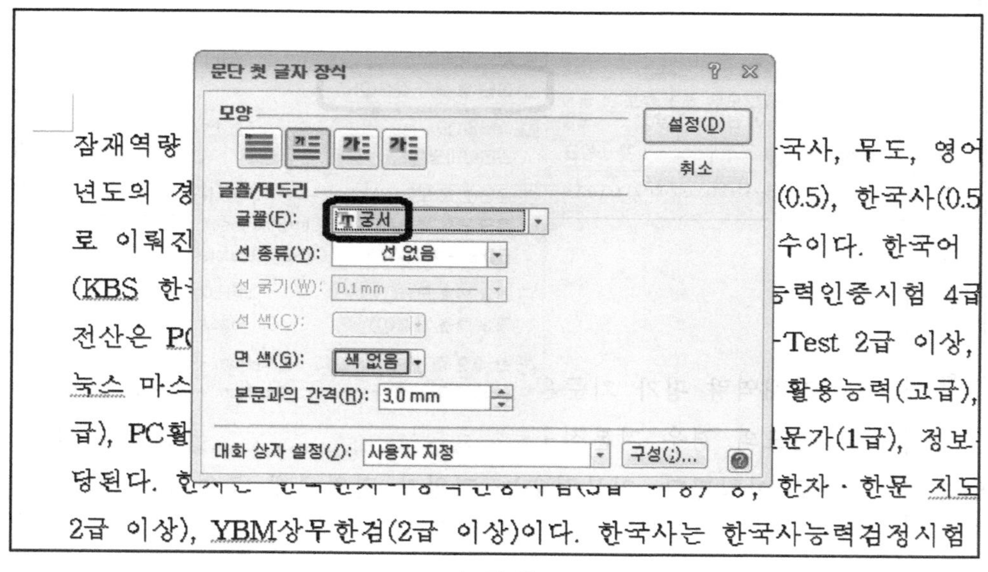

〈그림 6〉

〈그림 7〉과 같이 "면 색"에서 "노랑"을 클릭한 다음, "설정"을 클릭한다.

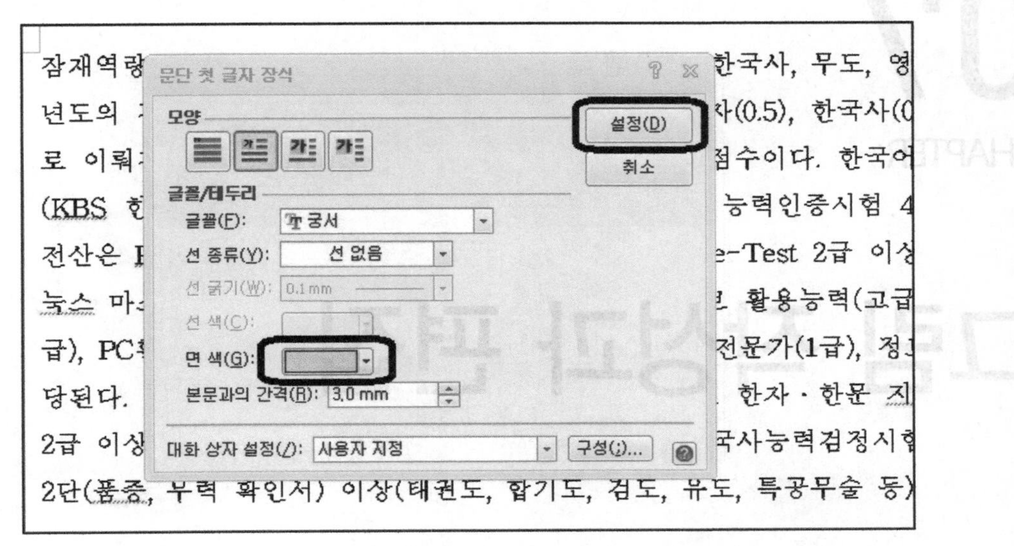

〈그림 7〉

결과는 〈그림 8〉과 같이 나타난다.

잠재역량 평가 기준은 기본점수, 한국어, 전산, 한자, 한국사, 무도, 영어
2019년도의 경우 기본점수(1.5), 한국어(0.5), 전산(0.5), 한자(0.5), 한
리더십(0.5)으로 이뤄진다. 기본점수는 지원자 전원에게 부여되는 점수이다. 한
가 4급 이상(KBS 한국방송공사, (재)한국 언어 문화연구원), 국어능력인증시
해당된다. 전산은 PCT 550점 이상, 컴퓨터 활용능력 2급 이상, e-Test 2급 이
이상, 리눅스 마스터(전문가, 1급), ITQ A급 이상, 디지털 정보 활용능력(고급
시험(A급), PC활용능력평가시험(A급), 정보기술프로젝트관리전문가(1급), 정
상이 해당된다. 한자는 한국한자어능력인증시험(3급 이상) 등, 한자 · 한문 지
(지도사 2급 이상), YBM상무한검(2급 이상)이다. 한국사는 한국사능력검정시
도는 무도 2단(품증, 무력 확인서) 이상(태권도, 합기도, 검도, 유도, 특공무술
인서)이다.

〈그림 8〉

파일 이름은 "6장_1"이라고 저장한다. 이상으로 6장의 실습을 모두 마친다.

07

CHAPTER

그림 작성과 편집

이번 장에서는 그림 작성과 편집에 대해 실습한다. 1절에서는 그림 작성하기를 알아보고 2절에서는 그림 편집하기를 살펴본다. ITQ 시험에서는 제공되는 그림은 "내문서₩ITQ₩Picture₩그림4.jpg"에 해당한다. 리본 메뉴의 그림 아이콘을 클릭해 그림을 작성한다. 이때, "그림 넣기" 대화상자의 옵션에서 "문서에 포함"과 "마우스로 크기 지정" 옵션은 체크 상태로 설정한다.

그림 편집하기에서는 자르기 기능을 사용하며 제어 점을 드래그 하여 그림의 일부만을 남긴다. 그림의 가로와 세로 크기를 설정하고 "크기 고정"을 체크한다. 그림의 "개체 속성" 대화상자의 "여백/캡션"의 "왼쪽 바깥 여백"에 "2"를 적용한다.

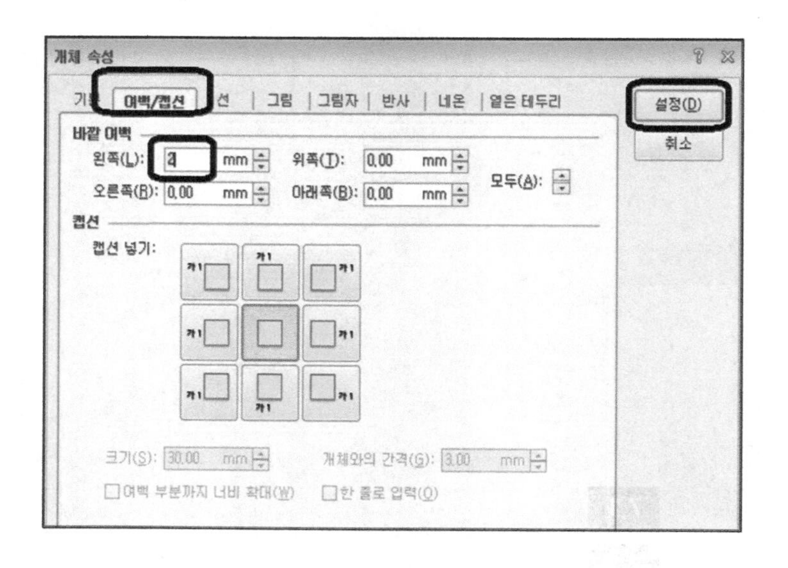

최종 완성된 결과는 아래와 같다.

전산, 한자, 한국사, 무도, 영어/외국어, 리더십으로
점수(1.5), 한국어(0.5), 전산(0.5), 한자(0.5), 한국사
로 이뤄진다. 기본점수는 지원자 전원에게 부여되
능력평가 4급 이상(KBS 한국방송공사, (재)한국 언
한국 실용 글쓰기 검정)에 해당된다. 전산은 PCT
t 2급 이상, 워드프로세스 2급 이상, GTQ 1급 이
, 디지털 정보 활용능력(고급), PC정비사(1급), 정
시험(A급), 정보기술프로젝트관리전문가(1급), 정보관리사 2급 이상,
한자어능력인증시험(3급 이상) 등, 한자 · 한문 지도사(2급 이상), 한
무한검(2급 이상)이다. 한국사는 한국사능력검정시험 4급 이상(국사

7.1 그림 작성하기

앞에서 작업한 "6장 1절"에 이어서 작업하기로 한다. 〈그림 1〉과 같이 사각형으로 표시한 마우스 커서가 위치한 위치를 클릭한다.

> 잠재역량 평가 기준은 기본점수, 한국어, 전산, 한자, 한국사, 무도, 영어/외국어, 리더십으로 구분된다. 배점은 2019년도의 경우 기본점수(1.5), 한국어(0.5), 전산(0.5), 한자(0.5), 한국사(0.5), 무도(0.5), 영어/외국어(0.5), 리더십(0.5)으로 이뤄진다. 기본점수는 지원자 전원에게 부여되는 점수이다. 한국어 점수는 한국어 또는 국어능력평가 4급 이상(KBS 한국방송공사, (재)한국 언어 문화연구원), 국어능력인증시험 4급 이상(한국 실용 글쓰기 검정)에 해당된다. 전산은 PCT 550점 이상, 컴퓨터 활용능력 2급 이상, e-Test 2급 이상, 워드프로세스 2급 이상, GTQ 1급 이상, 리눅스 마스터(전문가, 1급), ITQ A급 이상, 디지털 정보 활용능력(고급), PC정비사(1급), 정보기술자격(ITQ) 시험(A급), PC활용능력평가시험(A급), 정보기술프로젝트관리전문가(1급), 정보관리사 2급 이상, 문서실무사 2급 이상이 해당된다. 한자는 한국한자어능력인증시험(3급 이상) 등, 한자 · 한문 지도사(2급 이상), 한자 · 한문전문지도사(지도사 2급 이상), YBM상무한검(2급 이상)이다. 한국사는 한국사능력검정시험 4급 이상(국사편찬위원회)이다. 무도는 무도 2단(품증, 무력 확인서) 이상(태권도, 합기도, 검도, 유도, 특공무술 등)(협회에서 발행한 단증 및 무력 확인서)이다.

〈그림 1〉

〈그림 2〉와 같이 "그림"을 클릭한다.

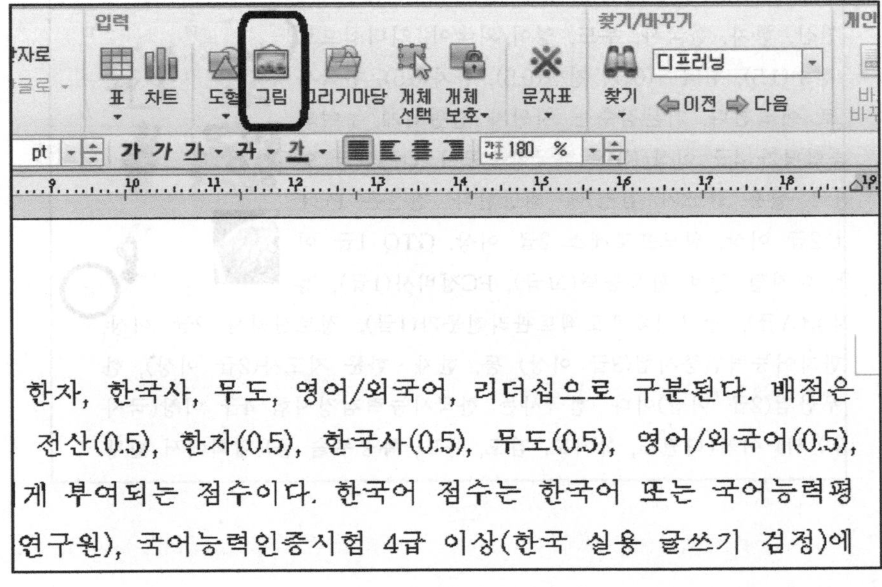

〈그림 2〉

〈그림 3〉과 같이 "내문서₩ITQ₩Picture₩그림4.jpg"를 더블 클릭한다(이때, "그림 넣기" 대화상자의 옵션에서 "문서에 포함"과 "마우스로 크기 지정" 옵션은 체크 상태로 설정한다).

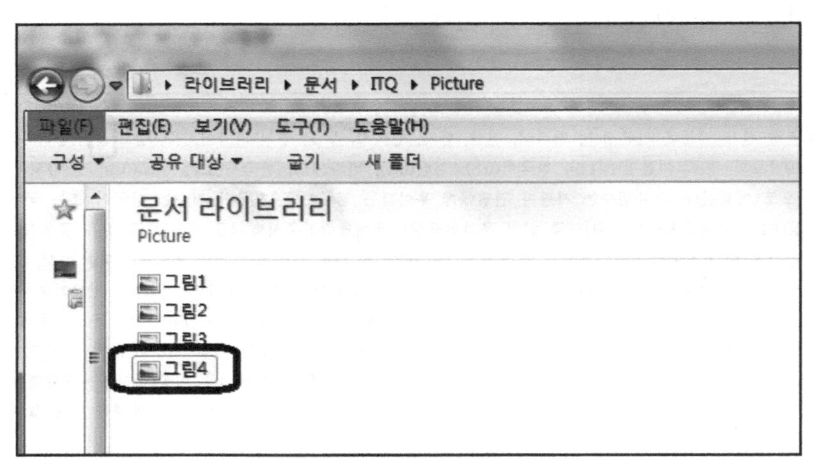

〈그림 3〉

〈그림 4〉와 같이 원으로 가리키는 위치를 드래그 하여 그림을 배치시킨다.

전산, 한자, 한국사, 무도, 영어/외국어, 리더십으로
-점수(1.5), 한국어(0.5), 전산(0.5), 한자(0.5), 한국사
로 이뤄진다. 기본점수는 지원자 전원에게 부여되
능력평가 4급 이상(KBS 한국방송공사, (재)한국 언
한국 실용 글쓰기 검정)에 해당된다. 전산은 PCT
t 2급 이상, 워드프로세스 2급 이상, GTQ 1급 이
, 디지털 정보 활용능력(고급), PC정비사(1급), 정
시험(A급), 정보기술프로젝트관리전문가(1급), 정보관리사 2급 이상,
한자어능력인증시험(3급 이상) 등, 한자 · 한문 지도사(2급 이상), 한
무한검(2급 이상)이다. 한국사는 한국사능력검정시험 4급 이상(국사
인서) 이상(태권도, 합기도, 검도, 유도, 특공무술 등)(협회에서 발행

〈그림 4〉

이상으로 7장 1절의 실습을 마친다. 파일 이름은 "7장_1"이라고 저장한다.

7.2 그림 편집하기

앞에서 작업한 "7장 1절"에 이어서 작업하기로 한다. 〈그림 5〉와 같이 "자르기"를 클릭한다.

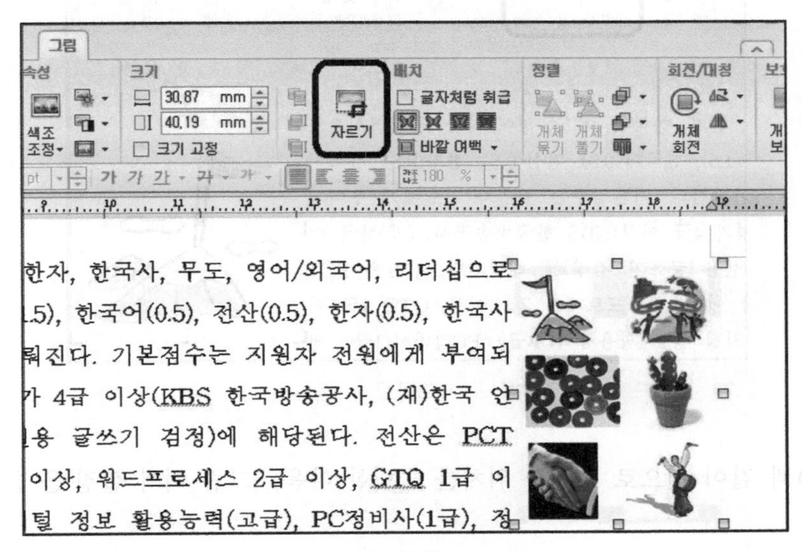

〈그림 5〉

〈그림 6〉과 같이 원으로 표시한 "제어점"을 드래그 하여 그림의 일부만을 남긴다.

〈그림 6〉

〈그림 7〉과 같이 그림의 가로(너비)와 세로(높이)를 "40"으로 설정하고 "크기 고정"을 체크한다.

〈그림 7〉

〈그림 8〉과 같이 원으로 표시한 위치를 클릭한 다음, "그림 여백 설정"을 클릭한다.

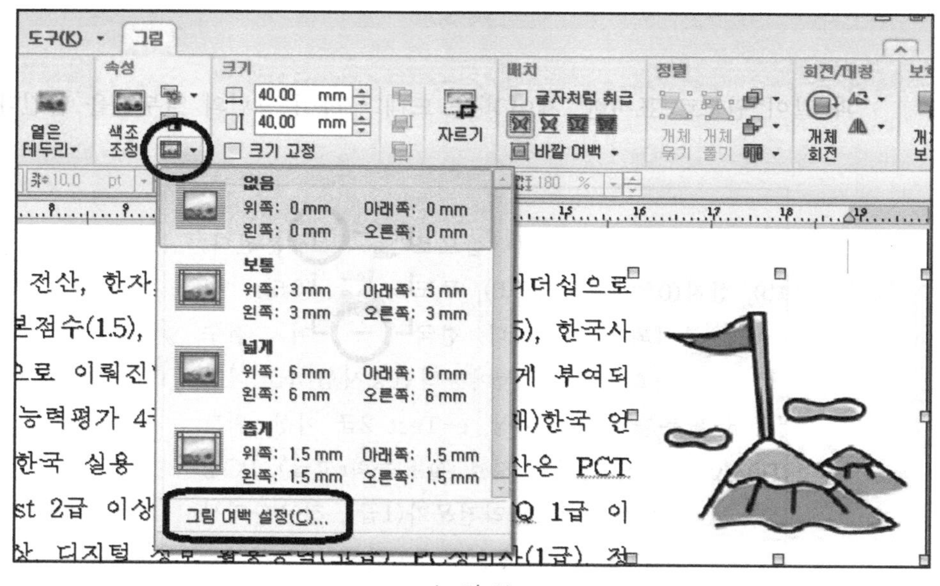

〈그림 8〉

〈그림 9〉와 같이 "여백/캡션"을 클릭한 다음 왼쪽에 "2"를 입력한다. 이어서, "설정" 버튼을 클릭한다.

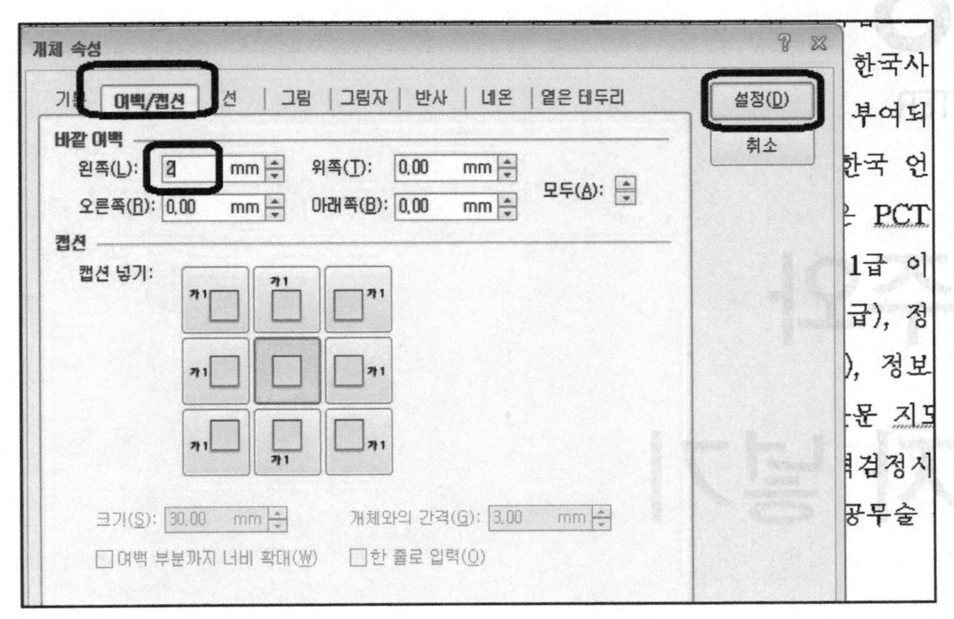

〈그림 9〉

최종 작성된 결과는 〈그림 10〉과 같다.

전산, 한자, 한국사, 무도, 영어/외국어, 리더십으로
점수(1.5), 한국어(0.5), 전산(0.5), 한자(0.5), 한국사
로 이뤄진다. 기본점수는 지원자 전원에게 부여되
능력평가 4급 이상(KBS 한국방송공사, (재)한국 언
한국 실용 글쓰기 검정)에 해당된다. 전산은 PCT
t 2급 이상, 워드프로세스 2급 이상, GTQ 1급 이
, 디지털 정보 활용능력(고급), PC정비사(1급), 정
시험(A급), 정보기술프로젝트관리전문가(1급), 정보관리사 2급 이상,
한자어능력인증시험(3급 이상) 등, 한자 · 한문 지도사(2급 이상), 한
무한검(2급 이상)이다. 한국사는 한국사능력검정시험 4급 이상(국사

〈그림 10〉

파일 이름은 "7장_2"라고 저장한다. 이상으로 7장의 실습을 모두 마친다.

08
CHAPTER

각주와 한자 넣기

이번 장에서는 각주와 한자 넣기 방법에 대해 알아본다. 1절에서는 각주 넣기에 대해 알아보고 2절에서는 한자 넣기에 대해 알아본다. 다음 그림은 "입력/주석/각주" 메뉴를 이용하여 생성한 초기 각주 모양이다.

1) 지필(TEPS, TOEIC 등) 또는 말하기(TEPS Speaking, TOEIC Speaking 등) 평가 중 1가지

위 그림에서 작성된 각주 번호 "1)"의 수정은 "각주/미주 모양 고치기"를 클릭해서 수정 한다. 아래의 "주석 모양" 대화상자가 나타나면, "번호 모양"에서 "㉠, ㉡, ㉢"을 선택하여 수정한다.

수정된 각주 모양은 아래와 같다.

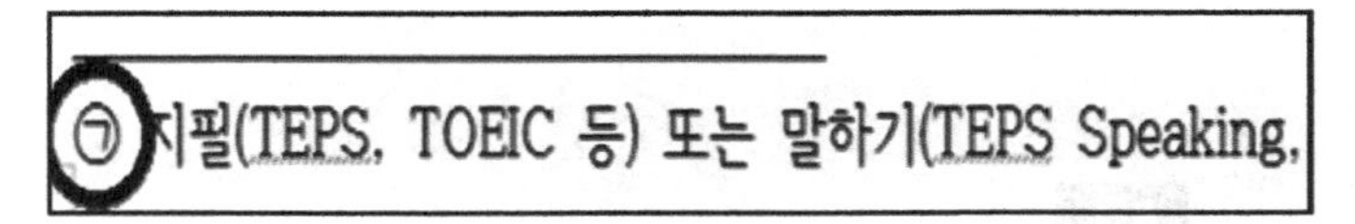
㉠ 지필(TEPS, TOEIC 등) 또는 말하기(TEPS Speaking,

각주가 생성된 최종 결과는 아래와 같다.

한국사, 무도, 영어㉠/외국어, 리더십으로 구분된다. 배점은
한자(0.5), 한국사(0.5), 무도(0.5), 영어/외국어(0.5), 리더십

한자 넣기 부분에서는 해당 단어(예, "무도")를 블록 지정한 다음, 키보드의 "한자"키를 눌러 작성한다.

무도(武道), 영어㉠/외국어, 리더십으로 구분된다. 배점
자(0.5), 한국사(0.5), 무도(0.5), 영어/외국어(0.5), 리더십

8.1 각주 넣기

〈그림 1〉과 같이 작성한다.

잠재역량 평가 기준은 기본점수, 한국어, 전산, 한자, 한국사, 무도, 영어/외국어, 리더십으로 구분된다. 배점은 2019년도의 경우 기본점수(1.5), 한국어(0.5), 전산(0.5), 한자(0.5), 한국사(0.5), 무도(0.5), 영어/외국어(0.5), 리더십(0.5)으로 이뤄진다.

〈그림 1〉

입력된 내용은 다음과 같다.

"잠재역량 평가 기준은 기본점수, 한국어, 전산, 한자, 한국사, 무도, 영어/외국어, 리더십으로 구분된다. 배점은 2019년도의 경우 기본점수(1.5), 한국어(0.5), 전산(0.5), 한자(0.5), 한국사(0.5), 무도(0.5), 영어/외국어(0.5), 리더십(0.5)으로 이뤄진다."

〈그림 2〉와 같이 "영어/외국어"에서 "영어" 바로 뒤의 위치를 마우스로 클릭한다.

잠재역량 평가 기준은 기본점수, 한국어, 전산, 한자, 한국사, 무도, 영어/외국어,
년도의 경우 기본점수(1.5), 한국어(0.5), 전산(0.5), 한자(0.5), 한국사(0.5), 무도(0
로 이뤄진다.

〈그림 2〉

〈그림 3〉과 같이 "입력/주석/각주" 메뉴를 차례로 클릭한다.

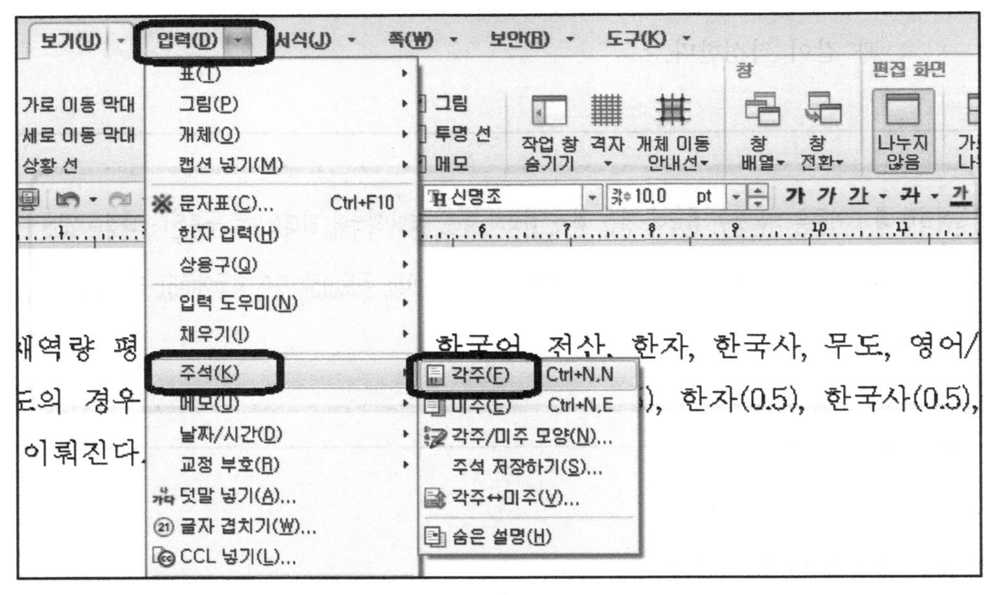

〈그림 3〉

〈그림 4〉와 같이 입력한다.

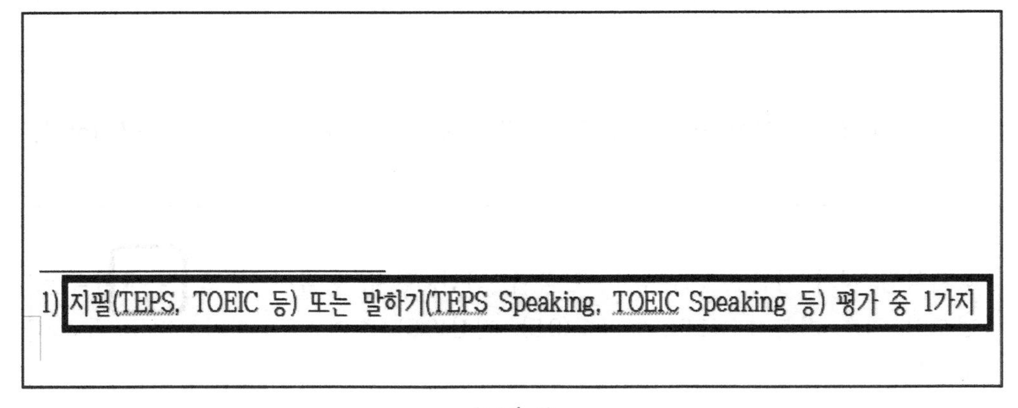

〈그림 4〉

입력된 내용은 다음과 같다.

"지필(TEPS, TOEIC 등) 또는 말하기(TEPS Speaking, TOEIC Speaking 등) 평가 중 1가지"

〈그림 5〉와 같이 "각주/미주 모양 고치기"를 클릭한다.

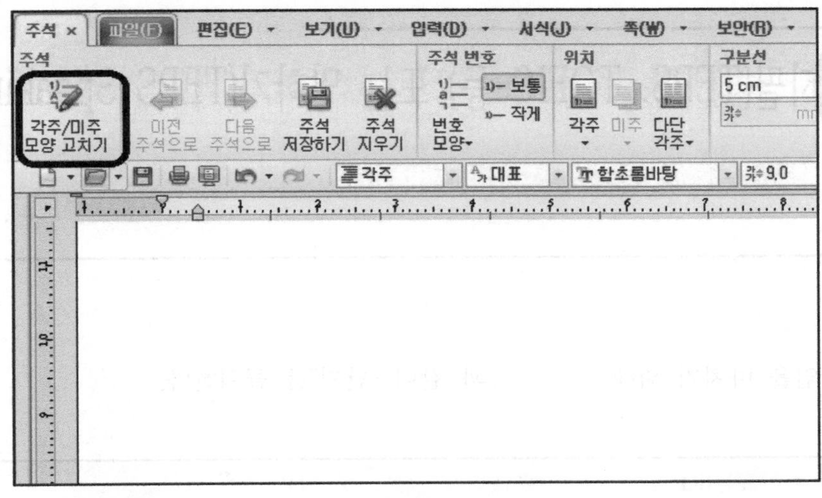

〈그림 5〉

〈그림 6〉과 같이 "번호 모양"에서 "㉠, ㉡, ㉢"을 선택한 다음 "설정"을 클릭한다.

〈그림 6〉

변경된 결과는 〈그림 7〉과 같다.

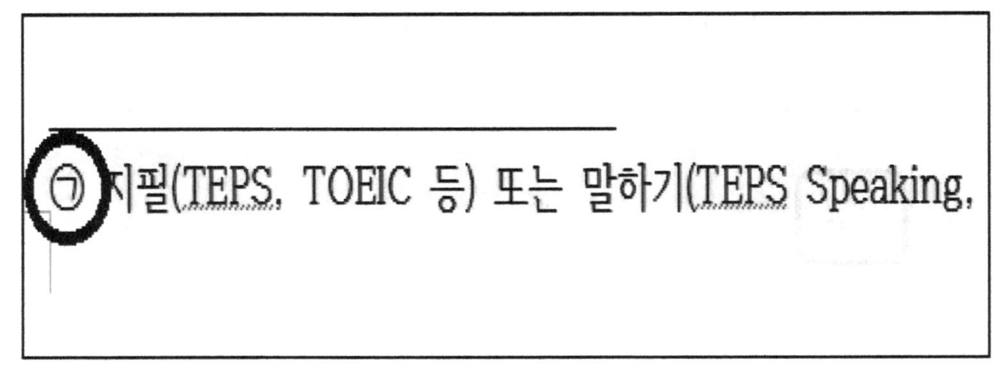

㉠ 지필(TEPS, TOEIC 등) 또는 말하기(TEPS Speaking,

〈그림 7〉

각주 작업을 마치기 위해 〈그림 8〉과 같이 "닫기"를 클릭한다.

〈그림 8〉

각주가 생성된 결과는 〈그림 9〉와 같다.

한국사, 무도, 영어㉠/외국어, 리더십으로 구분된다. 배점은
한자(0.5), 한국사(0.5), 무도(0.5), 영어/외국어(0.5), 리더십

〈그림 9〉

파일 이름은 "8장_1"이라고 저장한다. 이상으로 8장 1절의 실습을 마친다.

8.2 한자 넣기

8장 1절에 이어서 작업하기로 한다. 앞에서 작성된 내용은 〈그림 10〉과 같다.

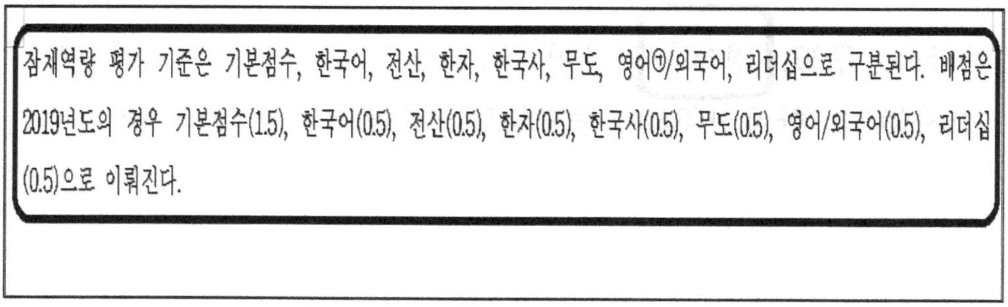

잠재역량 평가 기준은 기본점수, 한국어, 전산, 한자, 한국사, 무도, 영어①/외국어, 리더십으로 구분된다. 배점은
2019년도의 경우 기본점수(1.5), 한국어(0.5), 전산(0.5), 한자(0.5), 한국사(0.5), 무도(0.5), 영어/외국어(0.5), 리더십
(0.5)으로 이뤄진다.

〈그림 10〉

입력된 내용은 다음과 같다.

"잠재역량 평가 기준은 기본점수, 한국어, 전산, 한자, 한국사, 무도, 영어[1]/외국어, 리더십으로 구분된다. 배점은 2019년도의 경우 기본점수(1.5), 한국어(0.5), 전산(0.5), 한자(0.5), 한국사(0.5), 무도(0.5), 영어/외국어(0.5), 리더십(0.5)으로 이뤄진다."

〈그림 11〉과 같이 "무도"를 블록 지정한 다음 키보드의 "한자"키를 누른다.

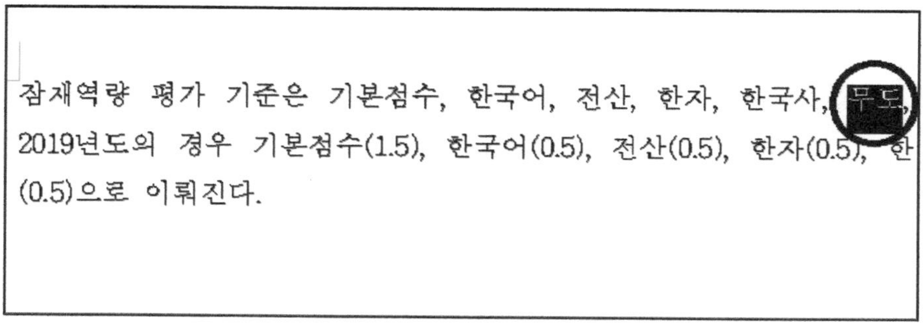

잠재역량 평가 기준은 기본점수, 한국어, 전산, 한자, 한국사, 무도,
2019년도의 경우 기본점수(1.5), 한국어(0.5), 전산(0.5), 한자(0.5), 한
(0.5)으로 이뤄진다.

〈그림 11〉

1) 지필(TEPS, TOEIC 등) 또는 말하기(TEPS Speaking, TOEIC Speaking 등) 평가 중 1가지

〈그림 12〉와 같이 "武道"를 마우스로 클릭한 다음, 원으로 표시한 부분이 체크된 상태에서 "바꾸기"를 클릭한다.

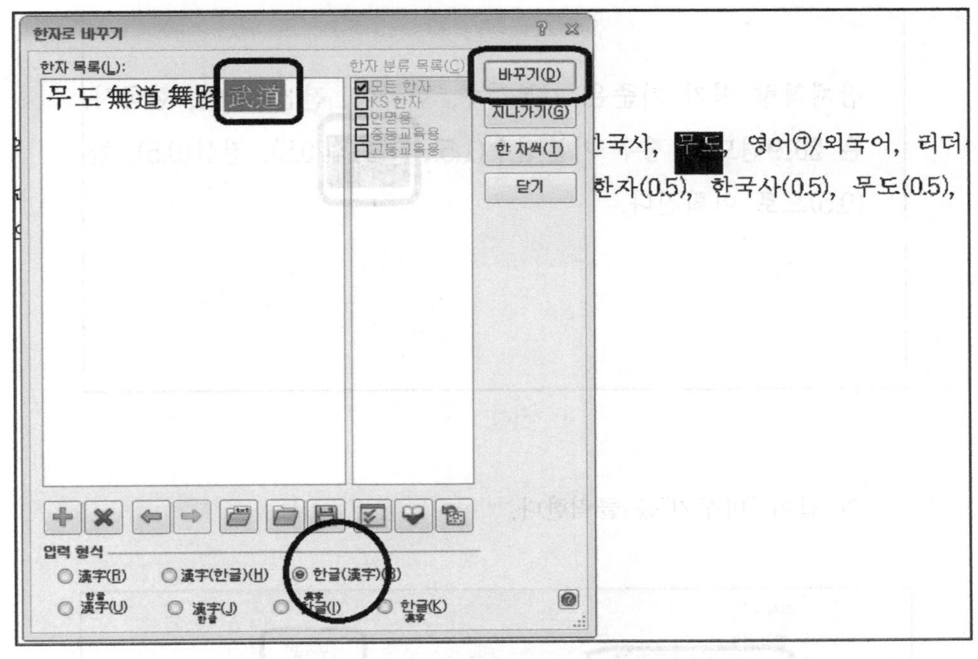

〈그림 12〉

결과는 〈그림 13〉과 같다.

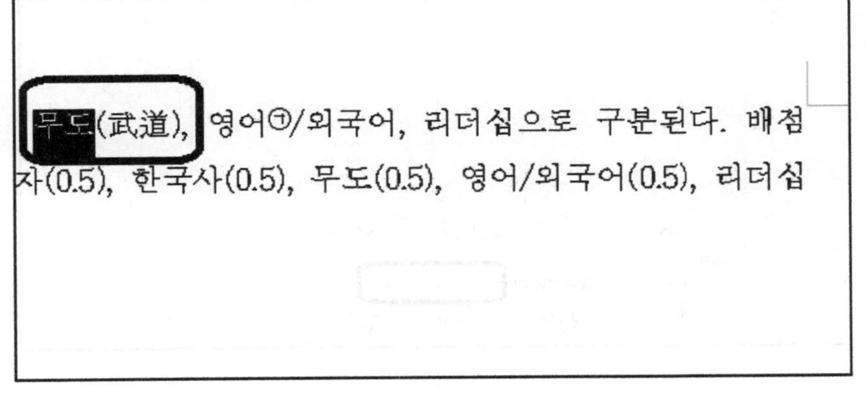

〈그림 13〉

〈그림 14〉와 같이 “한국어”을 마우스로 블록 지정한 다음, 키보드의 “한자”키를 누른다.

잠재역량 평가 기준은 기본점수, 한국어, 전산, 한자, 한국사,
은 2019년도의 경우 기본점수(1.5), 한국어(0.5), 전산(0.5), 한
(0.5)으로 이뤄진다.

〈그림 14〉

〈그림 15〉와 같이 “바꾸기”를 클릭한다.

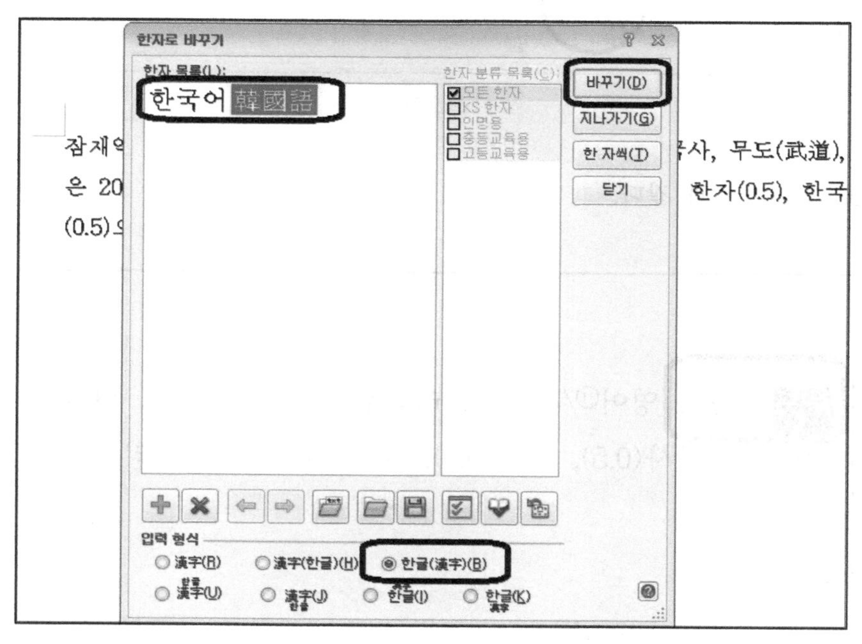

〈그림 15〉

결과는 〈그림 16〉과 같다.

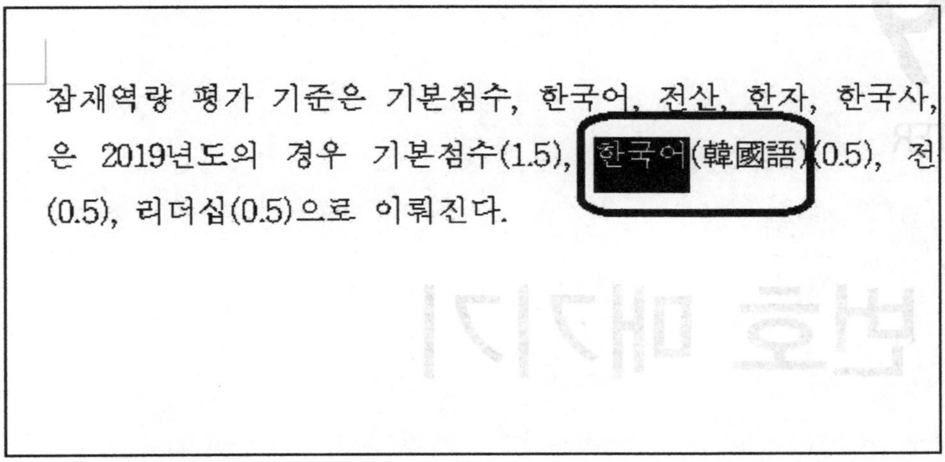

잠재역량 평가 기준은 기본점수, 한국어, 전산, 한자, 한국사,
은 2019년도의 경우 기본점수(1.5), 한국어(韓國語)(0.5), 전
(0.5), 리더십(0.5)으로 이뤄진다.

〈그림 16〉

파일 이름은 "8장_2"라고 저장한다. 이상으로 8장의 실습을 모두 마친다.

09

CHAPTER

쪽 번호 매기기

이번 장에서는 쪽 번호 매기기에 대해 알아본다. 1절에서는 쪽 번호 매기기를 알아보고, 2절에서는 새 번호로 시작하기를 알아본다. 먼저, 쪽 번호 매기기 에서는 "쪽"메뉴 아래의 "쪽 번호 매기기"를 이용한다. "번호 위치"는 아래 그림에서와 같이 우측 하단을 택한다. 번호 모양은 "A, B, C"를 선택하고 "줄표 넣기"는 체크표시를 해제하여 줄표를 없앤다.

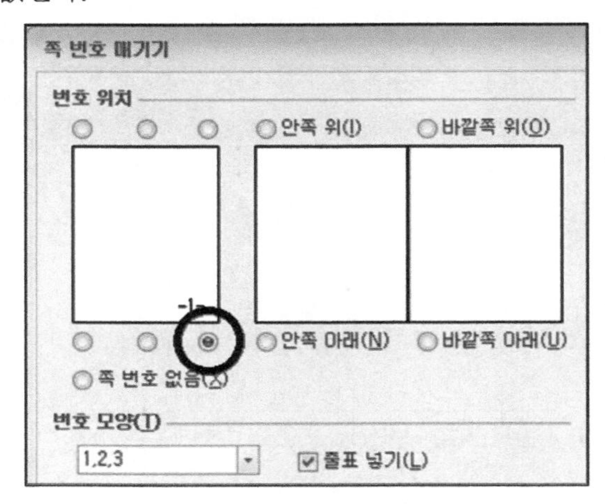

"쪽 번호 매기기" 실행결과는 아래 그림과 같이 우측 하단에 "A"가 표시된다.

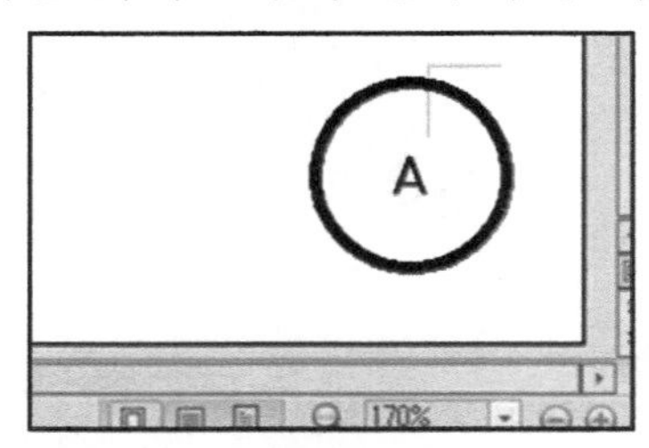

새 번호로 시작하기에서는 "쪽" 메뉴 아래 "새 번호로 시작" 메뉴를 이용한다. "시작 번호"를 "5"를 선택하여 실행된 결과는 아래와 같이 "E"가 나타난다.

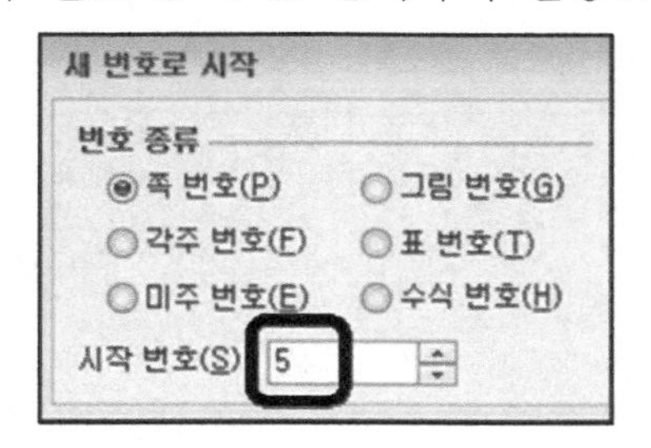

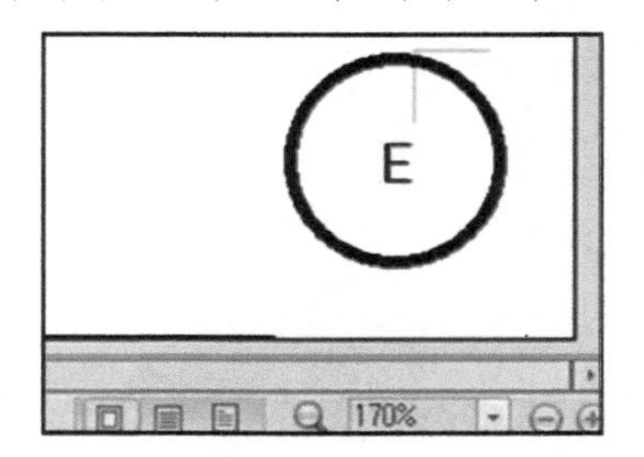

9.1 쪽 번호 매기기

〈그림 1〉과 같이 "쪽"메뉴 아래의 "쪽 번호 매기기"를 클릭한다.

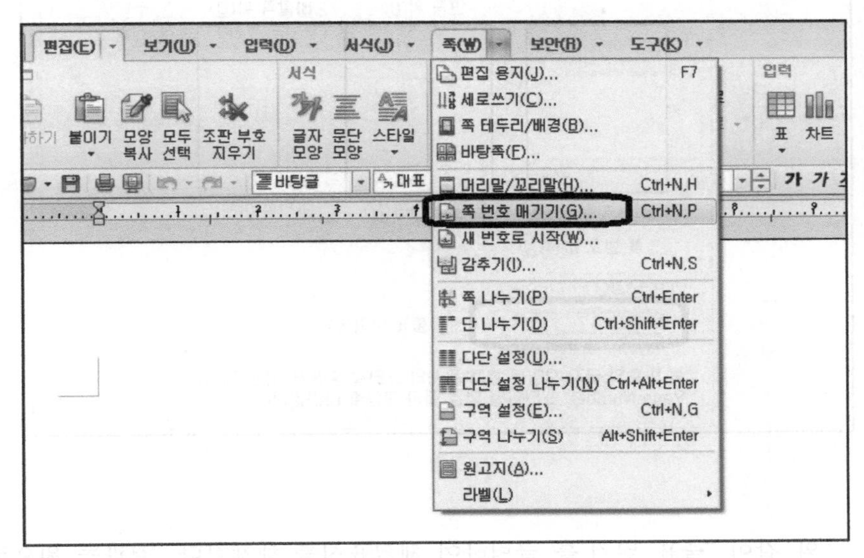

〈그림 1〉

〈그림 2〉와 같이 원으로 표시한 위치를 클릭한다.

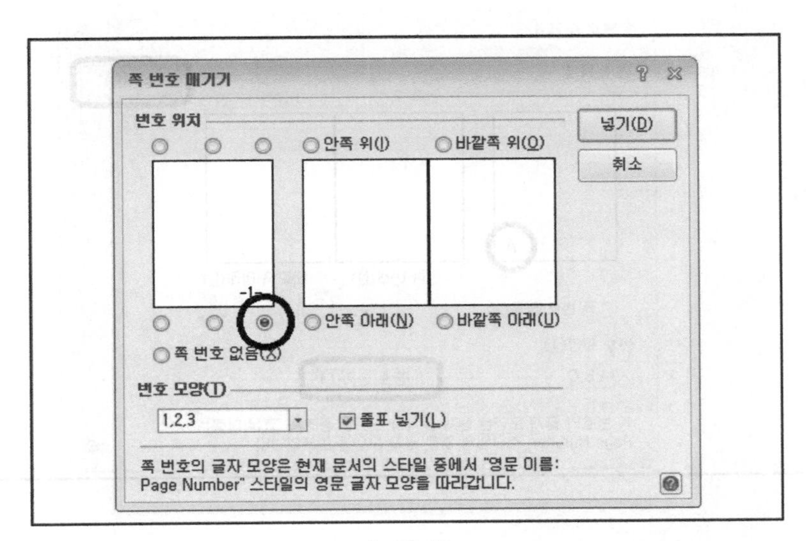

〈그림 2〉

〈그림 3〉과 같이 "A, B, C"를 클릭한다.

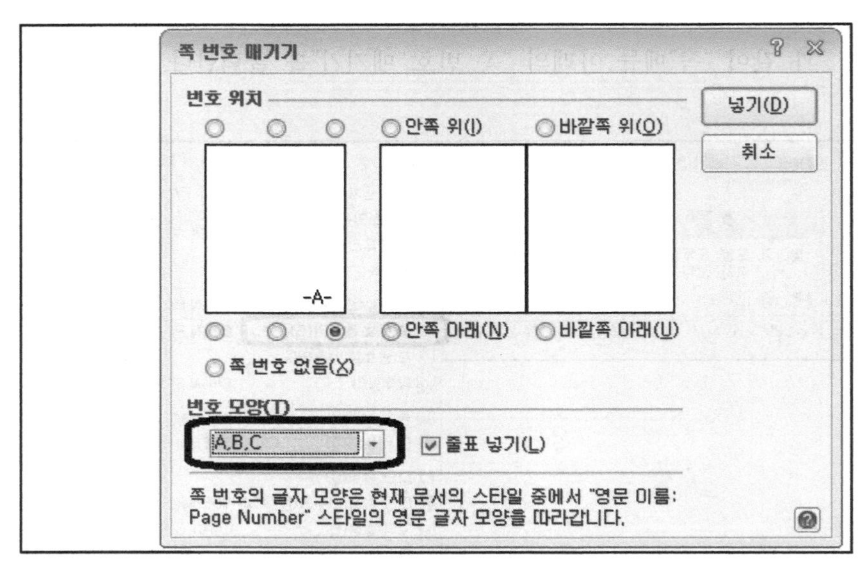

〈그림 3〉

〈그림 4〉와 같이 "줄표 넣기"를 클릭하여 체크표시를 해제한다. 결과는 원으로 표시한 것과 같이 줄표가 사라진다. "넣기" 버튼을 클릭한다.

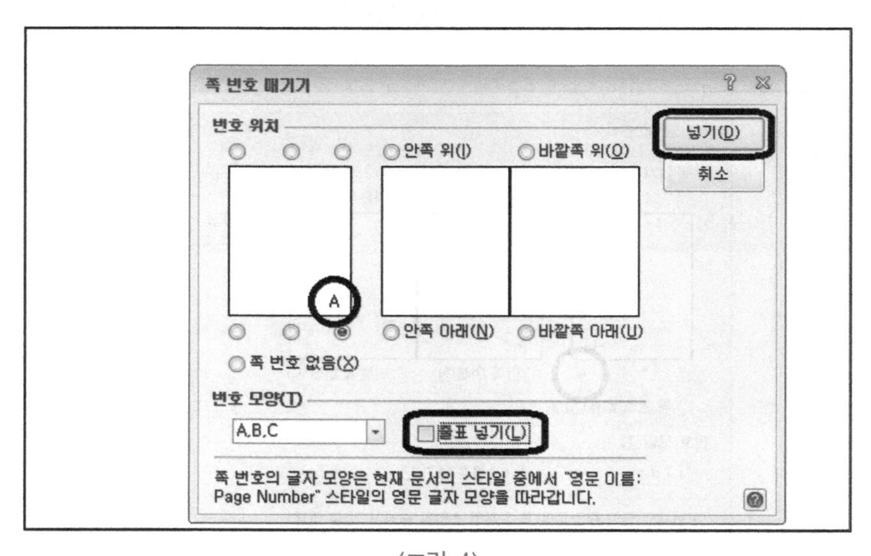

〈그림 4〉

지금까지의 작업결과는 〈그림 5〉와 같이 우측 하단에 "A"가 표시된다.

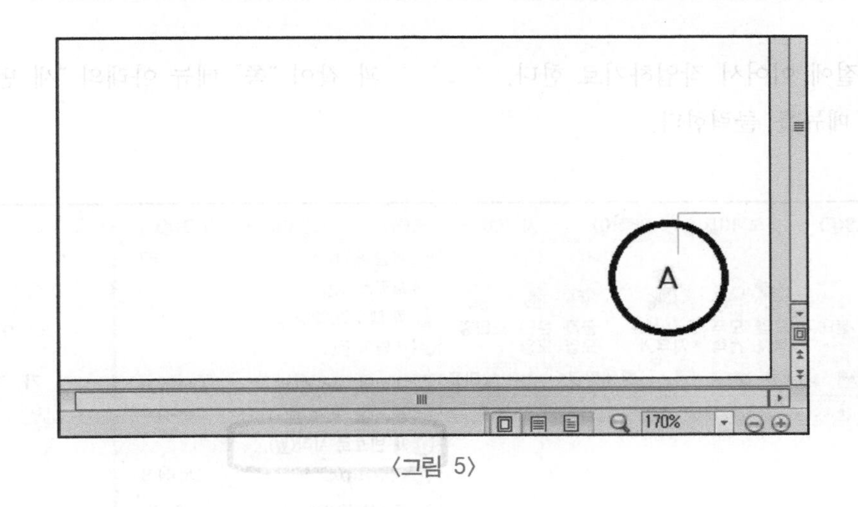

〈그림 5〉

파일 이름은 "9장_1"이라고 저장한다. 이상으로 9장 1절의 실습을 마친다.

9.2 새 번호로 시작하기

9장 1절에 이어서 작업하기로 한다. 〈그림 6〉과 같이 "쪽" 메뉴 아래의 "새 번호로 시작" 메뉴를 클릭한다.

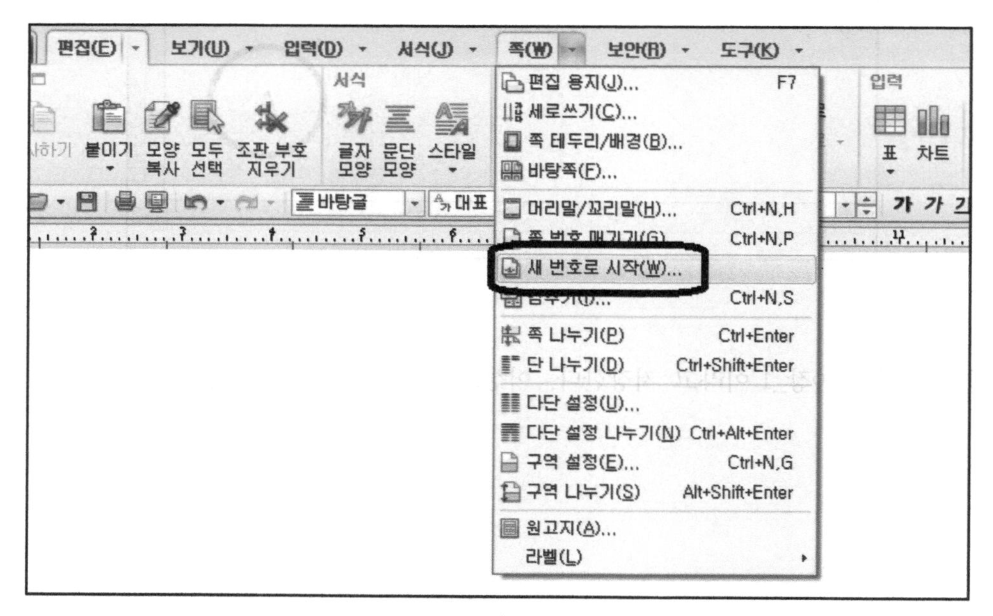

〈그림 6〉

〈그림 7〉과 같이 "시작 번호"에 "5"를 입력한 다음, "넣기"를 클릭한다.

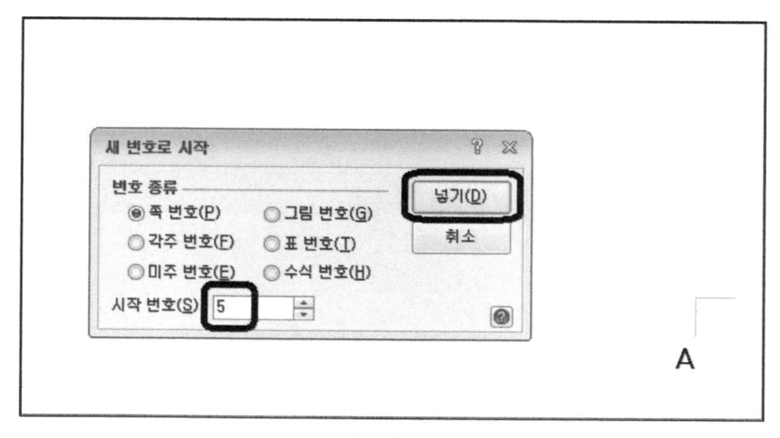

〈그림 7〉

지금까지 작성된 결과는 〈그림 8〉과 같다.

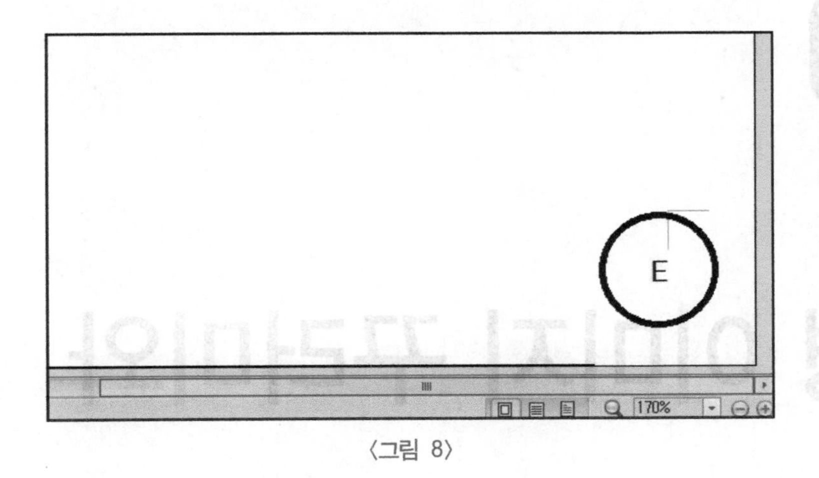

〈그림 8〉

파일 이름은 "9장_2"이라고 저장한다. 이상으로 9장의 실습을 모두 마친다.

10
CHAPTER

도형 이미지 꾸러미와 글맵시 개체 활용하기

이번 장에서는 직사각형 개체 작성하기, 가로 글상자 개체 작성하기, 책갈피에 하이퍼링크 연결하기, 글맵시 개체 작성하기, 그리기 개체를 이용한 다양한 도형 작업하기를 알아본다.

직사각형 개체 작성하기는 "편집"탭 아래의 "도형"에서 "직사각형"을 이용하여 직사각형을 작성한다. 가로 글상자 개체 작성하기는 "도형" 아래 "그리기 개체"의 "가로 글상자"를 이용한다. "선"탭에서 "둥근 모양"을 선택하고 "채우기" 탭에서 "면 색"을 적용한다.

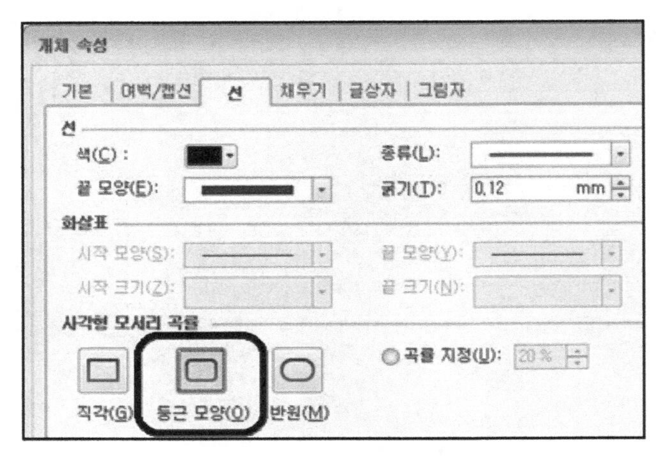

책갈피에 하이퍼링크 연결하기에서는 그림을 작성하고 리본메뉴 중 "배치" 아래의 "글 앞으로"를 그림에 적용한다. 색조 조정은 회색조를 적용한다. 아래 그림은 그림에 하이퍼링크를 적용하여 책갈피("민간부사관")를 연결한 것이다.

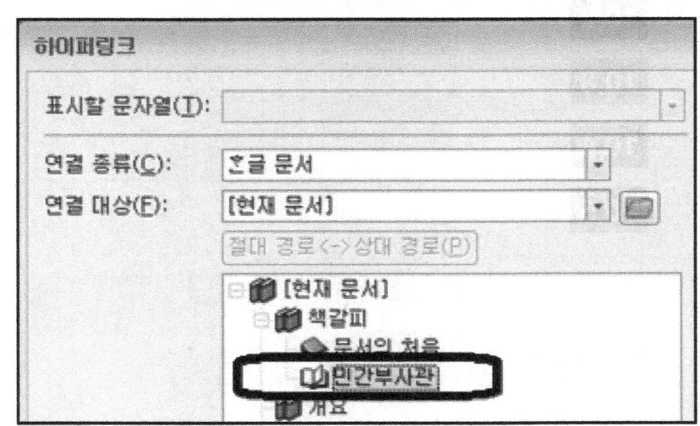

글맵시 개체 작성하기에서는 “입력” 메뉴의 “개체” 아래 글맵시를 적용한다. 내용은 “임관시 정기복무 선발”이고 글맵시 모양은 “역갈매기형 수장” 이다.

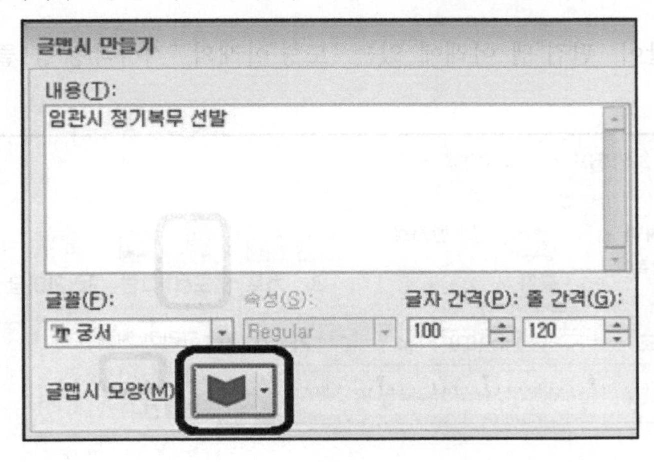

아래의 그림은 파랑색의 채우기를 적용해 작성한 “글맵시” 이다.

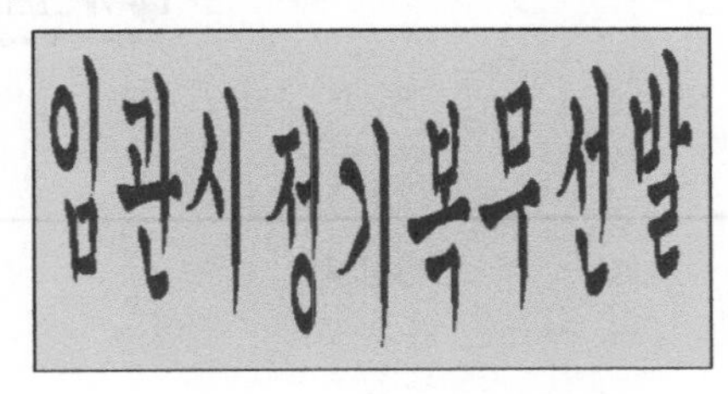

그리기 개체를 이용한 다양한 도형 작업하기에서는 “글자 넣기” 등을 실습한다. “가로 글상자”에서는 “선 종류”에 “파선” 적용, “채우기”에 “색 없음” 적용, “개체 선택” 적용하는 방법을 실습한다. 다양한 그리기 개체를 이용해 완성된 도형은 아래와 같다.

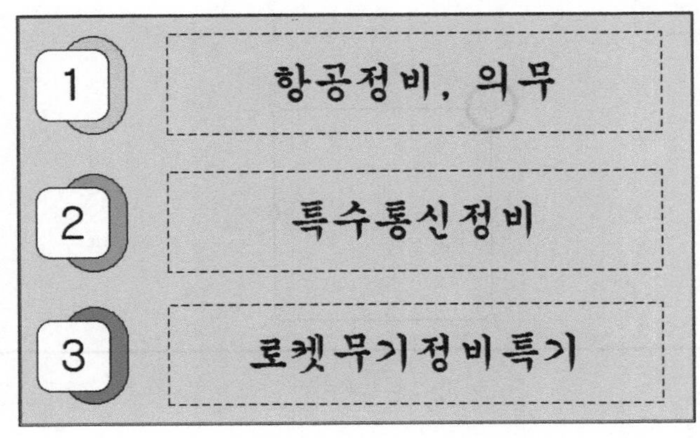

10.1 직사각형 개체 작성하기

〈그림 1〉과 같이 "편집"탭 아래에 있는 "도형"아래의 "직사각형"을 클릭한다.

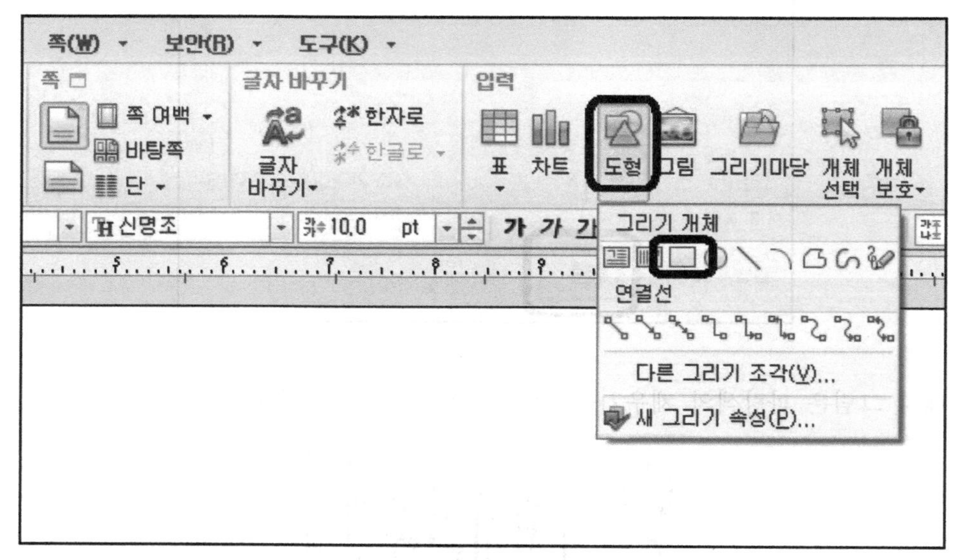

〈그림 1〉

〈그림 2〉와 같이 원으로 표시한 임의의 위치를 클릭하여 직사각형을 작성한다.

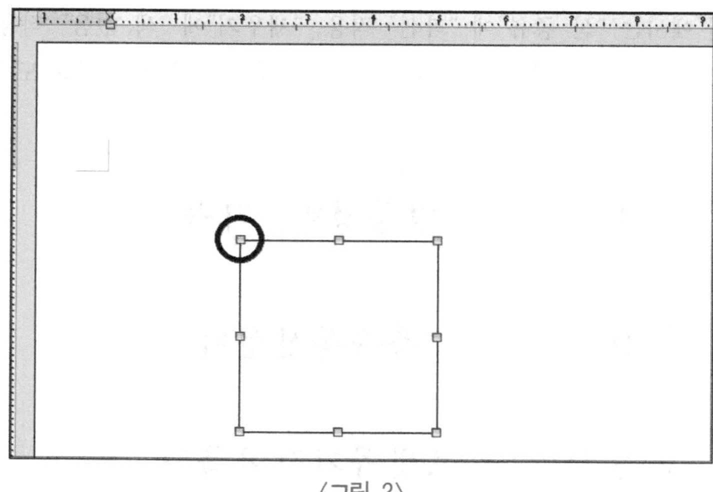

〈그림 2〉

〈그림 3〉과 같이 "120"을 입력하고 엔터키를 누른 다음, "140"을 입력하고 엔터키를 누른다. "크기 고정"을 체크하여 설정한다.

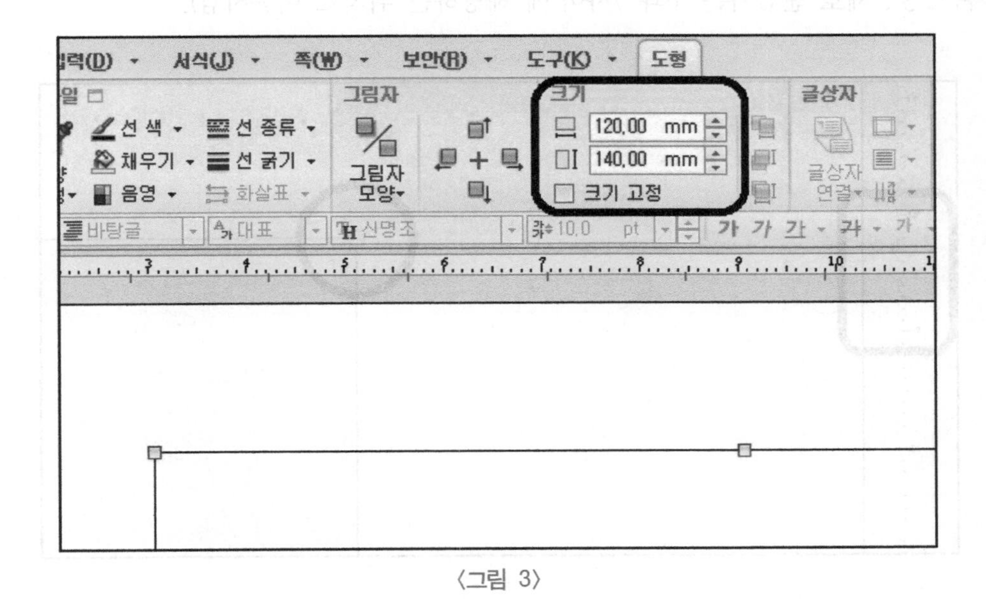

〈그림 3〉

〈그림 4〉와 같이 "채우기"아래에 "노른자색"의 "두 번째" 색을 클릭한다.

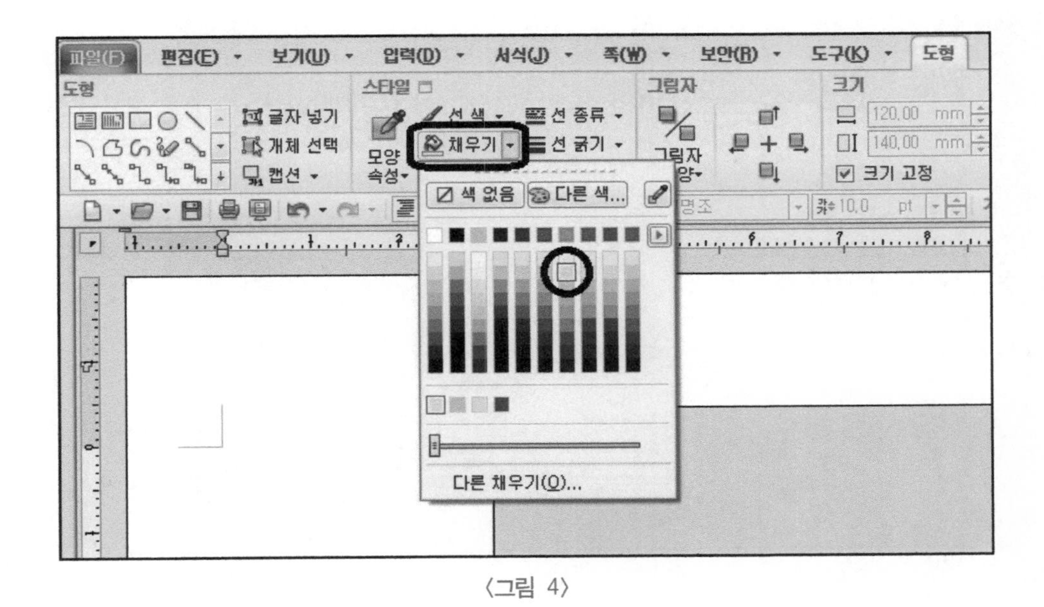

〈그림 4〉

〈그림 5〉와 같이 원으로 표시한 위치를 클릭한 채로 수직방향 아래쪽으로 드래그하여 사각형으로 표시한 위치에 해당하는 위치로 이동시킨다(문서 창의 가로 눈금자는 "3", 세로 눈금자는 "6과 7사이"에 해당하는 위치로 이동시킴).

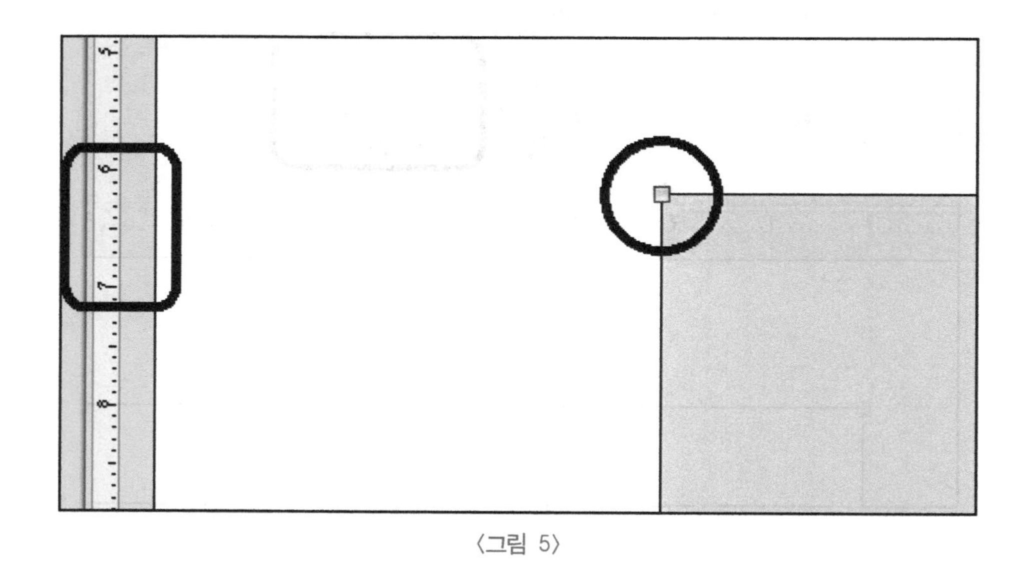

〈그림 5〉

파일 이름은 "10장_1"이라고 저장한다. 이상으로 10장 1절의 실습을 마친다.

10.2 가로 글상자 개체 작성하기

10장 1절의 내용에 이어서 작업하기로 한다. 〈그림 6〉과 같이 "도형"아래의 "그리기 개체"의 첫 번째에 있는 "가로 글상자"를 클릭한다.

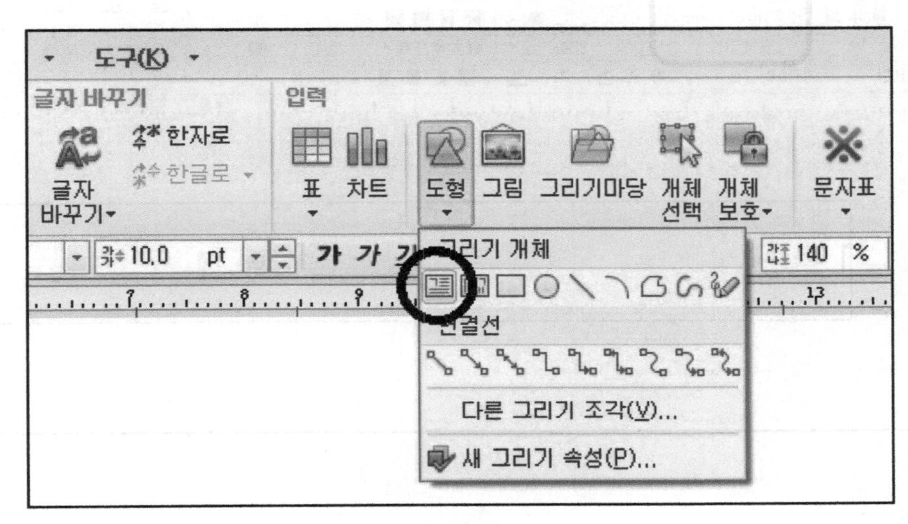

〈그림 6〉

〈그림 7〉과 같이 원으로 표시한 위치를 클릭한다.

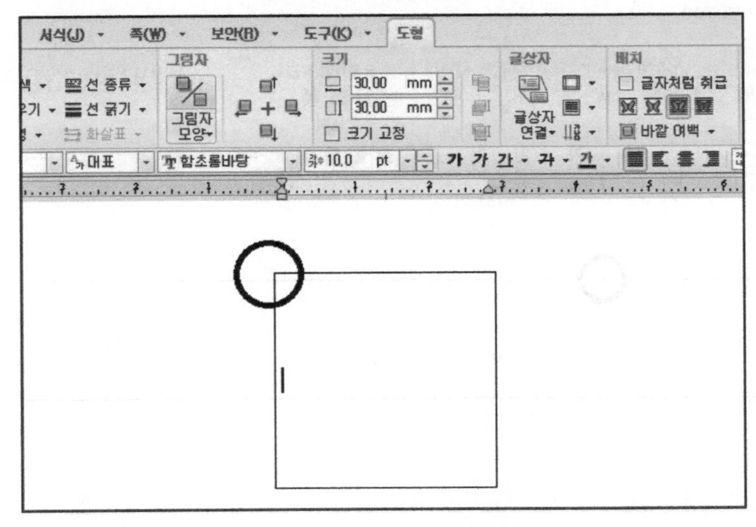

〈그림 7〉

〈그림 8〉과 같이 "110"을 입력한 다음, 엔터키를 누른다. 이어서, "15"를 입력한 다음, 엔터키를 누른다. "크기 고정"을 클릭하여 체크상태로 만든다.

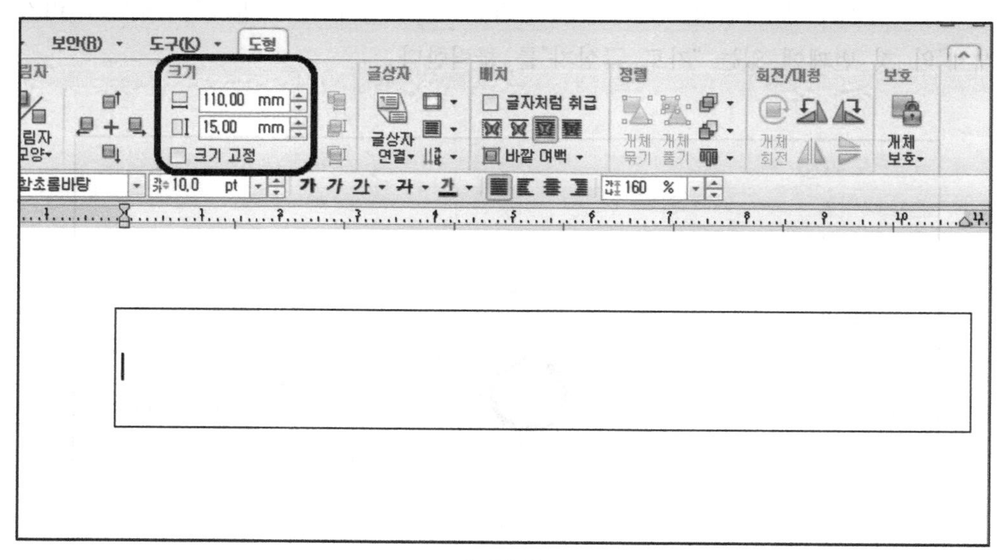

〈그림 8〉

〈그림 9〉와 같이 원으로 표시한 위치를 더블 클릭한다.

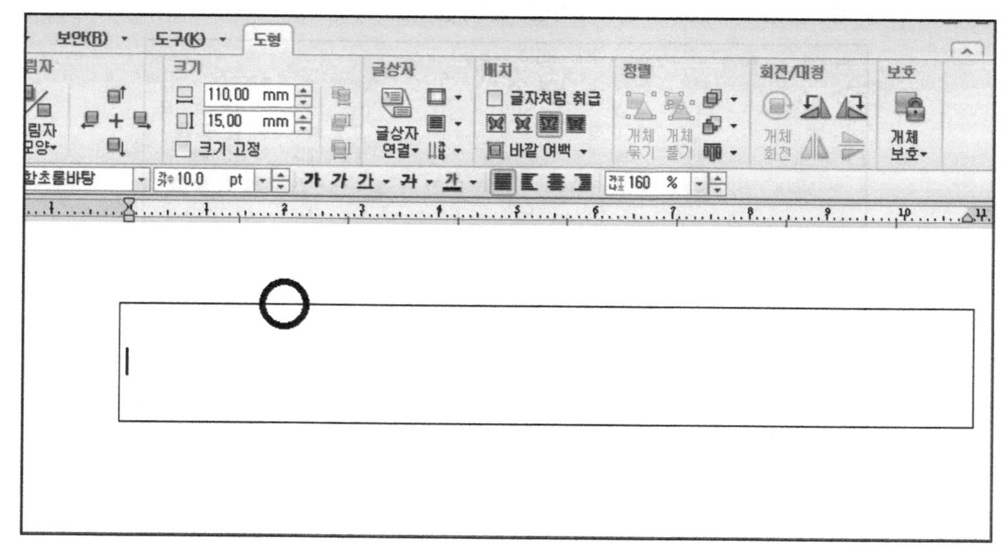

〈그림 9〉

〈그림 10〉과 같이 "선"탭을 클릭한다.

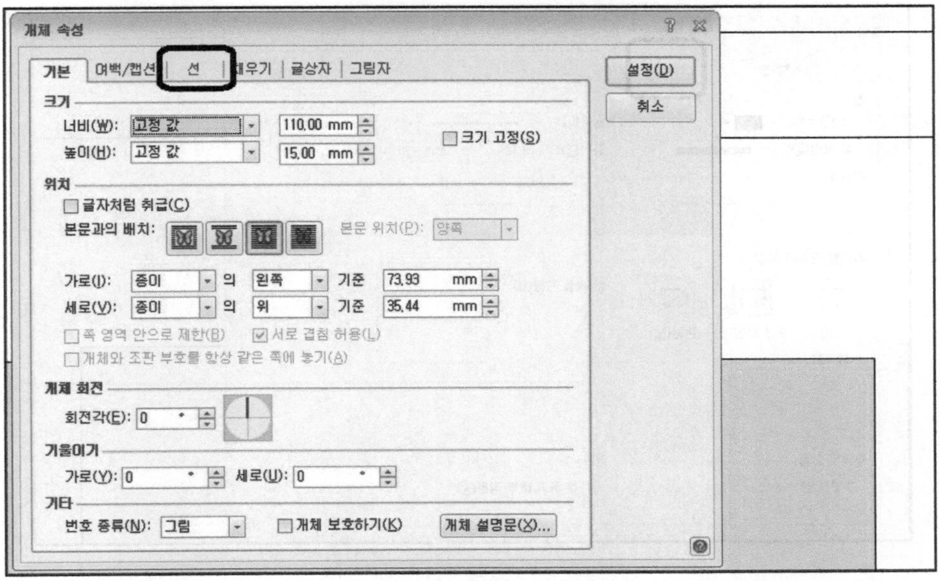

〈그림 10〉

〈그림 11〉과 같이 "둥근 모양"을 클릭한다.

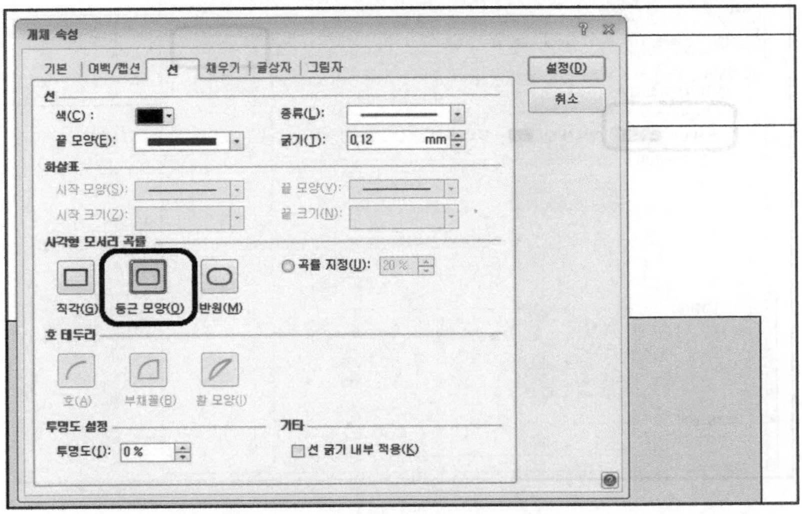

〈그림 11〉

〈그림 12〉와 같이 "채우기" 탭을 클릭한다.

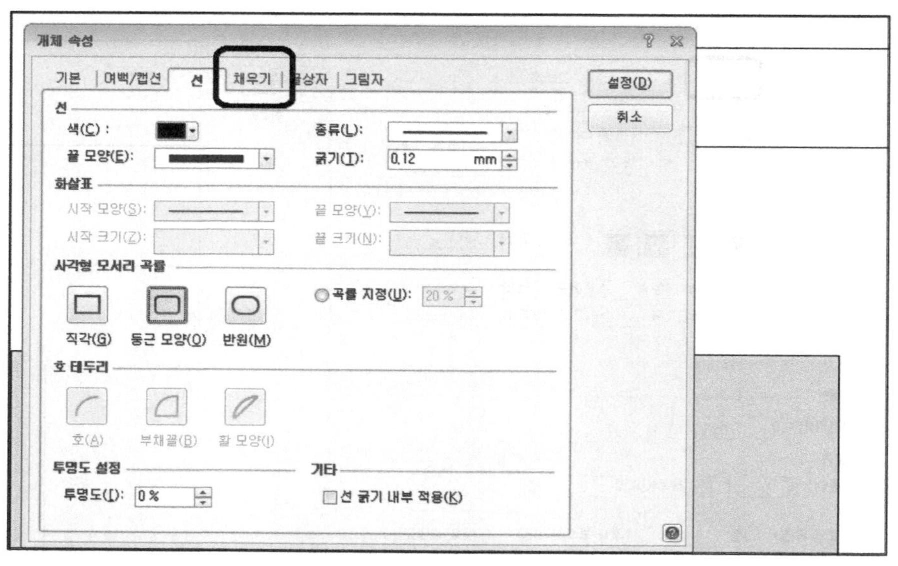

〈그림 12〉

〈그림 13〉과 같이 "면 색"을 "파랑" 색으로 설정한 다음, "설정"버튼을 클릭한다.

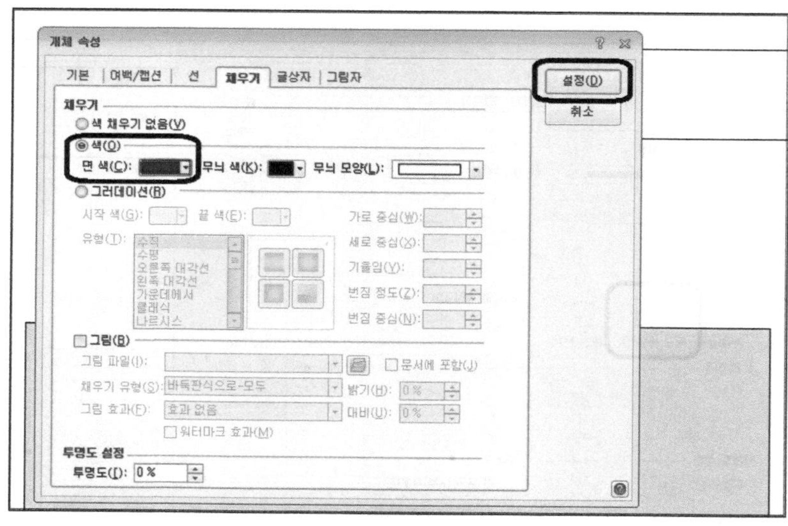

〈그림 13〉

〈그림 14〉와 같이 원으로 표시한 위치를 드래그 하여 앞서 작성된 직사각형 으로 이동시켜 배치한다.

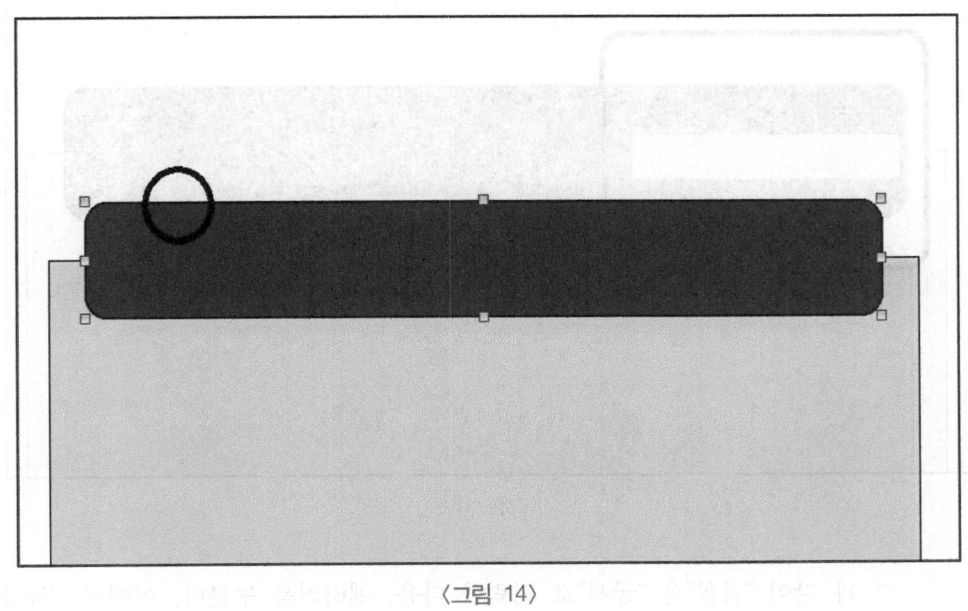

〈그림 14〉

〈그림 15〉와 같이 " 19년 주요 개선 사항"을 입력한다.

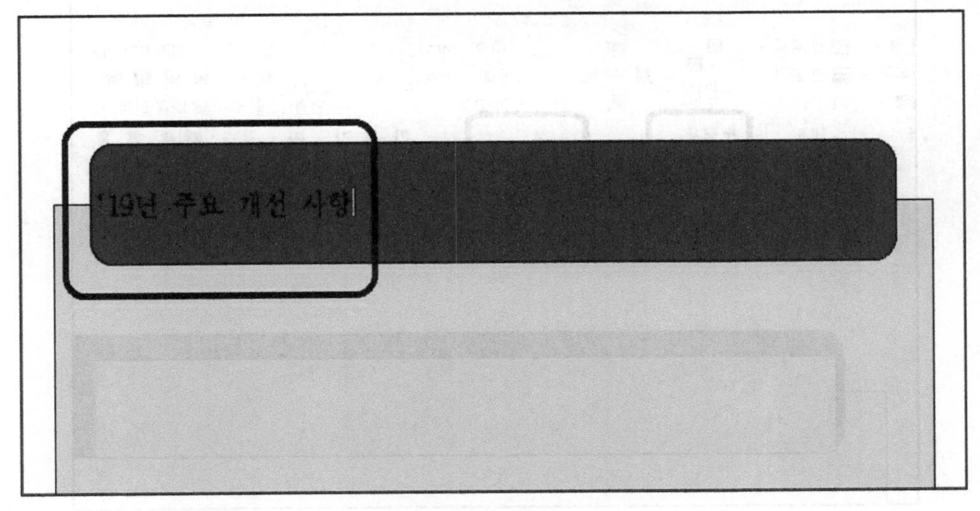

〈그림 15〉

〈그림 16〉과 같이 방금 입력한 내용을 마우스로 드래그 하여 블록 지정한다.

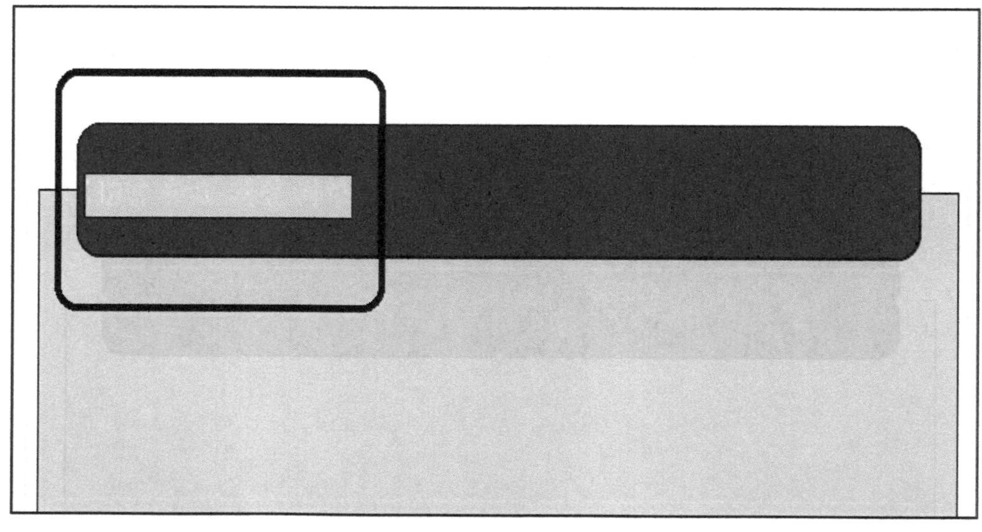

〈그림 16〉

〈그림 17〉과 같이 "글꼴"을 "궁서"로 입력한 다음, 엔터키를 누른다. 이어서, "글자 크기"를 "24 pt"로 입력한 다음, 엔터키를 누른다.

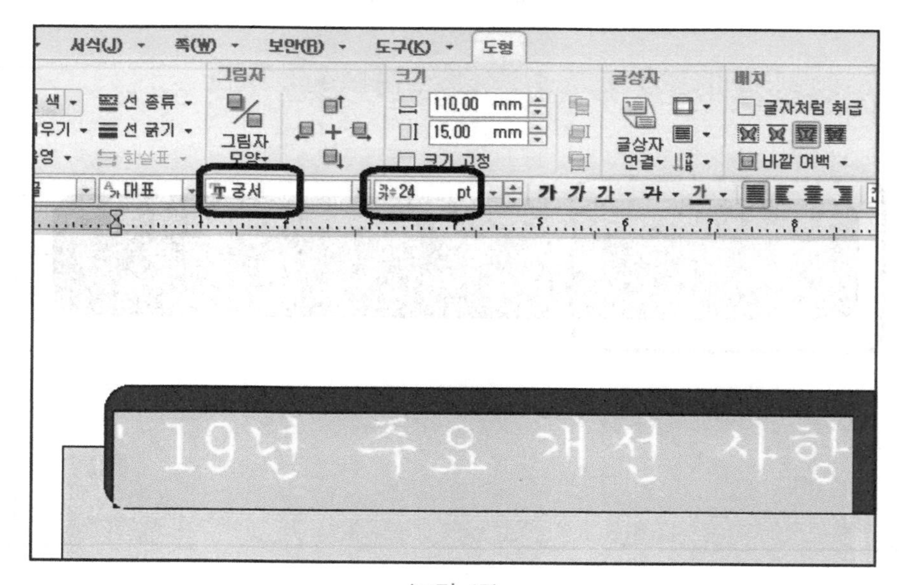

〈그림 17〉

〈그림 18〉과 같이 원으로 표시한 위치에서 "글자 색"을 "흰색(하양)"으로 설정한다.

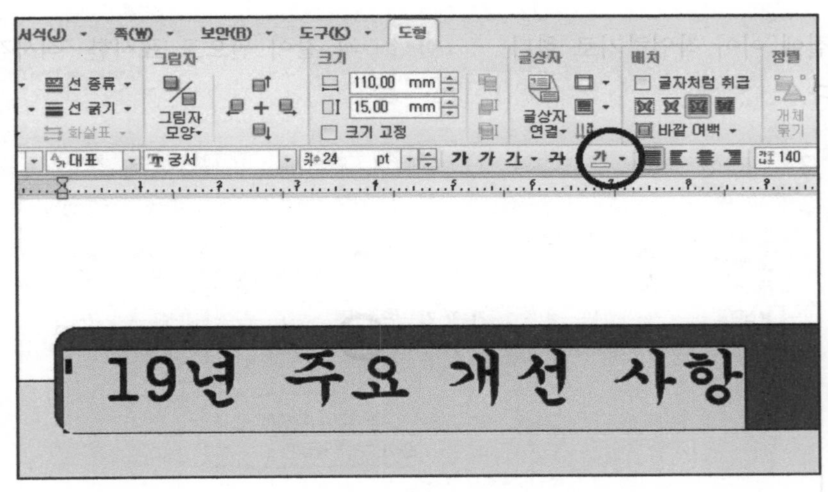

〈그림 18〉

〈그림 19〉와 같이 원으로 표시한 "가운데 정렬"을 클릭한다.

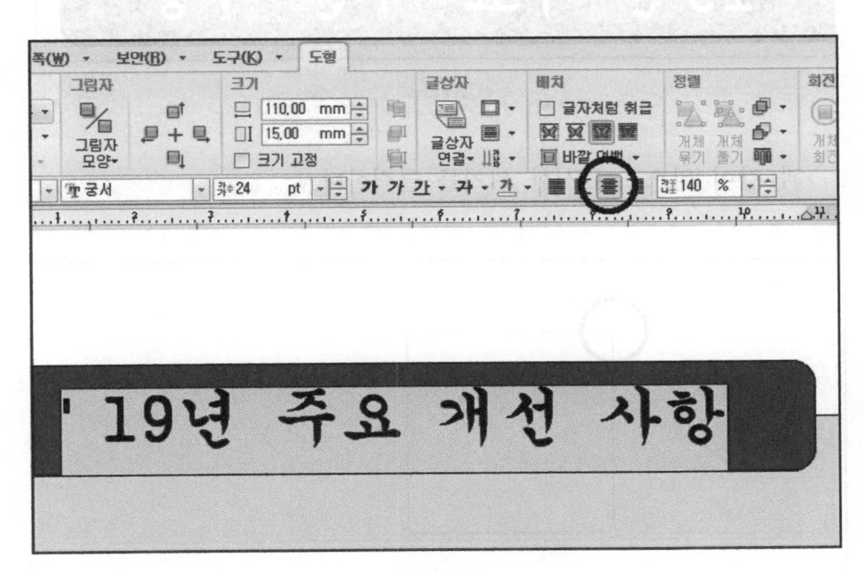

〈그림 19〉

파일 이름은 "10장_2"라고 저장한다. 이상으로 10장 2절의 실습을 마친다.

10.3 책갈피에 하이퍼링크 연결하기

10장 2절에 이어 작업하기로 한다. 〈그림 20〉과 같이 원으로 표시한 "직사각형"을 클릭한다.

〈그림 20〉

〈그림 21〉과 같이 원으로 표시한 위치를 클릭한다.

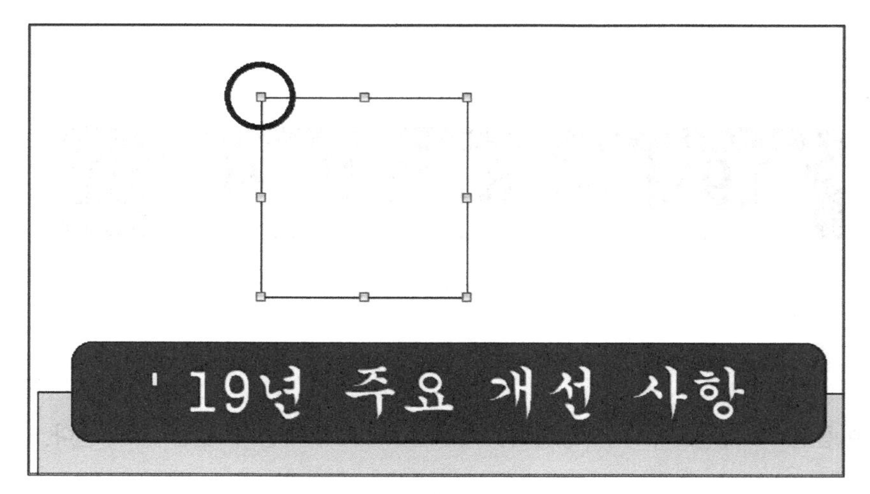

〈그림 21〉

〈그림 22〉와 같이 "130"을 입력한 다음, 엔터키를 누른다. 이어서, "55"를 입력한 다음, 엔터키를 누른다. "크기 고정"을 클릭하여 체크상태로 만든다.

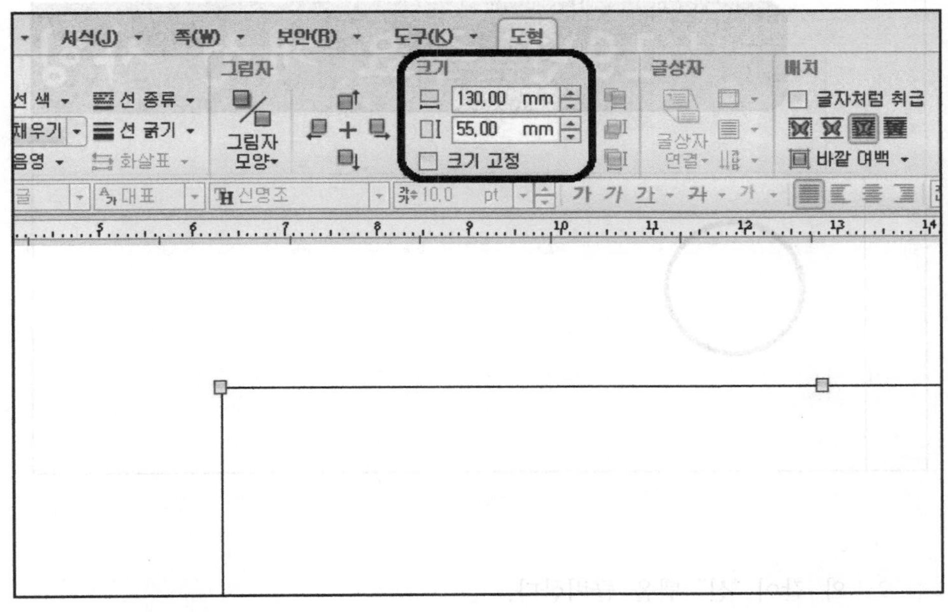

〈그림 22〉

〈그림 23〉과 같이 원으로 표시한 위치를 드래그 하여 직사각형을 배치시킨다.

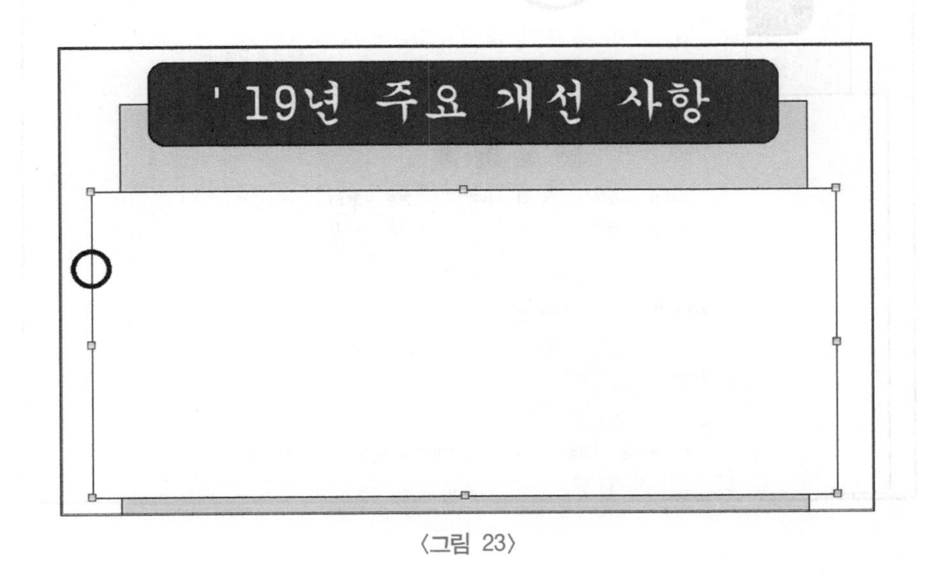

〈그림 23〉

〈그림 24〉와 같이 원으로 표시한 위치를 더블 클릭한다.

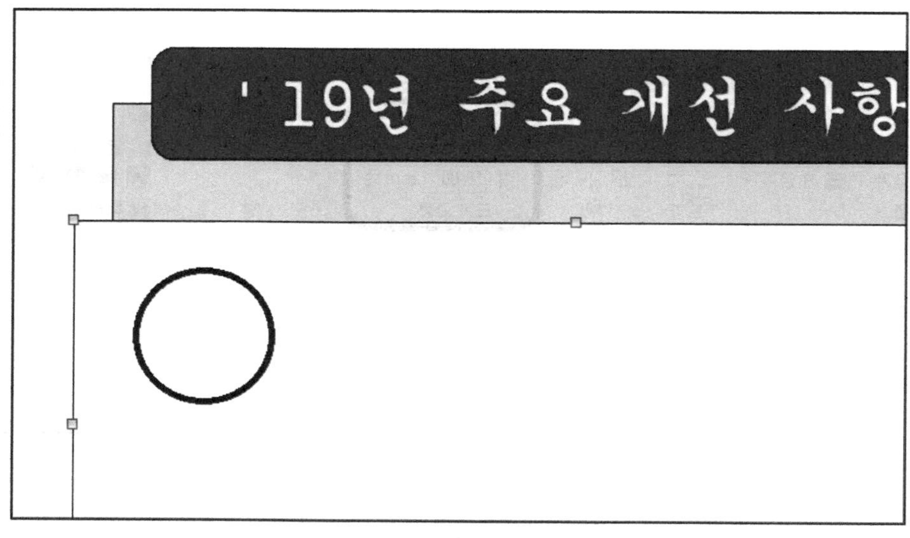

〈그림 24〉

〈그림 25〉와 같이 "선" 탭을 클릭한다.

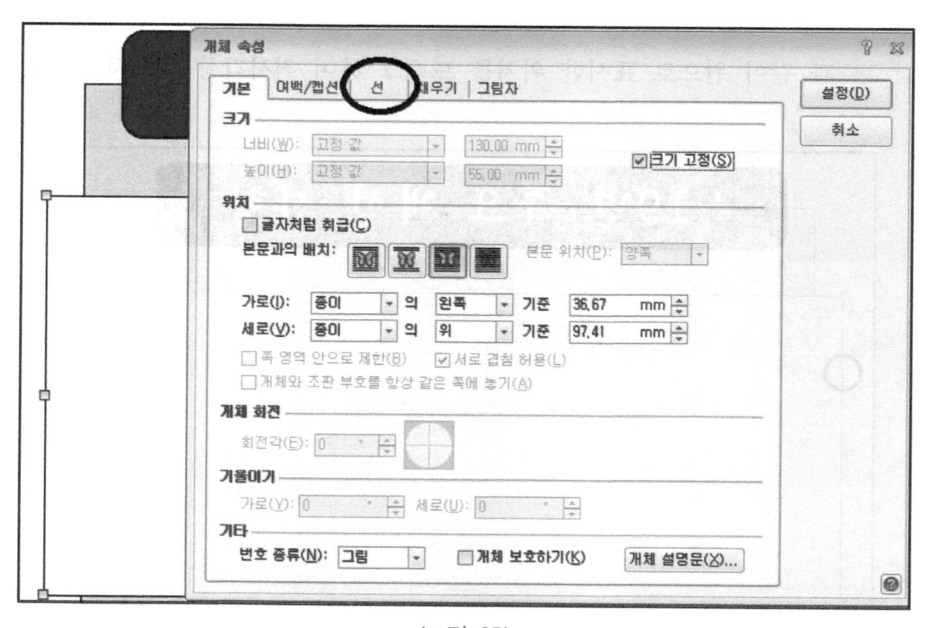

〈그림 25〉

〈그림 26〉과 같이 "반원"을 클릭한다.

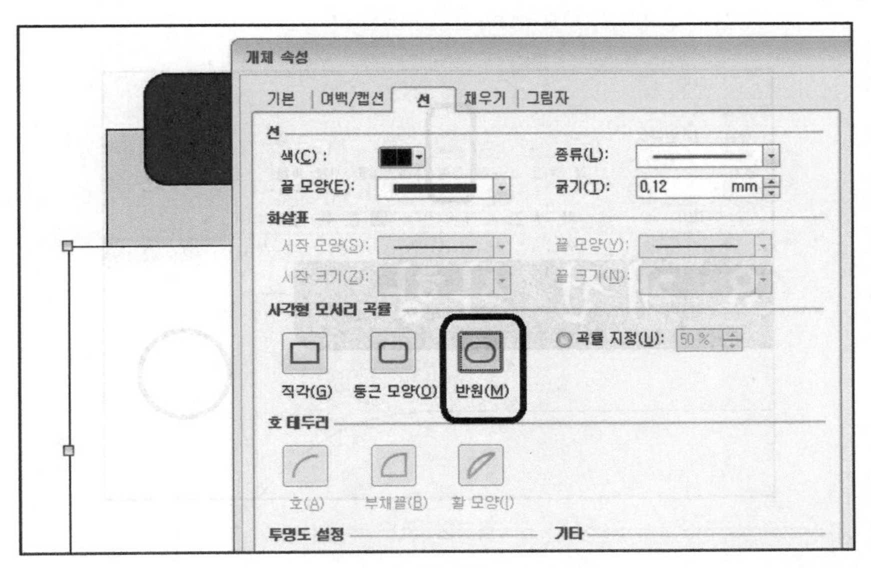

〈그림 26〉

〈그림 27〉과 같이 "채우기" 탭을 클릭한 다음, "면 색"에서 "임의의 색"을 선택한다. 이어서, "설정" 버튼을 클릭한다.

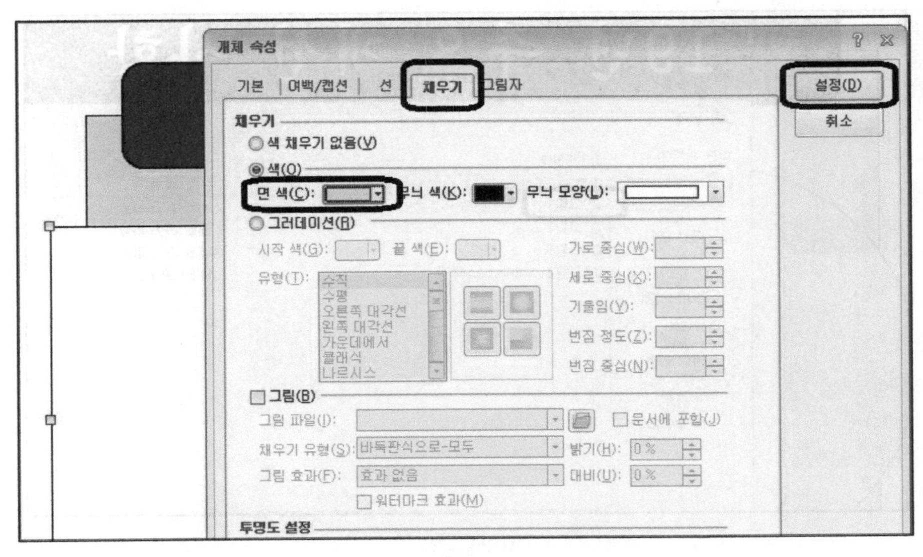

〈그림 27〉

〈그림 28〉과 같이 원으로 가리키는 비어있는 임의의 위치를 클릭한 다음, “그림”을 클릭한다.

〈그림 28〉

〈그림 29〉와 같이 “내문서₩ITQ₩Picture₩그림1.jpg”를 더블 클릭한다(이때, “그림 넣기” 대화상자의 옵션에서 “문서에 포함”과 “마우스로 크기 지정” 옵션은 체크 상태로 설정한다).

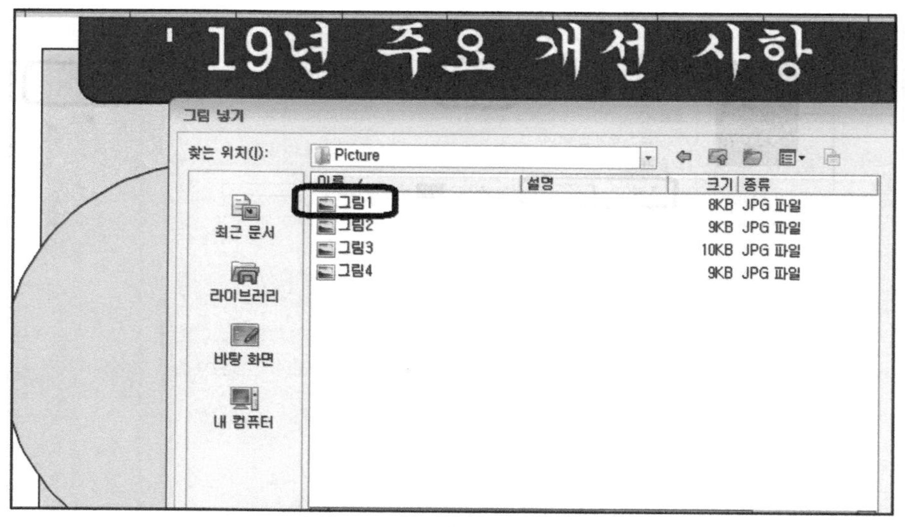

〈그림 29〉

〈그림 30〉과 같이 원으로 표시한 직사각형 바깥의 빈 공간을 클릭한다(이때 그림은 문제지에 주어진 그림이나 로고 이미지가 나타날 것이다).

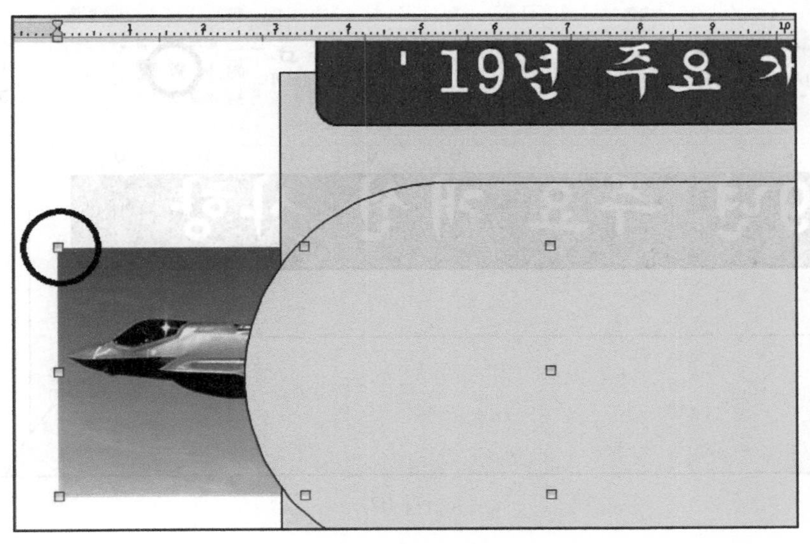

〈그림 30〉

〈그림 31〉과 같이 "40"을 입력한 다음, 엔터키를 누른다. 이어서, "30"을 입력한 다음, 엔터키를 누른다. "크기 고정"을 클릭하여 체크상태로 만든다.

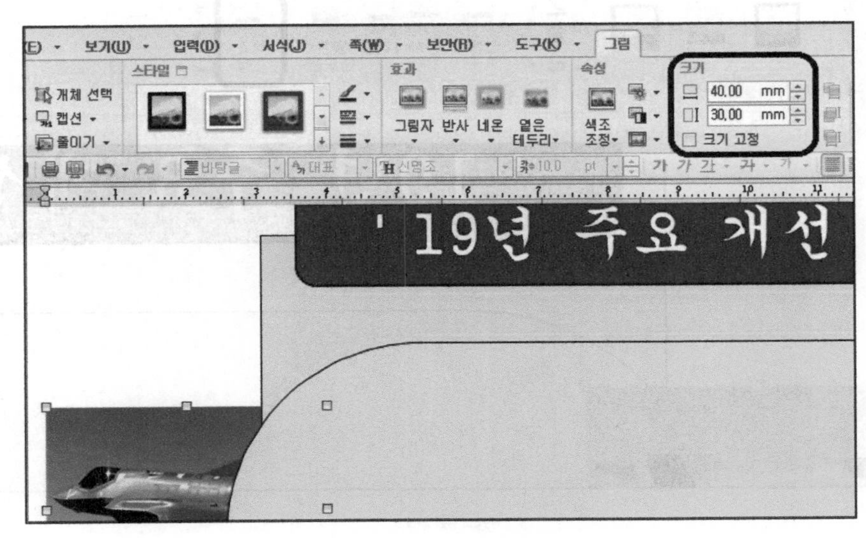

〈그림 31〉

〈그림 32〉와 같이 "배치" 아래의 "글 앞으로"를 클릭한다.

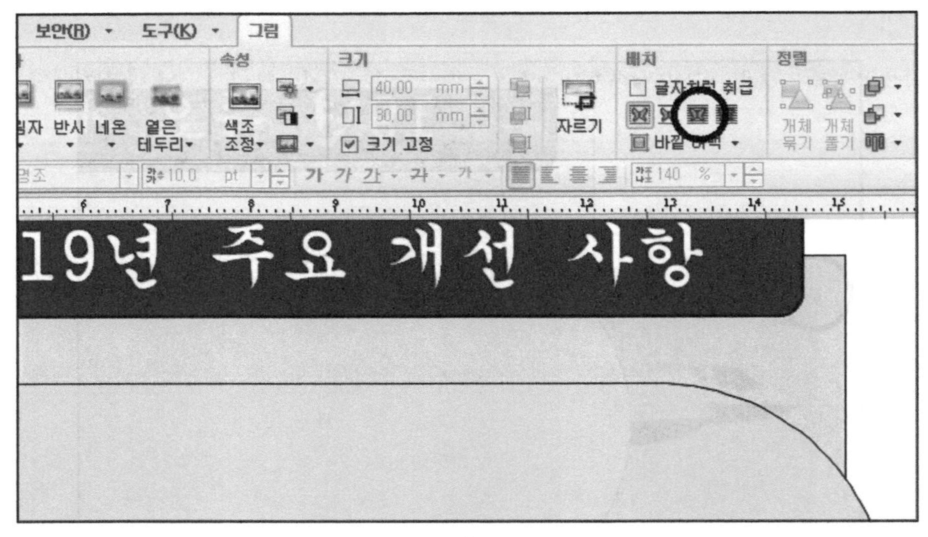

〈그림 32〉

〈그림 33〉과 같이 "색조 조정"을 클릭한다.

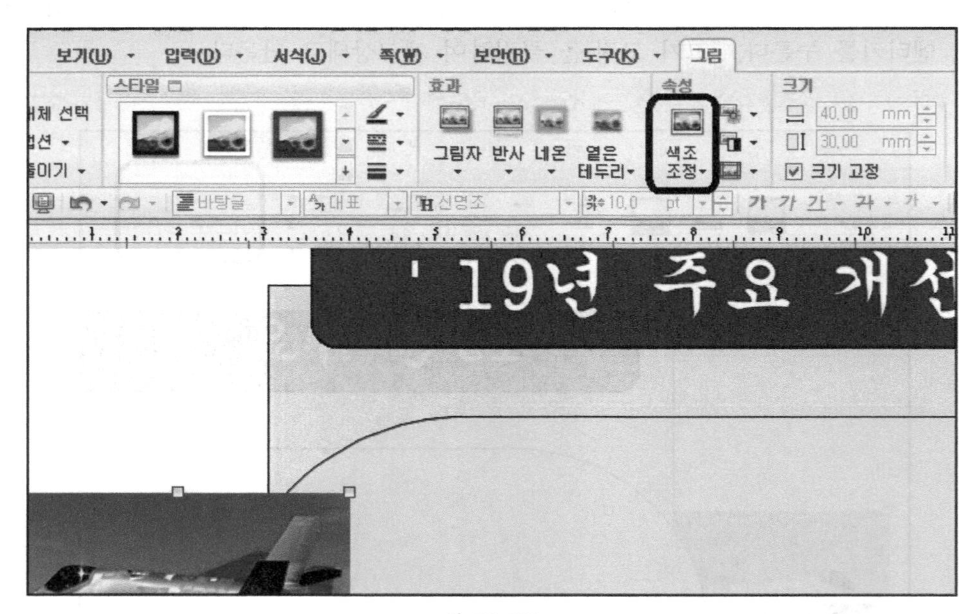

〈그림 33〉

〈그림 34〉와 같이 "회색조"를 클릭한다.

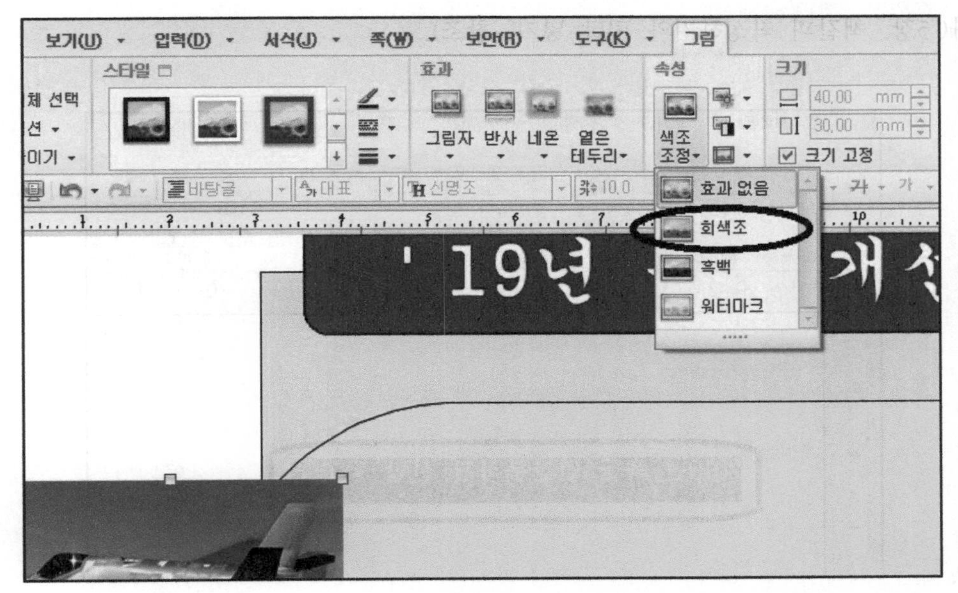

〈그림 34〉

〈그림 35〉와 같이 그림을 드래그 하여 이동 배치한다.

〈그림 35〉

다음은 책갈피에 하이퍼링크를 연결하기 위해서 먼저 책갈피를 만들기로 한다. 〈그림 36〉과 같이 "2019년 육군 민간부사관 선발 공고문"을 입력한 다음, 블록 지정한다("5장. 책갈피 작성하기와 덧말 넣기" 참조).

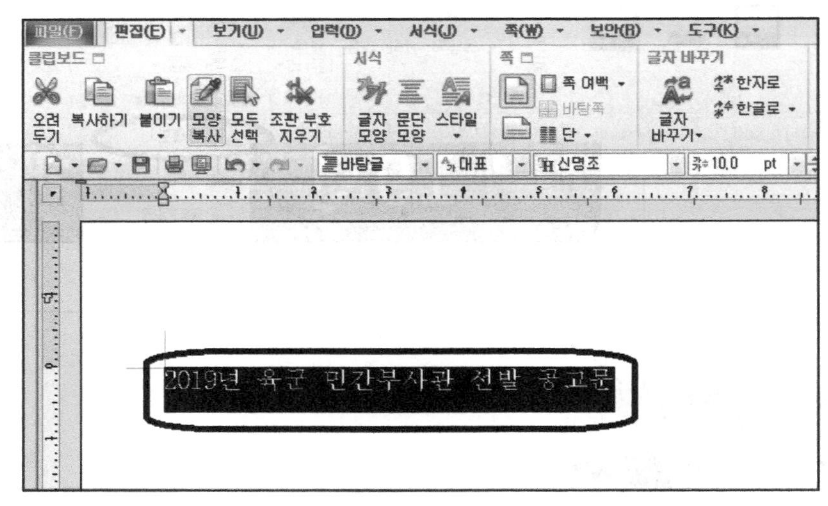

〈그림 36〉

〈그림 37〉과 같이 "글꼴"에 "굴림"을 입력한 다음, "엔터키"를 누른다.

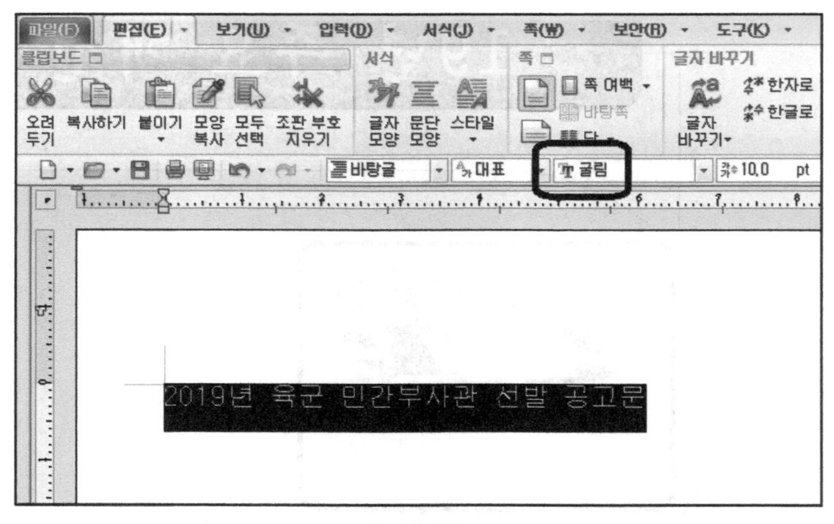

〈그림 37〉

〈그림 38〉과 같이 "글자 크기"에 "18 pt"을 입력한 다음, "엔터키"를 누른다.

〈그림 38〉

〈그림 39〉와 같이 "진하게"와 "가운데 정렬"을 차례로 클릭한다.

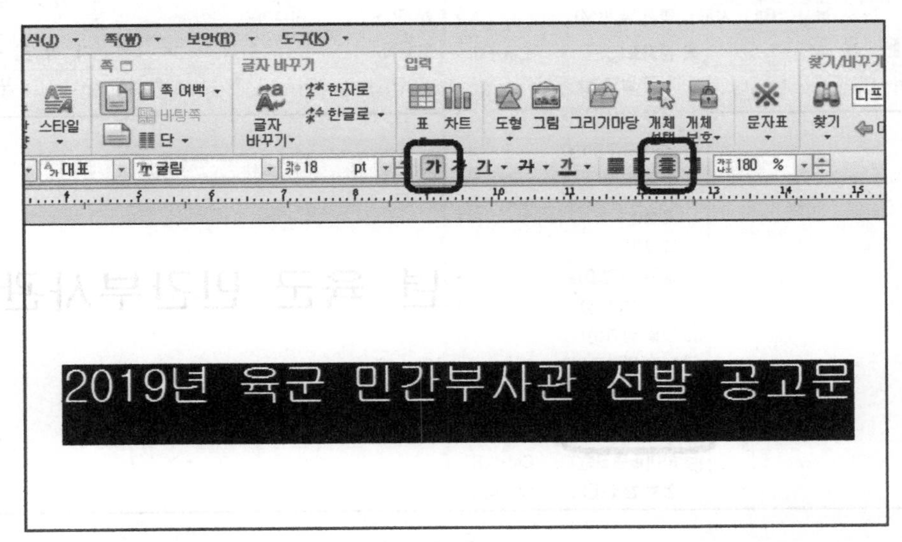

〈그림 39〉

〈그림 40〉과 같이 커서가 가리키는 것처럼 "2019"바로 앞 위치를 마우스로 클릭한다.

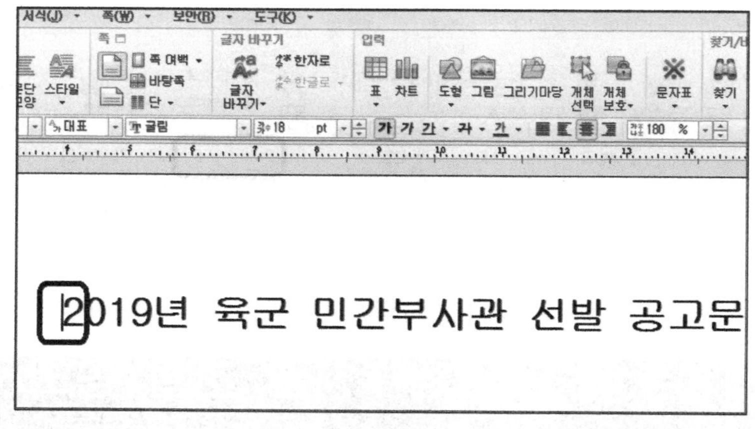

〈그림 40〉

〈그림 41〉과 같이 "입력" 메뉴 아래의 "책갈피" 메뉴를 클릭한다.

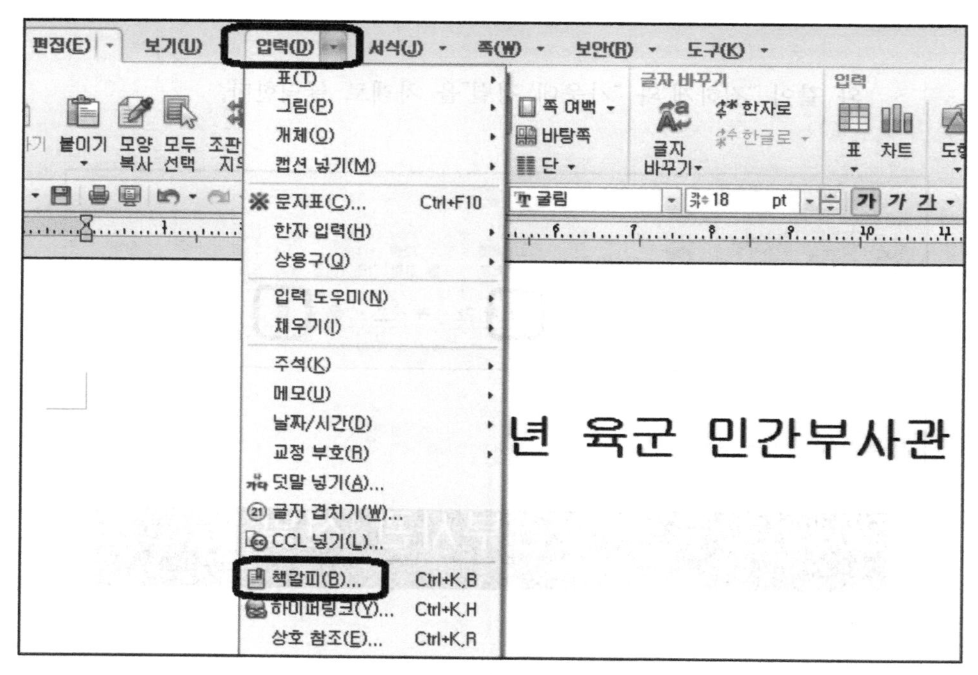

〈그림 41〉

〈그림 42〉와 같이 "민간부사관"을 입력한 다음, "넣기"를 클릭한다("5장. 책갈피 작성하기와 덧말 넣기"의 "5.1 책갈피 작성하기" 참조).

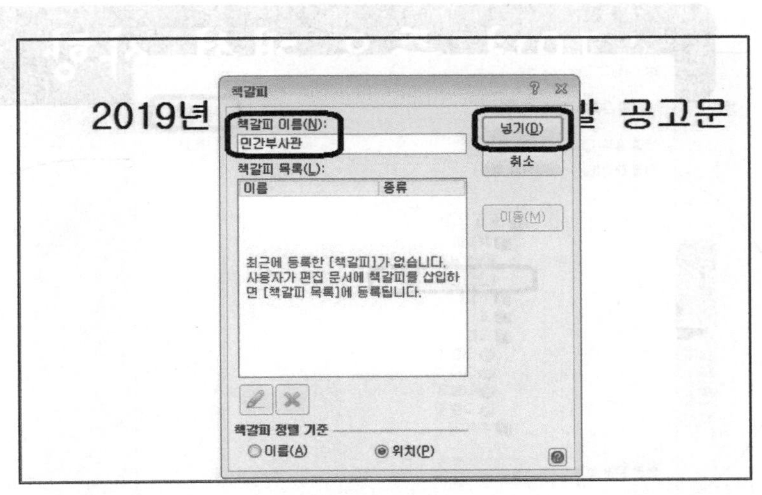

〈그림 42〉

〈그림 43〉과 같이 그림 위에서 마우스 우측 버튼을 클릭한 다음, "하이퍼링크"를 클릭한다.

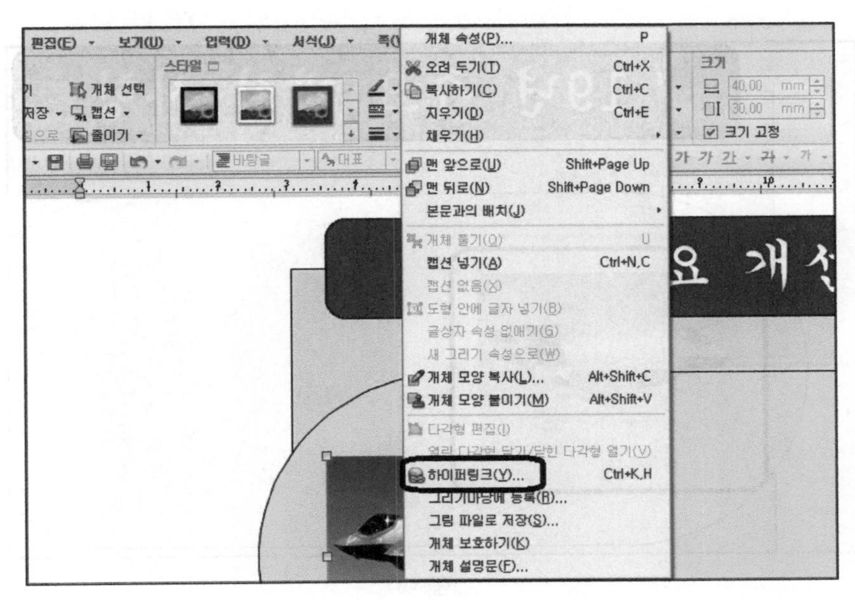

〈그림 43〉

〈그림 44〉와 같이 "민간부사관"을 선택한 다음, "넣기" 버튼을 클릭한다.

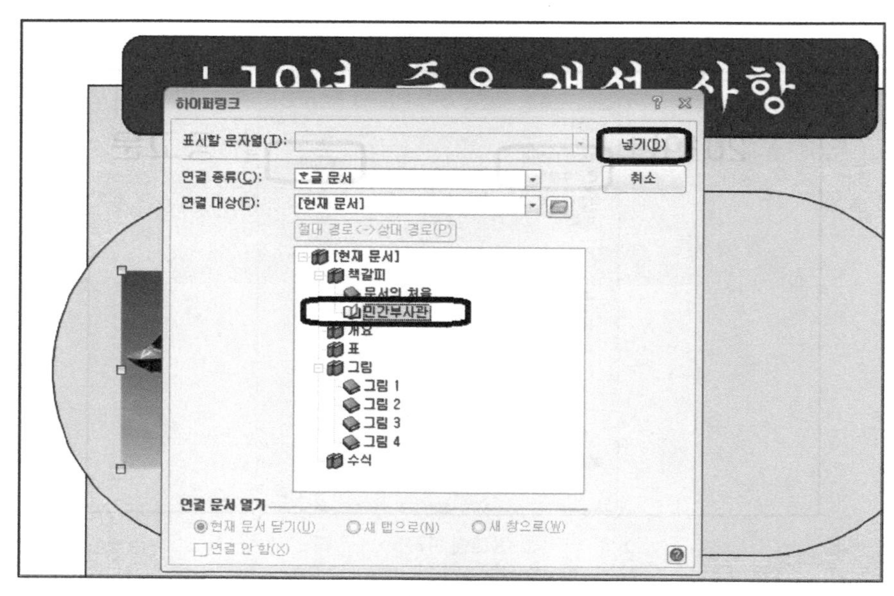

〈그림 44〉

결과는 〈그림 45〉와 같이 나타난다.

〈그림 45〉

〈그림 46〉과 같이 "사각형"으로 표시한 빈 공간을 클릭한 다음, "원"으로 표시한 그림위의 위치를 클릭한다.

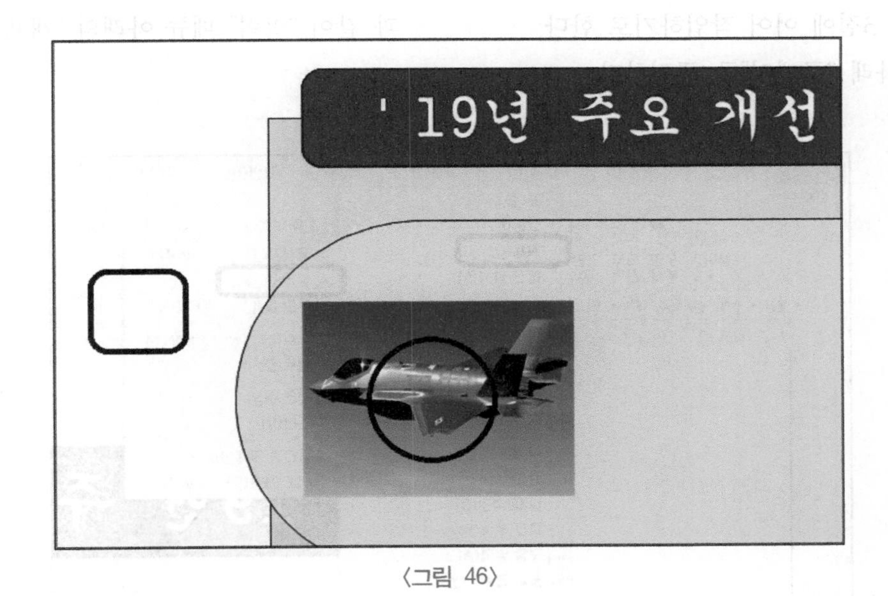

〈그림 46〉

결과는 〈그림 47〉과 같이 커서가 하이퍼링크로 연결된 "책갈피"로 이동됨을 알 수 있다.

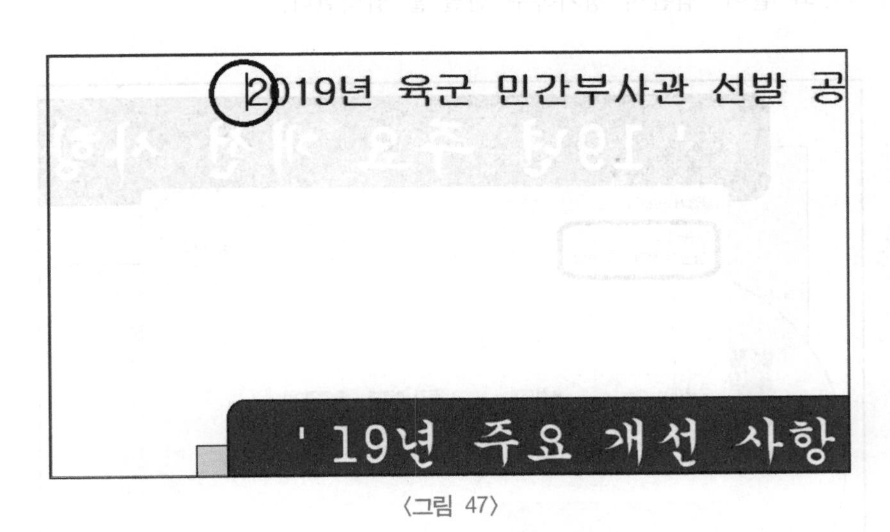

〈그림 47〉

파일 이름은 "10장_3"이라고 저장한다. 이상으로 10장 3절의 실습을 마친다.

10.4 글맵시 개체 작성하기

10장 3절에 이어 작업하기로 한다. 〈그림 48〉과 같이 "입력" 메뉴 아래의 "개체" 메뉴 아래 "글맵시"를 클릭한다.

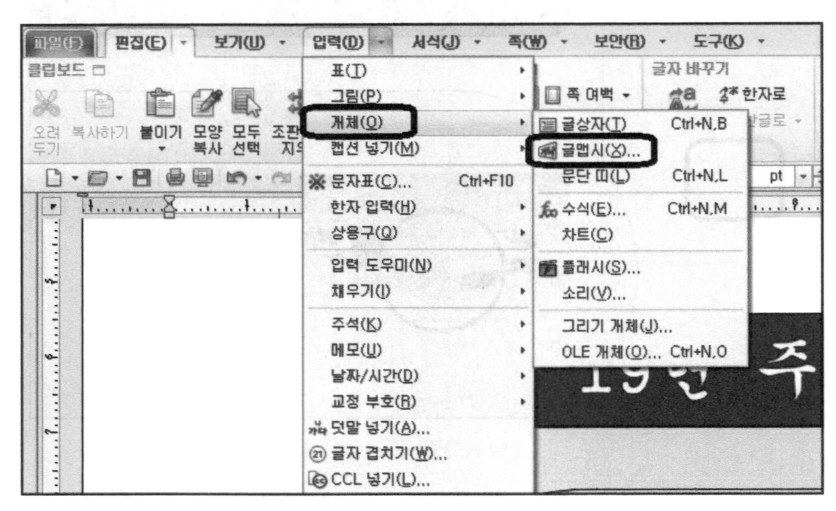

〈그림 48〉

〈그림 49〉와 같이 "임관시 정기복무 선발"을 입력한다.

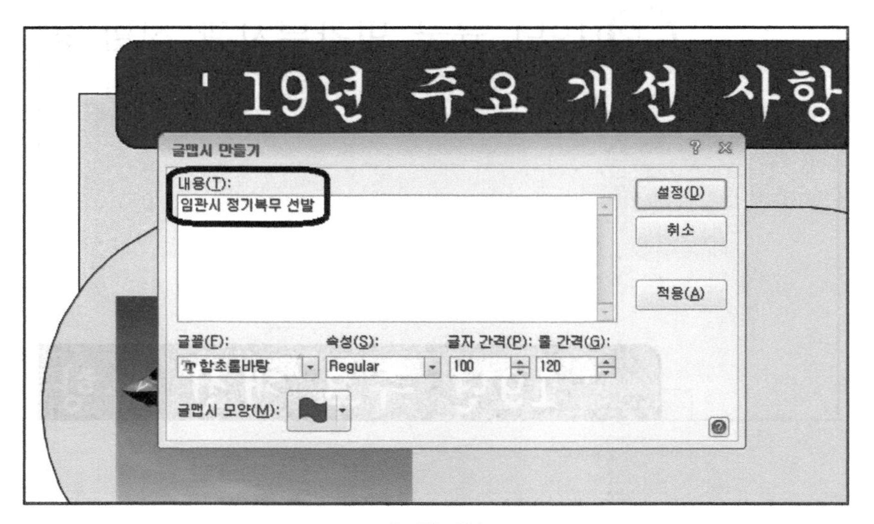

〈그림 49〉

〈그림 50〉과 같이 "글꼴"을 "궁서"로 선택한다.

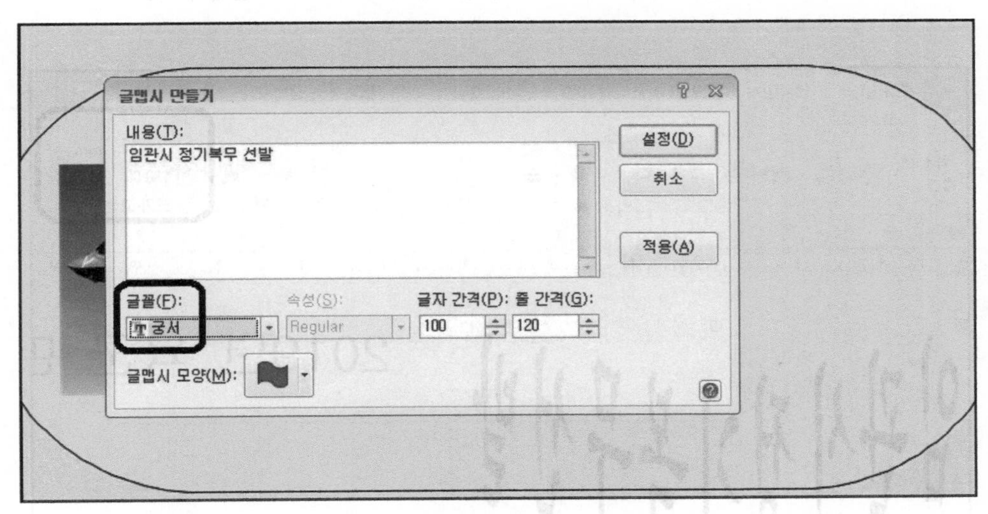

〈그림 50〉

〈그림 51〉과 같이 "글맵시 모양"에서 "3행 1열"에 위치하고 있는 "역갈매기형 수장"을 선택한 다음, "설정" 버튼을 클릭한다.

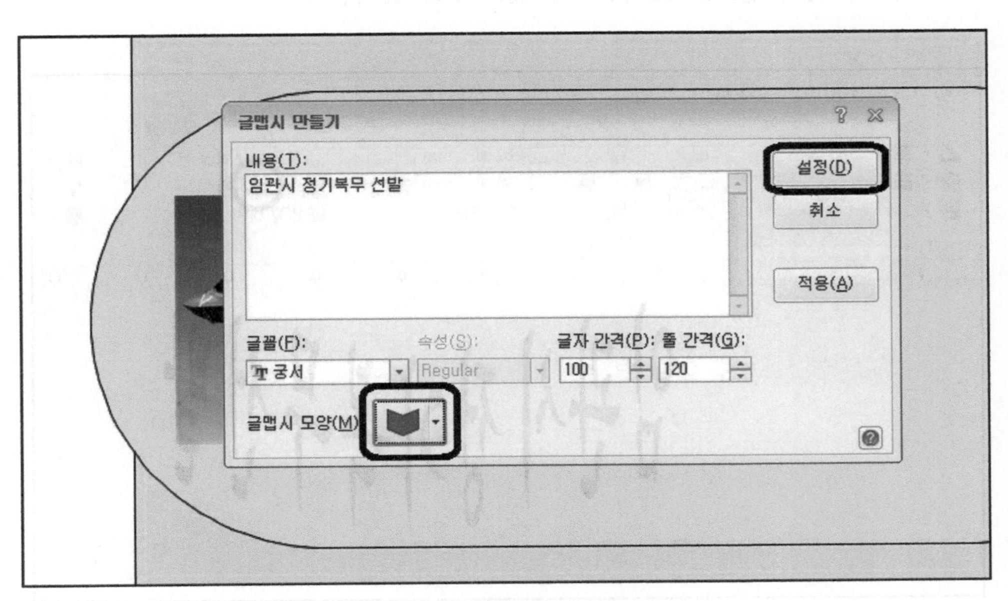

〈그림 51〉

마우스를 위쪽으로 스크롤 하여 작업화면 위쪽(1행)으로 이동한다. 〈그림 52〉와 같이 "60"과 "30"을 입력한 다음, "크기 고정"을 클릭하여 체크 설정한다.

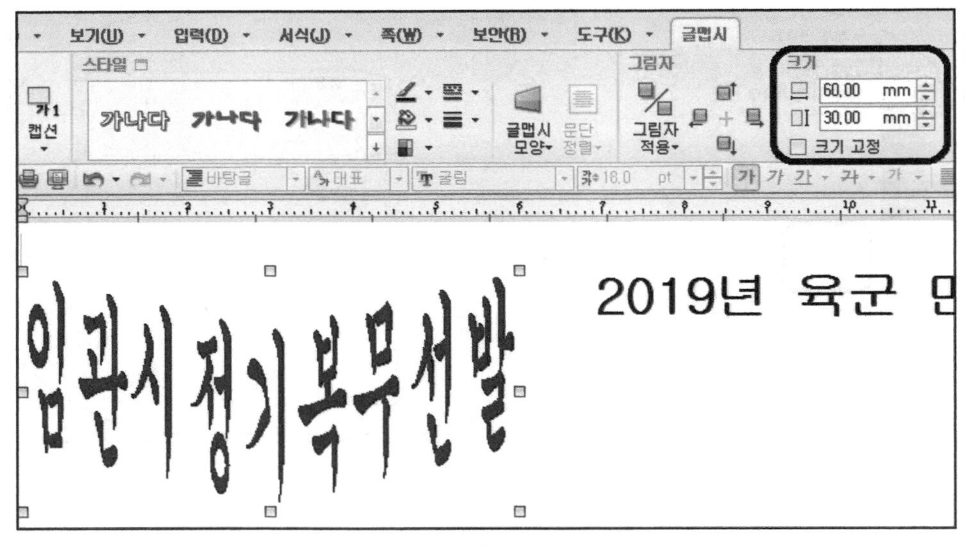

〈그림 52〉

〈그림 53〉과 같이 원으로 표시한 "글 앞으로"를 클릭한다.

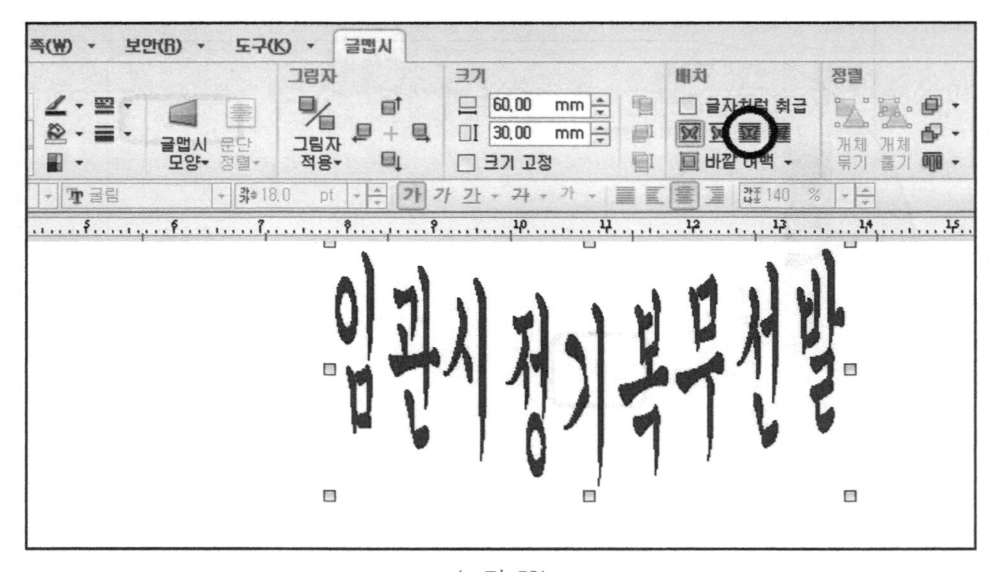

〈그림 53〉

〈그림 54〉와 같이 원으로 표시한 "채우기"을 클릭한 다음 "파랑"을 선택한다.

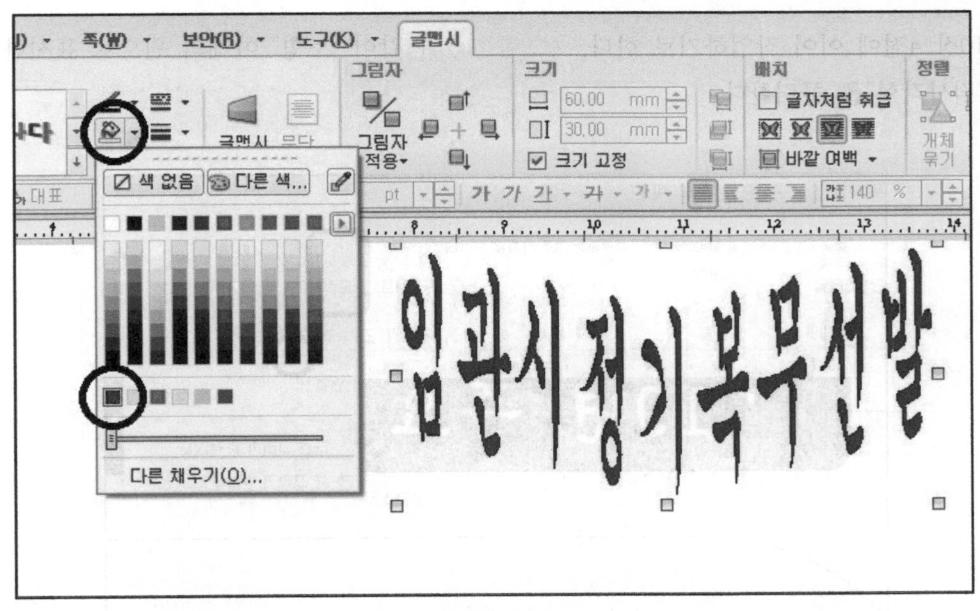

〈그림 54〉

〈그림 55〉와 같이 "글맵시"를 드래그 하여 배치한다.

〈그림 55〉

10.5 그리기 개체를 이용한 다양한 도형 작업하기

10장 4절에 이어 작업하기로 한다. 〈그림 56〉과 같이 "도형" 아래의 원으로 표시한 "직사각형"을 클릭한다.

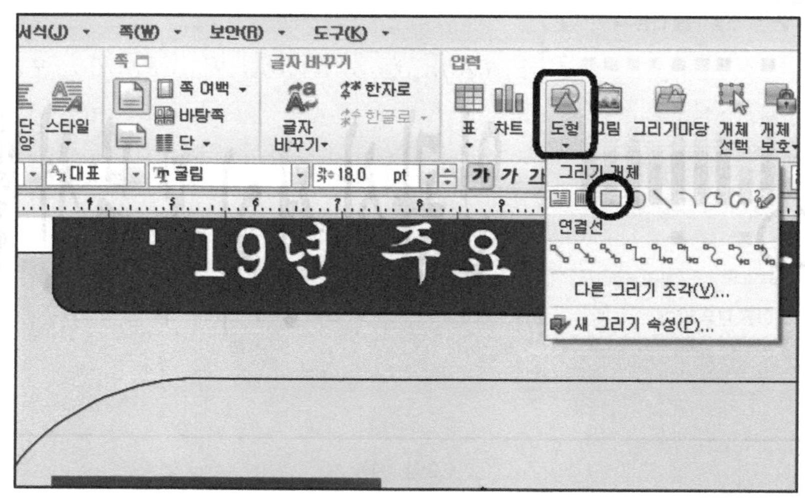

〈그림 56〉

〈그림 57〉과 같이 원으로 표시한 빈 공간을 클릭한다.

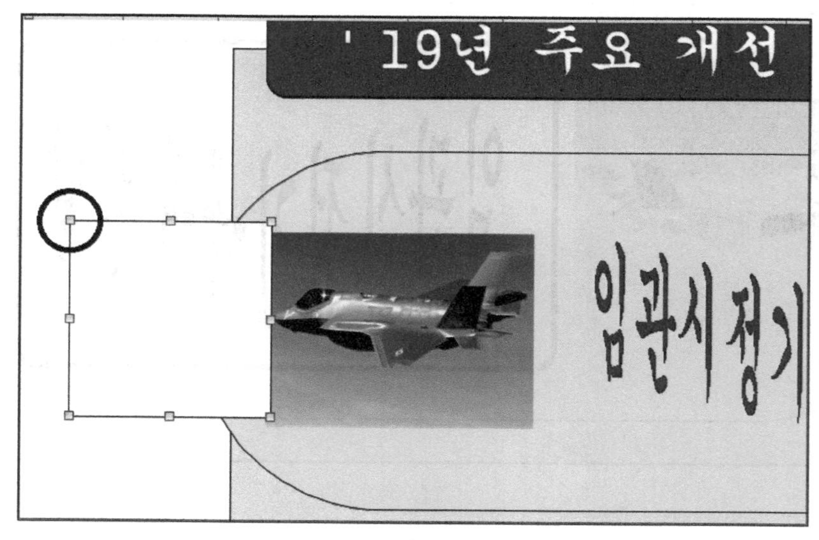

〈그림 57〉

〈그림 58〉과 같이 "10"을 입력한 다음, 엔터키를 누른다. 이어서, "15"를 입력한 다음, 엔터키를 누른다. "크기 고정"을 클릭하여 체크상태로 만든다.

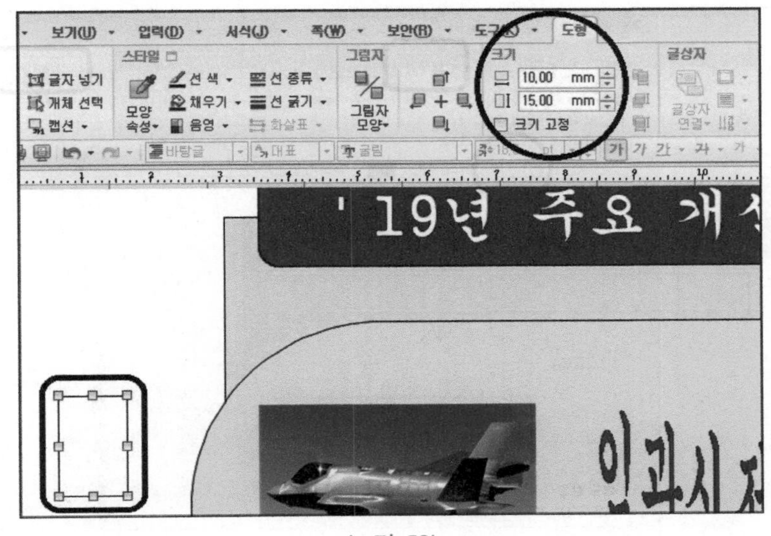

〈그림 58〉

〈그림 59〉와 같이 원으로 가리키는 위치를 더블 클릭한다. "선"탭을 클릭한 다음 "반원"을 클릭한다.

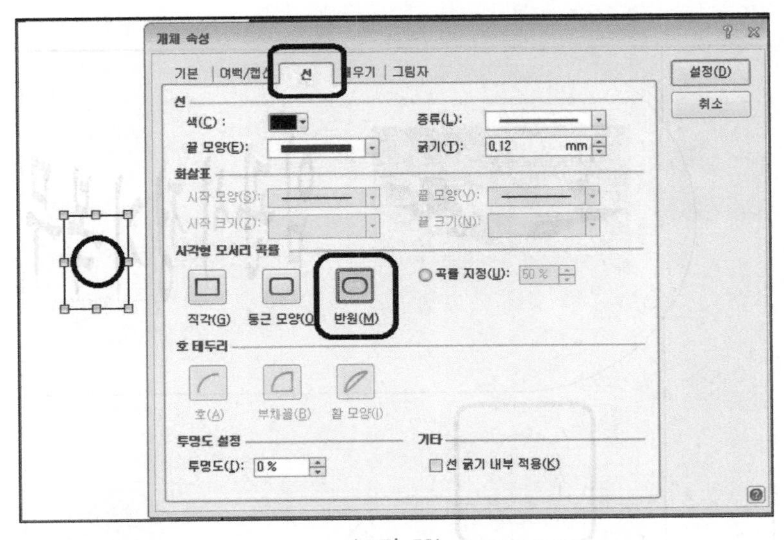

〈그림 59〉

〈그림 60〉과 같이 "채우기" 탭을 클릭한 다음, "면 색"에서 "바다색 80% 밝게"를 선택한다. "설정" 버튼을 클릭한다.

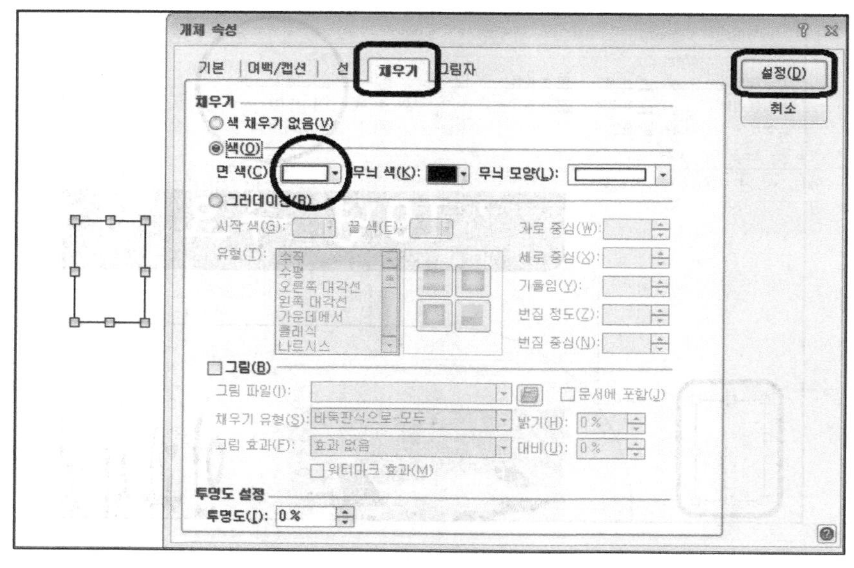

〈그림 60〉

〈그림 61〉과 같이 작성된 도형을 드래그 하여 배치(위의 그림의 1/3위치)한다. 참고로, 도형과 도형의 배치는 나중에 작성된 도형이 항상 위쪽으로 배치된다.

〈그림 61〉

〈그림 62〉와 같이 오른쪽의 직사각형으로 표시한 빈곳을 클릭한 다음, 원으로 표시한 그리기 개체 아래의 "직사각형"을 클릭한다.

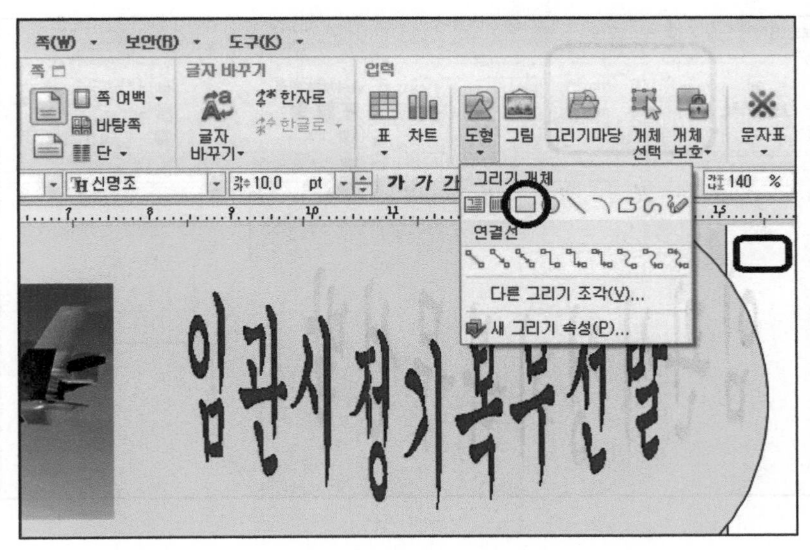

〈그림 62〉

〈그림 63〉과 같이 "원"으로 표시한 위치를 클릭하여 직사각형을 만든다.

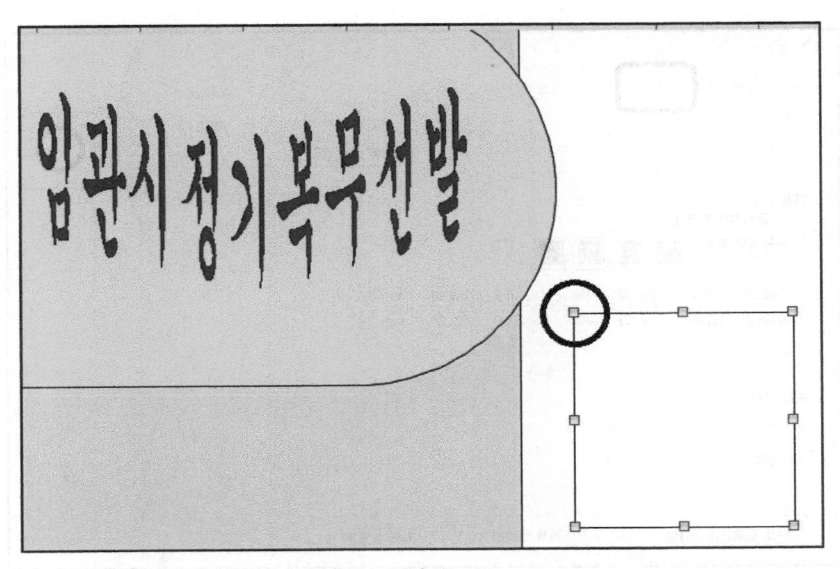

〈그림 63〉

〈그림 64〉와 같이 "11"을 입력한 다음, 엔터키를 누른다. 이어서, "11"을 입력한 다음, 엔터키를 누른다. "크기 고정"을 클릭하여 체크상태로 만든다.

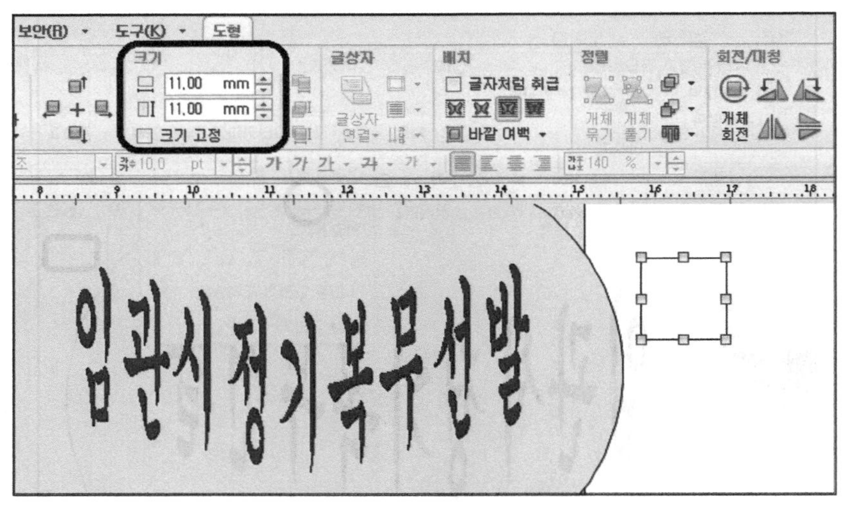

〈그림 64〉

〈그림 65〉와 같이 오른쪽의 원으로 가리키는 "직사각형" 가운데를 더블 클릭한 다음, "선" 탭을 클릭한다.

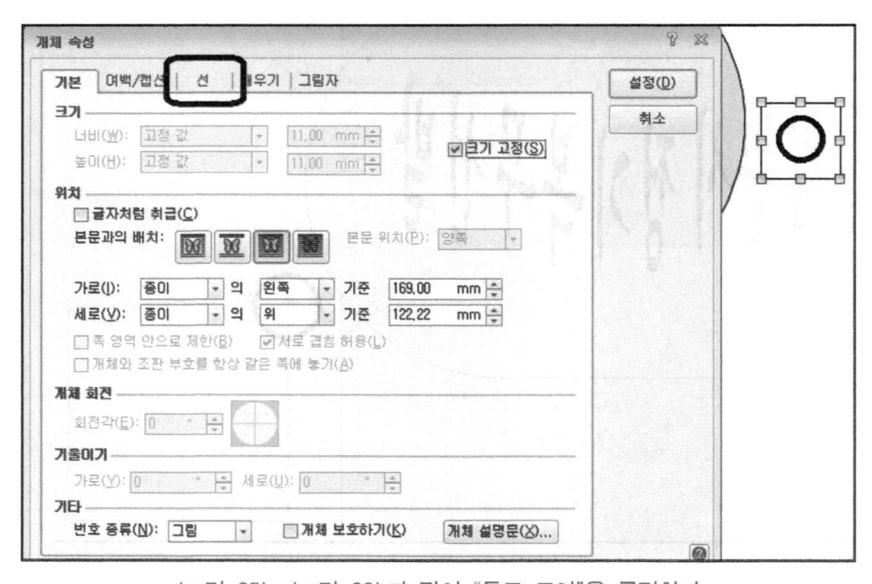

〈그림 65〉 〈그림 66〉과 같이 "둥근 모양"을 클릭한다.

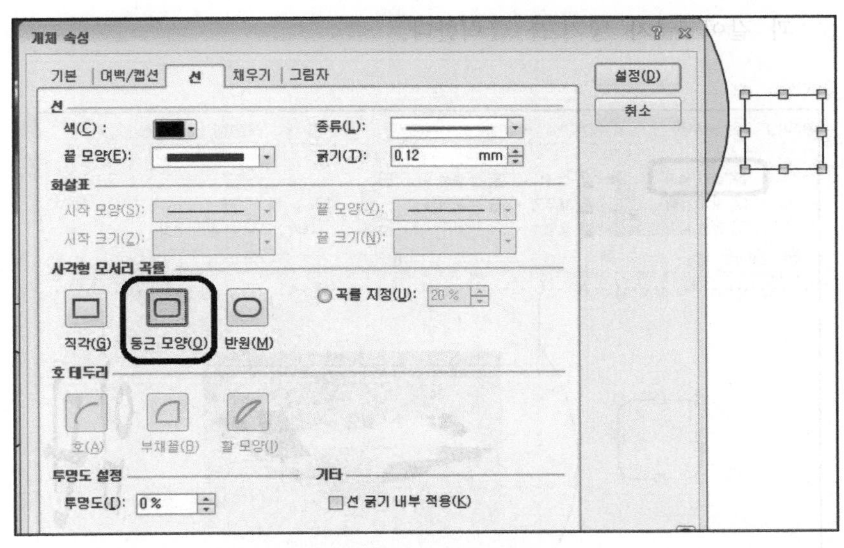

〈그림 66〉

〈그림 67〉과 같이 "채우기" 탭을 클릭한 다음, "면 색"을 하양(흰색)으로 설정한다. 이어서, "설정" 버튼을 클릭한다.

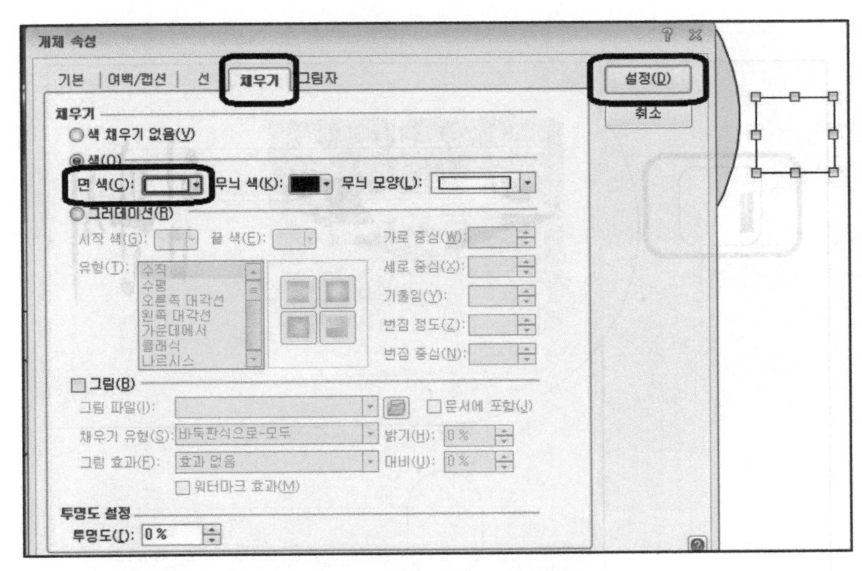

〈그림 67〉

〈그림 68〉과 같이 "글자 넣기"를 클릭한다.

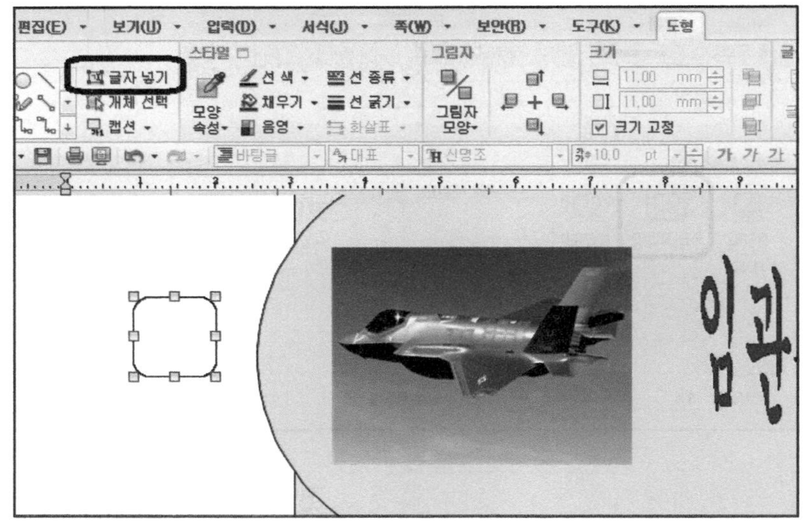

〈그림 68〉

〈그림 69〉와 같이 직사각형 안에 숫자 "1"을 입력한 다음, 블록 지정한다.

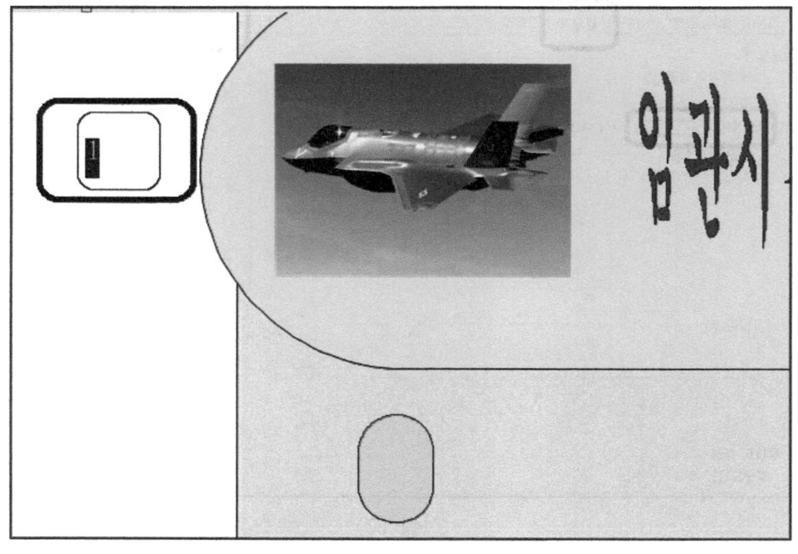

〈그림 69〉

〈그림 70〉과 같이 “굴림”과 “20 pt”를 설정한다.

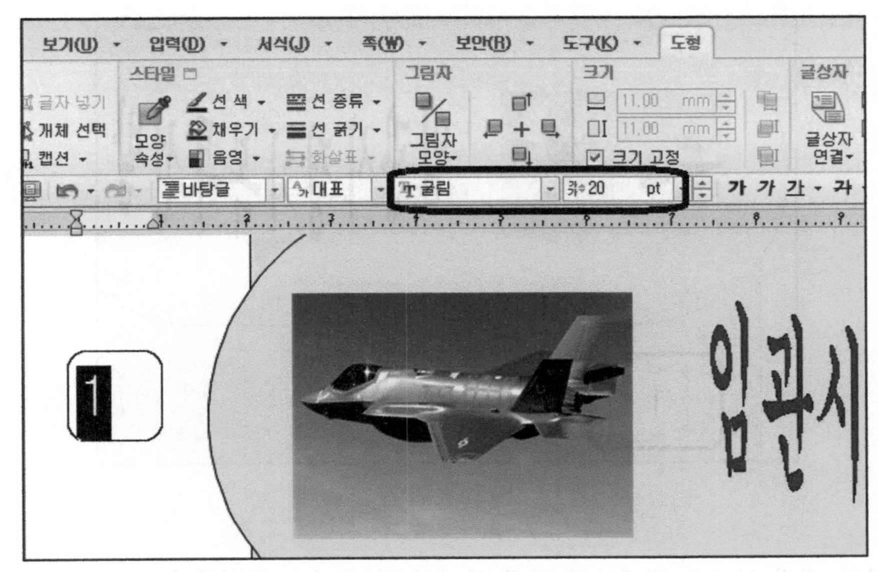

〈그림 70〉

〈그림 71〉과 같이 “가운데 정렬”을 클릭한다.

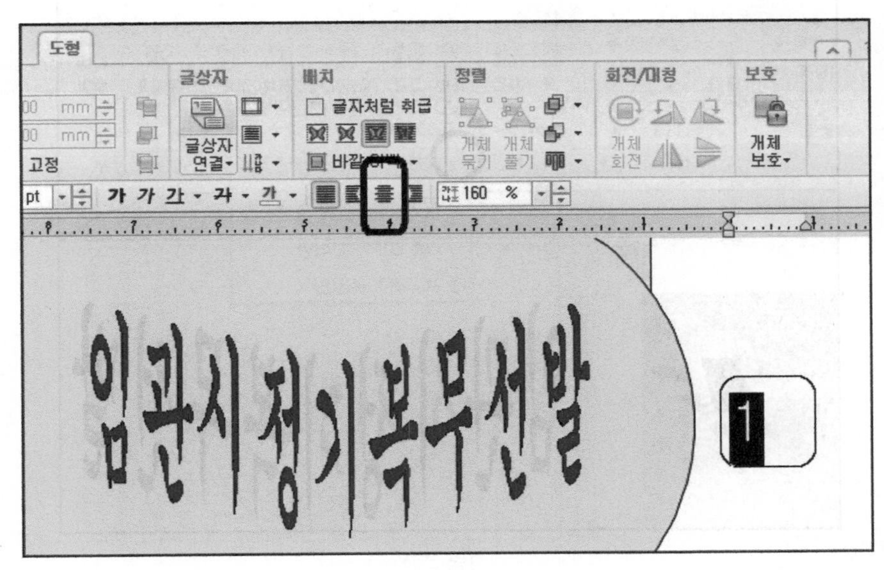

〈그림 71〉

〈그림 72〉와 같이 드래그 하여 배치한다.

〈그림 72〉

직사각형 객체 선택을 해제하기 위해 화면의 빈 공간을 클릭한다. 〈그림 73〉과 같이 "가로 글상자"(그리기 개체의 첫 번째)를 클릭한다.

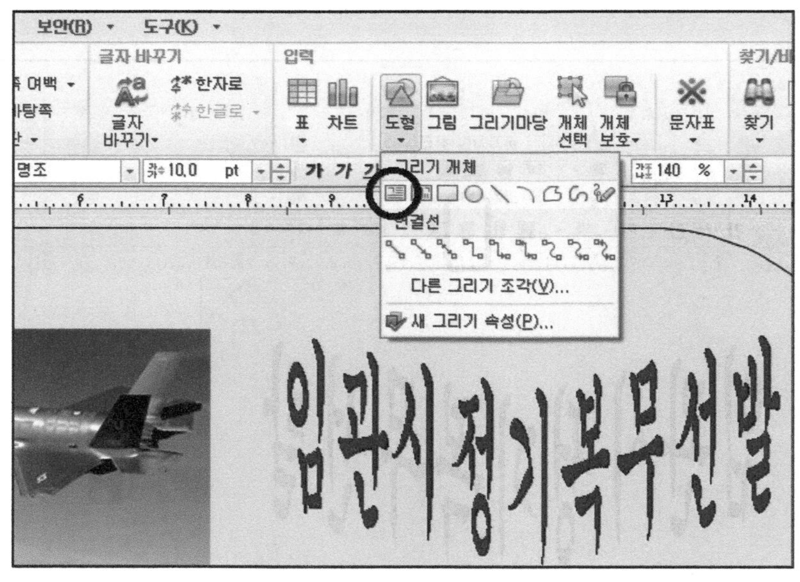

〈그림 73〉

〈그림 74〉와 같이 "원이 가리키는 위치"를 클릭한 채로 드래그 하여 "사각형이 가리키는 위치"에서 놓는다.

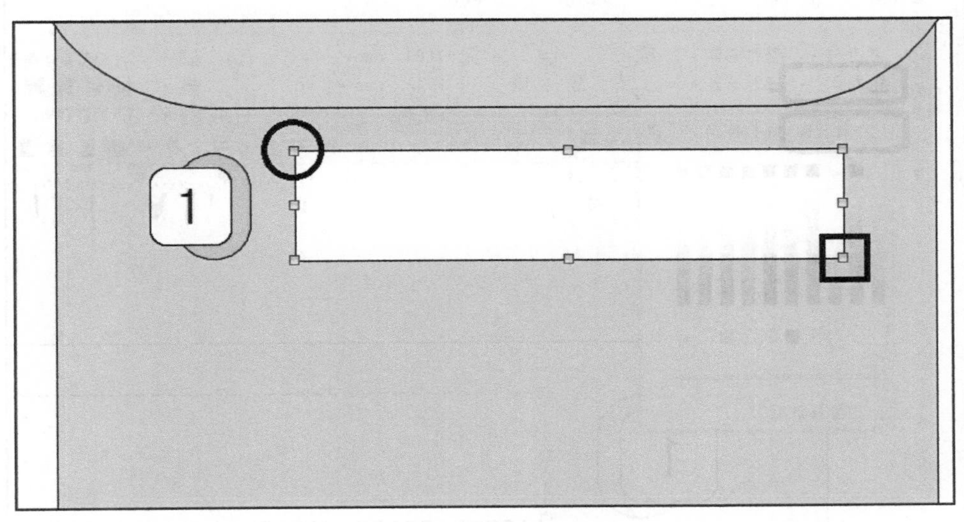

〈그림 74〉

〈그림 75〉와 같이 "선 종류"에서 "파선"(2번째)을 클릭한다.

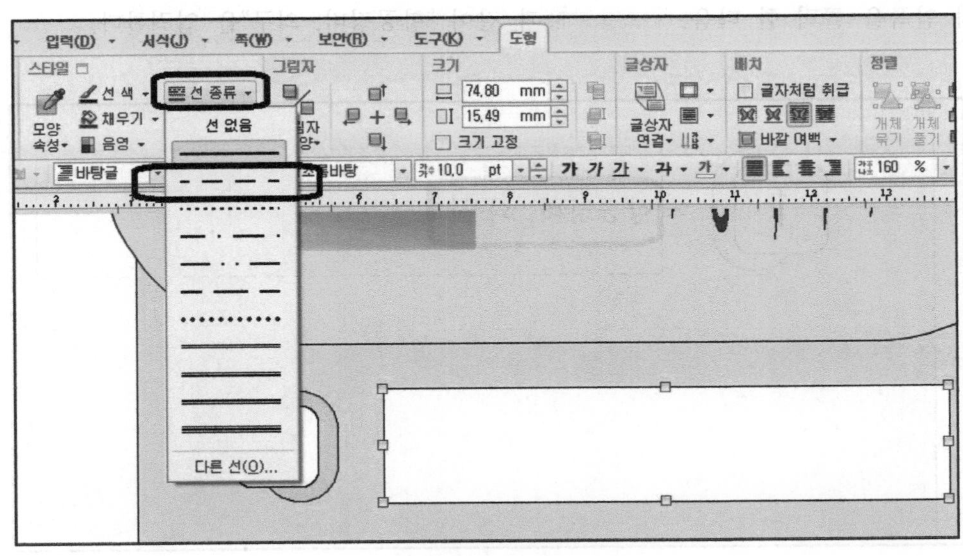

〈그림 75〉

〈그림 76〉과 같이 "채우기"를 클릭 한 다음, "색 없음"을 클릭한다.

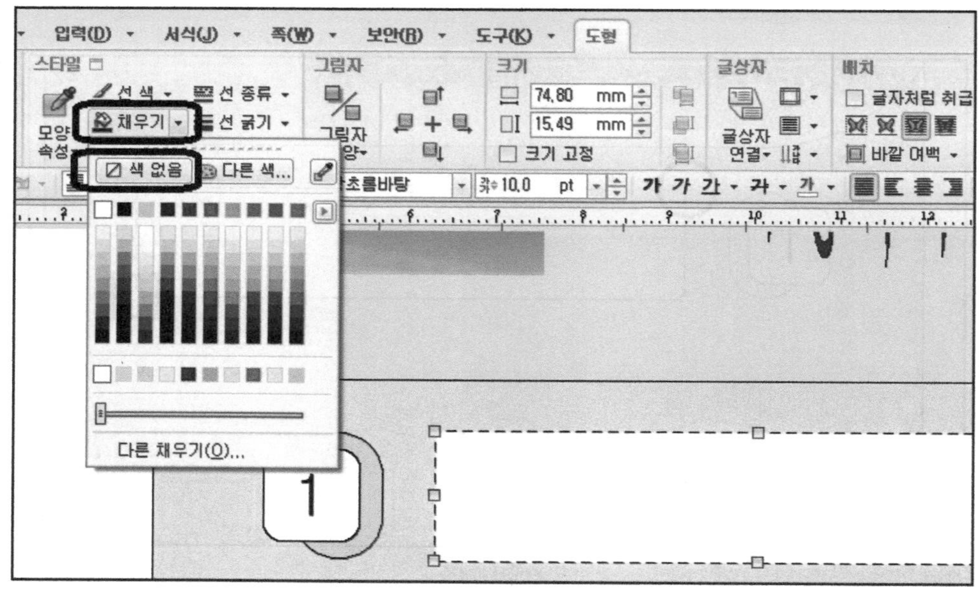

〈그림 76〉

글상자에 내용을 입력하기위해 작업화면의 빈 공간을 한번 클릭한다. 이어서, 글 상자 안쪽을 클릭 한 다음, 〈그림 77〉과 같이 "항공정비, 의무"을 입력한다.

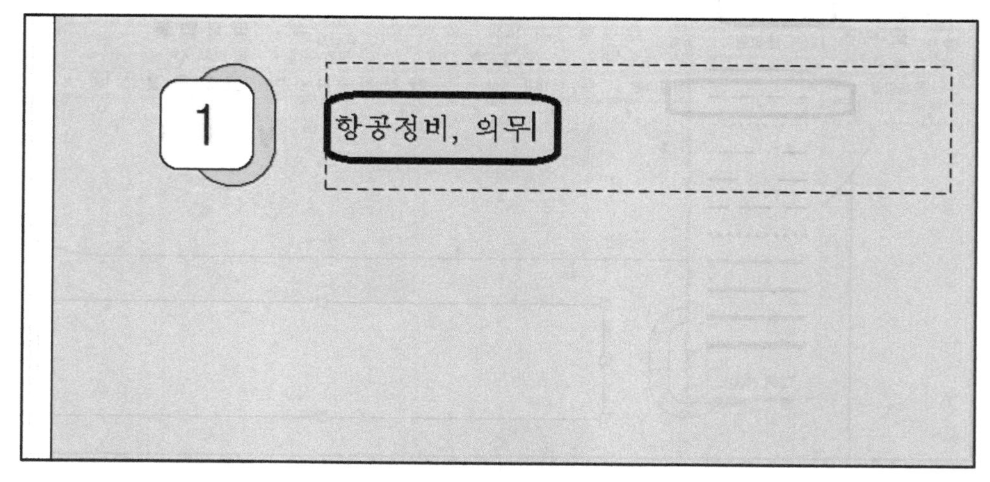

〈그림 77〉

〈그림 78〉과 같이 “궁서”와 “18 pt”을 작성한다.

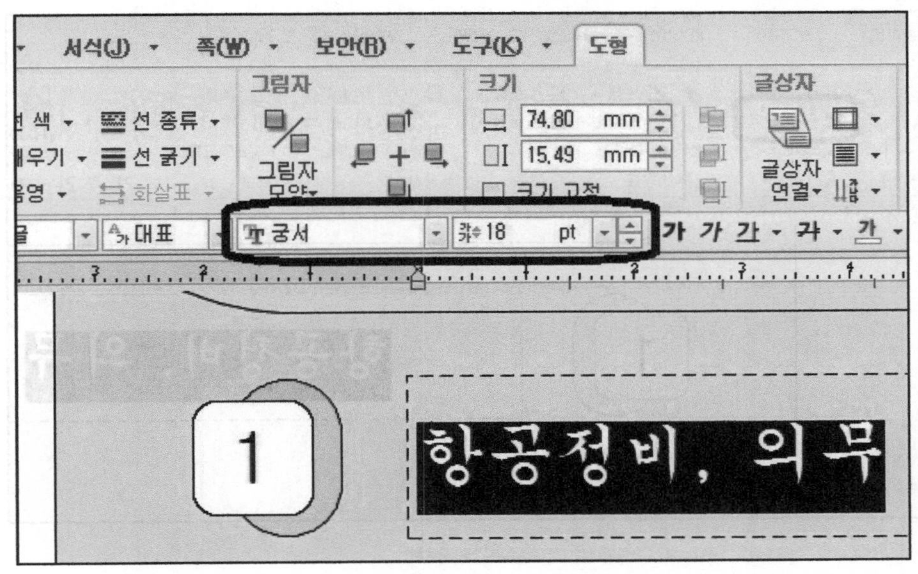

〈그림 78〉

〈그림 79〉와 같이 “가운데 정렬”을 클릭한다.

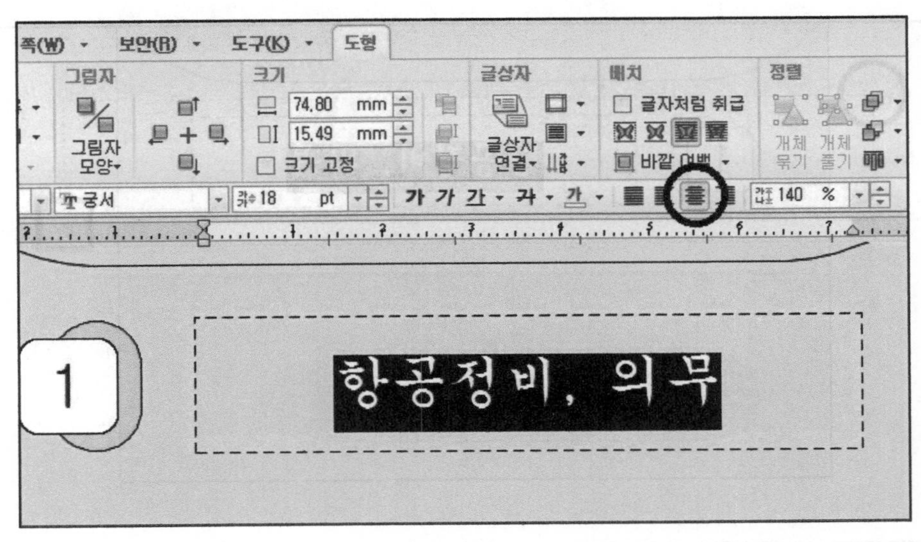

〈그림 79〉

〈그림 80〉과 같이 "개체 선택"을 클릭한다.

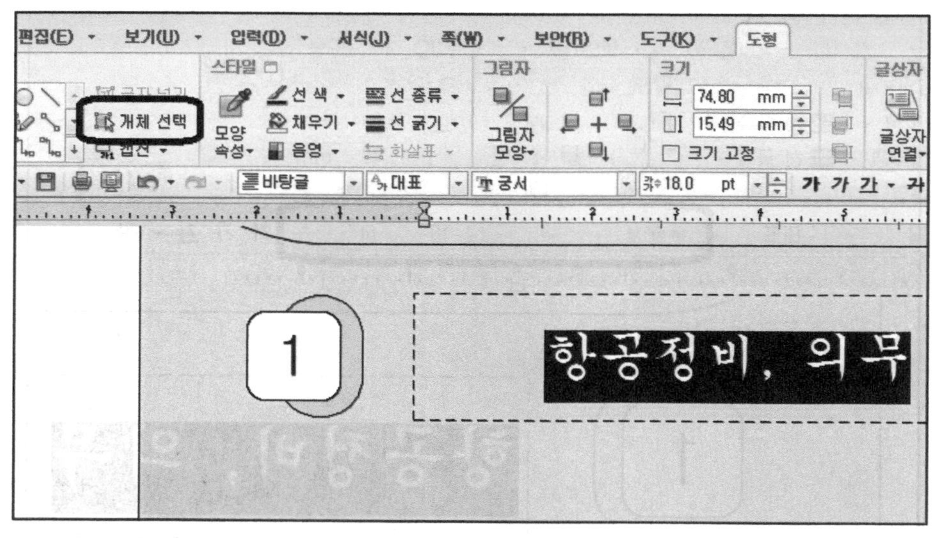

〈그림 80〉

〈그림 81〉과 같이 "원"으로 표시한 위치를 클릭한 채로 드래그 하여 "사각형"으로 표시한 위치에서 놓는다.

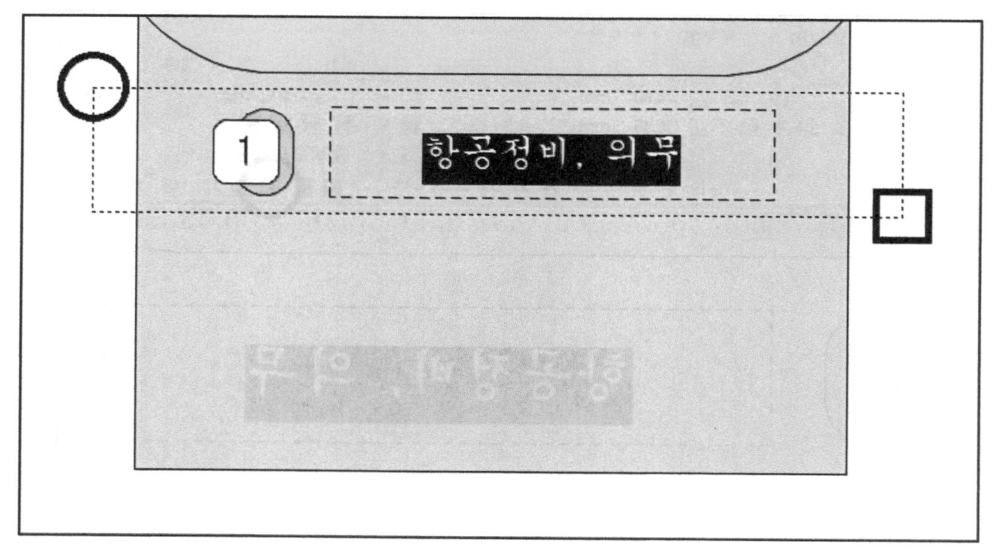

〈그림 81〉

"Ctrl키"와 "Shift키"를 동시에 누른 상태에서, 〈그림 82〉와 같이 원으로 가리키는 위치를 마우스로 클릭한 채로 사각형이 가리키는 위치까지 아래쪽으로 드래그 한다.

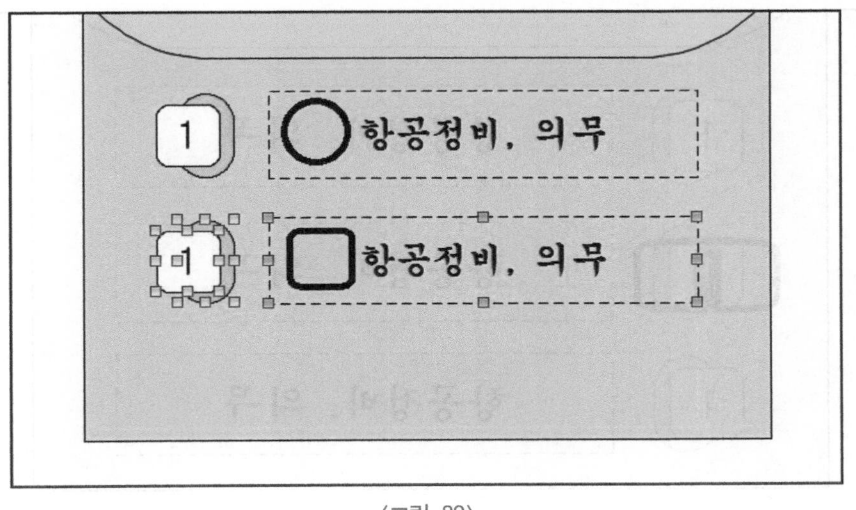

〈그림 82〉

"Ctrl키"와 "Shift키"를 동시에 누른 상태에서, 〈그림 83〉과 같이 원으로 가리키는 위치를 마우스로 클릭한 채로 사각형이 가리키는 위치까지 아래쪽으로 드래그 한다.

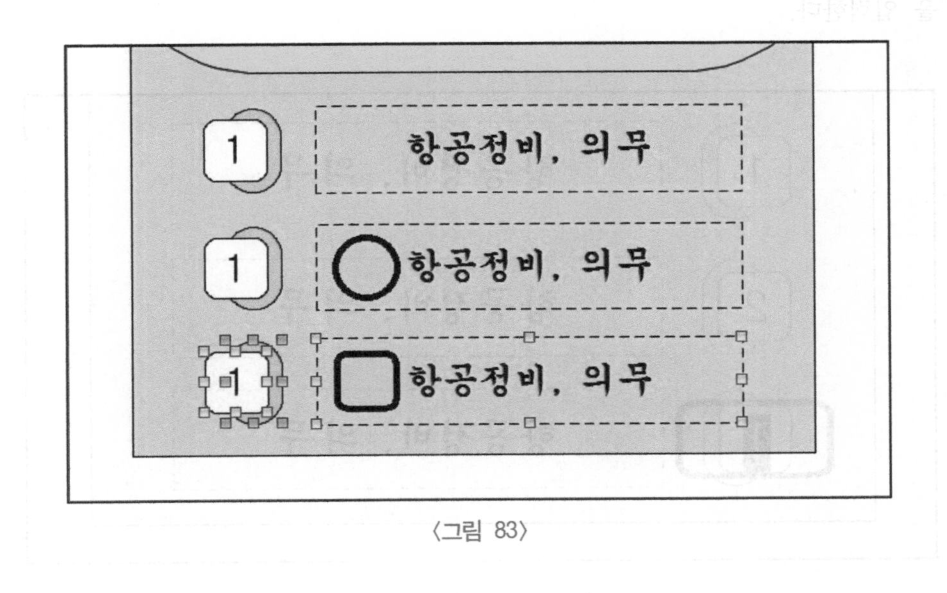

〈그림 83〉

〈그림 84〉와 같이 사각형이 가리키는 위치의 숫자 "1"을 블록지정 한 다음, 숫자 "2"를 입력한다.

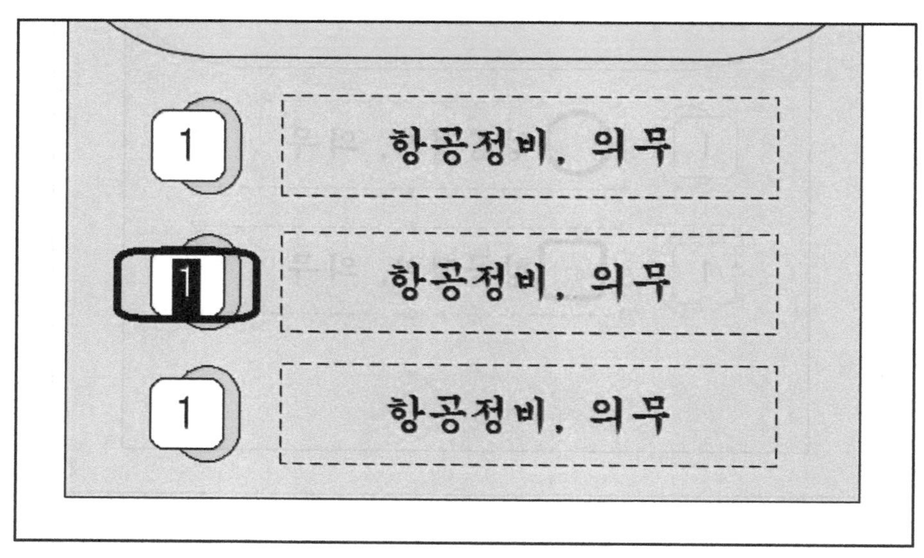

〈그림 84〉

〈그림 85〉와 같이 사각형이 가리키는 위치의 숫자 "1"을 블록지정 한 다음, 숫자 "3"을 입력한다.

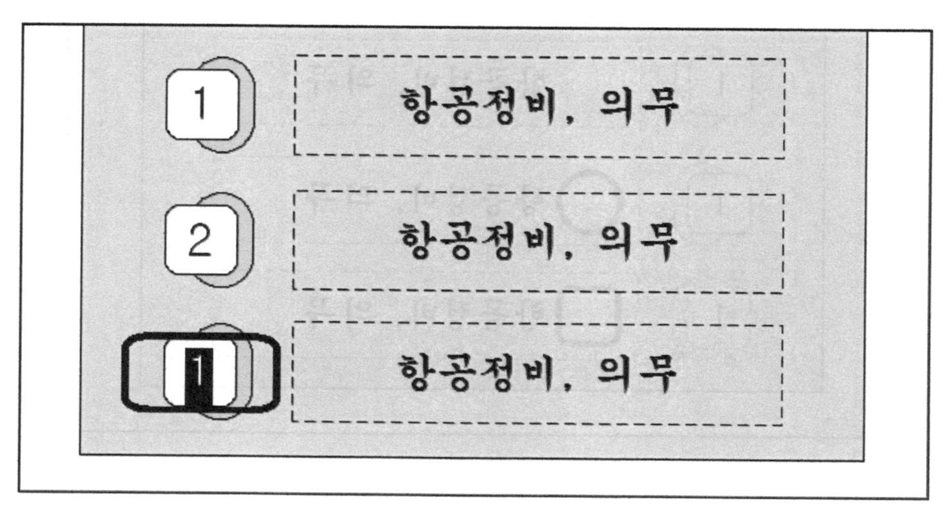

〈그림 85〉

〈그림 86〉과 같이 사각형이 가리키는 위치를 블록 지정한다.

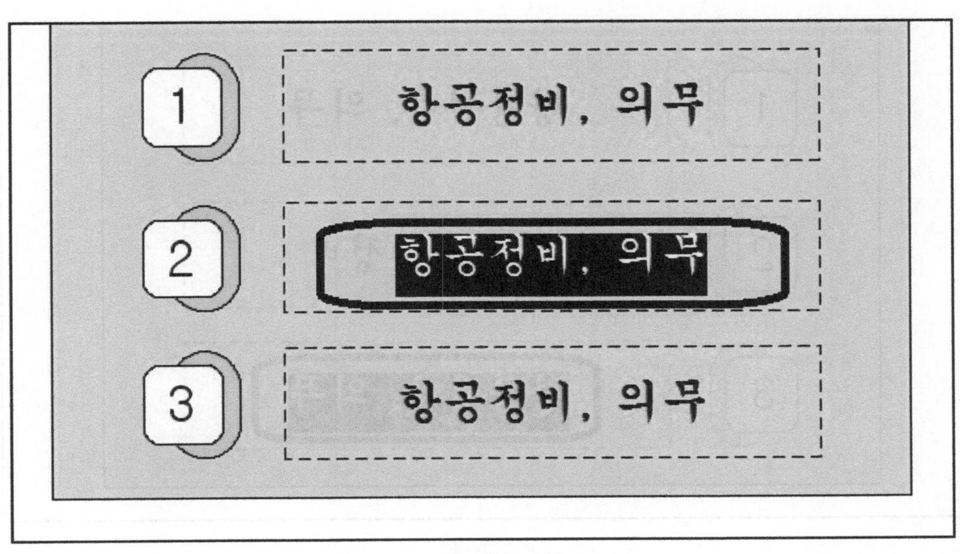

〈그림 86〉

〈그림 87〉과 같이 "특수통신정비"를 입력한다.

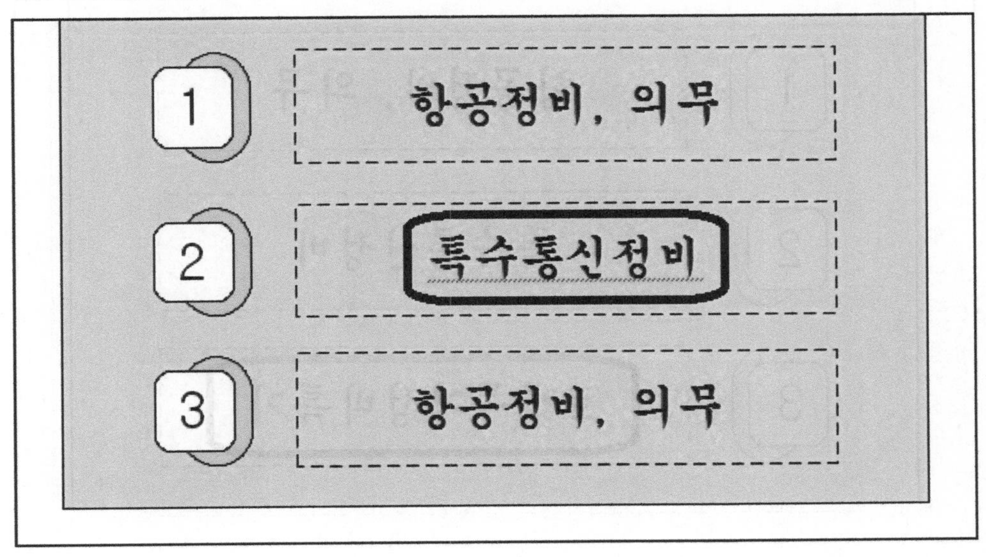

〈그림 87〉

〈그림 88〉과 같이 사각형이 가리키는 위치를 블록 지정한다.

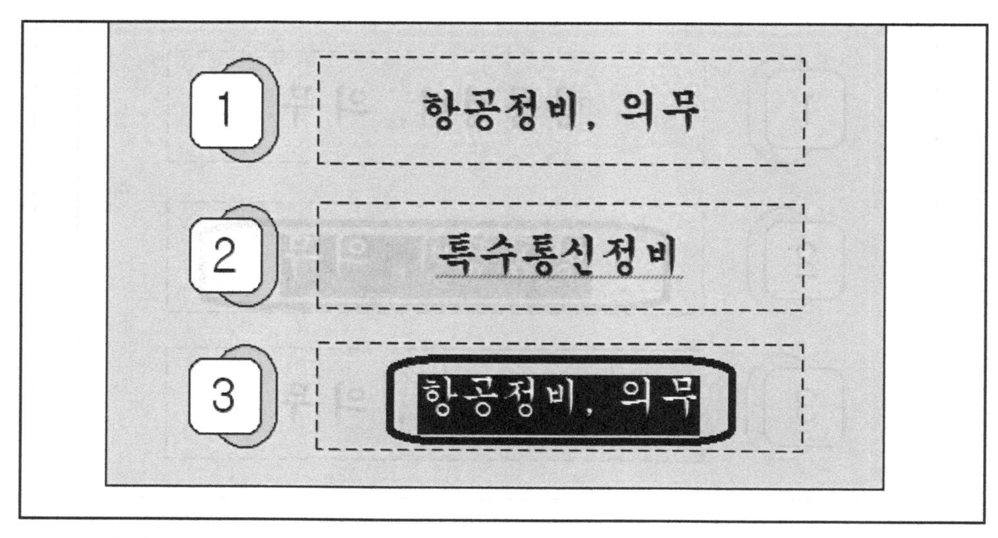

〈그림 88〉

〈그림 89〉와 같이 "로켓무기정비특기"을 입력한다.

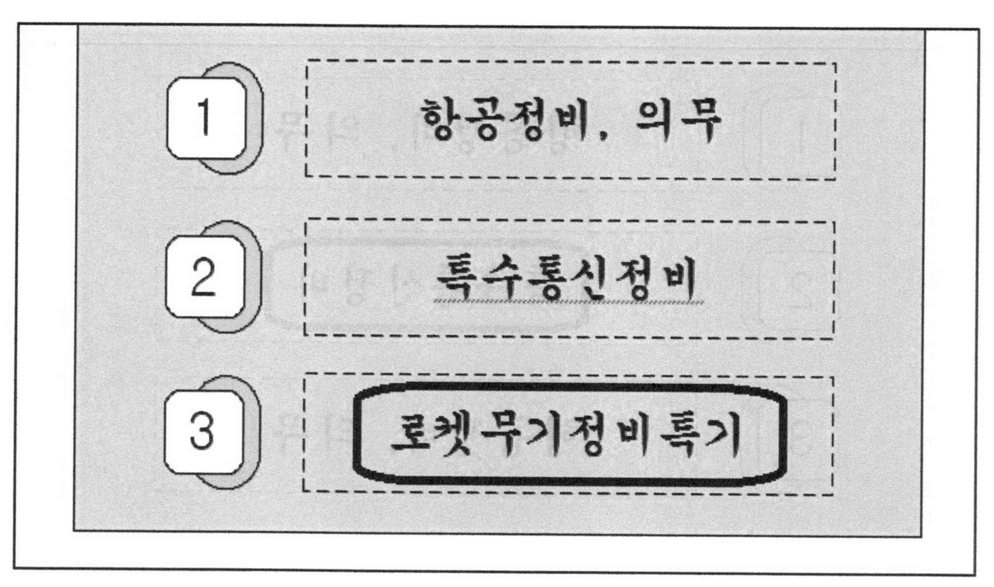

〈그림 89〉

〈그림 90〉과 같이 화살표가 가리키는 숫자 "2" 뒤에 있는 직사각형을 클릭한다.

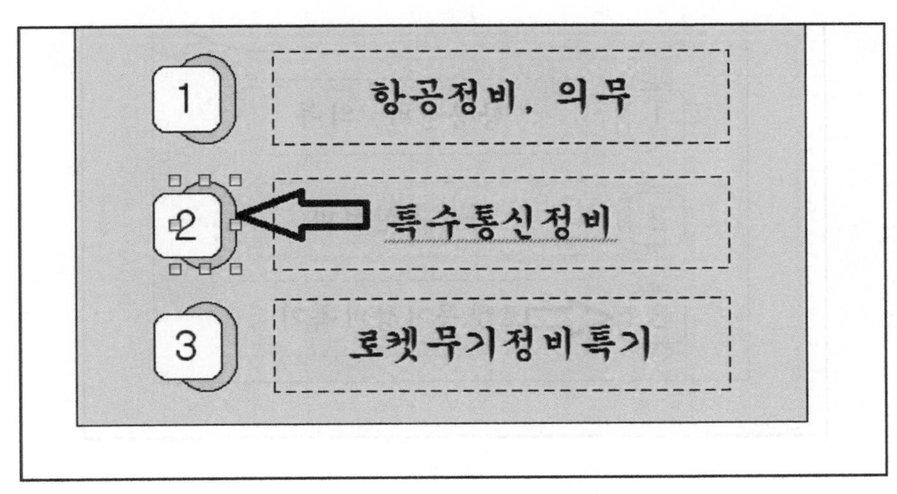

〈그림 90〉

〈그림 91〉과 같이 "바다색 60% 밝게"를 클릭한다.

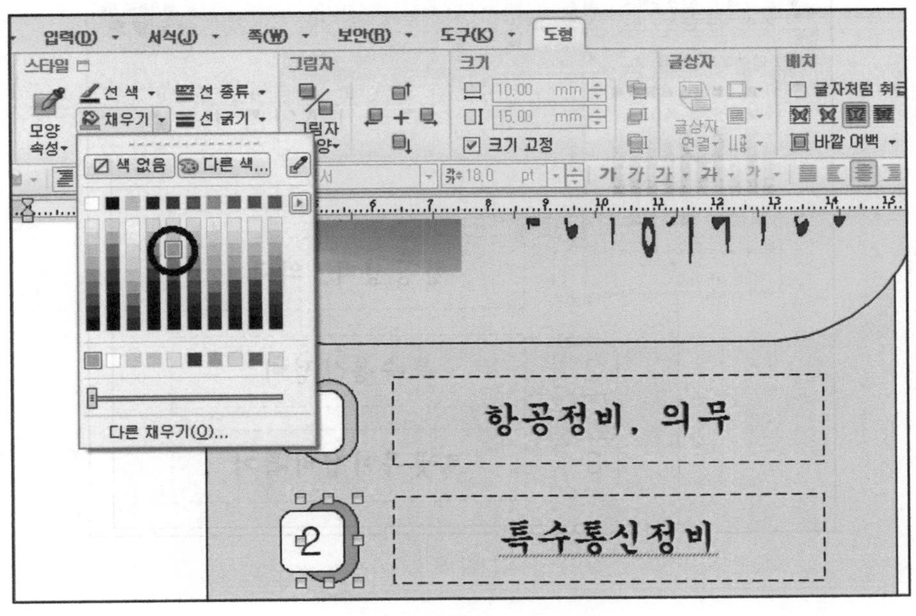

〈그림 91〉

〈그림 92〉와 같이 화살표가 가리키는 숫자 “3” 뒤에 있는 직사각형을 클릭한다.

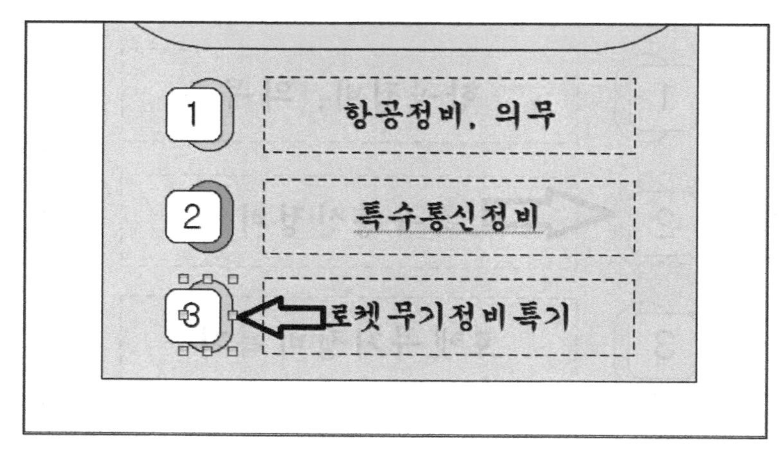

〈그림 92〉

〈그림 93〉과 같이 “바다색 40% 밝게”를 클릭한다.

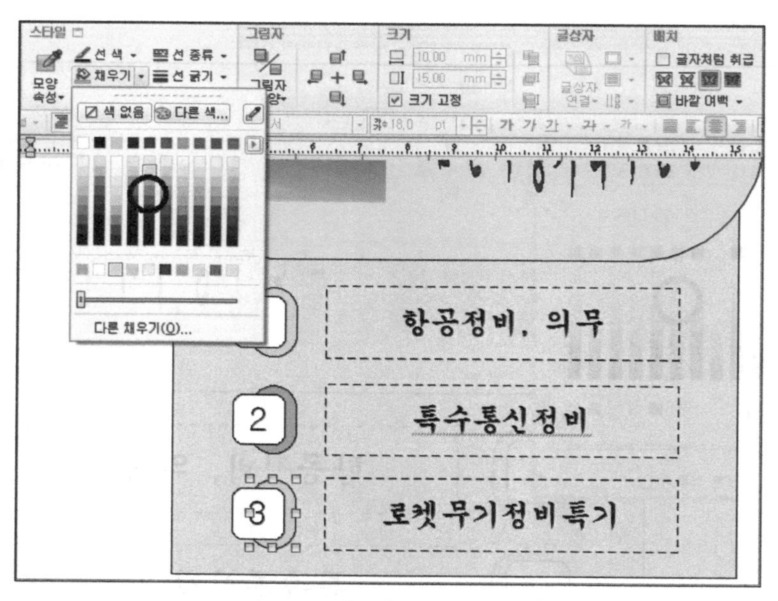

〈그림 93〉

파일 이름은 “10장_5”라고 저장한다. 이상으로 10장의 실습을 모두 마친다.

11

CHAPTER

표 작업하기

11.1 표 작성하기

11.2 계산기능 이용한 합계 계산하기

11.3 캡션 기능 사용하기

이번 장에서는 표 작성하기, 계산기능 이용한 합계 계산하기, 캡션 기능 사용하기에 대해 알아본다.

표 작성하기에서는 표를 작성한 다음, “셀 테두리 모양”에 “이중실선”을 적용하고 “셀 배경 색”을 노랑 색으로 적용한다. 작성된 테이블은 아래와 같다.

연 도	병 장	상 병	일 병	이 병	합계
2015년	171,400	154,800	140,000	129,400	
2016년	197,000	178,000	161,000	148,800	
2017년	216,000	195,000	176,400	163,000	
2018년	405,700	366,200	331,300	306,100	

계산기능 이용한 합계 계산하기에서는 합계를 계산할 표의 셀 부분을 블록 지정한다. “표/표 편집/계산식” 아래의 “블록 계산식” 아래의 “블록 합계”를 적용하여 합계를 계산한 결과는 아래와 같다.

연 도	병 장	상 병	일 병	이 병	합계
2015년	171,400	154,800	140,000	129,400	595,600
2016년	197,000	178,000	161,000	148,800	684,800
2017년	216,000	195,000	176,400	163,000	750,400
2018년	405,700	366,200	331,300	306,100	

캡션기능 사용하기에서는 리본메뉴 중 “캡션”을 이용해 작업한다. 캡션을 클릭하면 나타나는 옵션 중 “위”를 이용한다. “병사 봉급 변화 추이(단위 : 원)”을 입력하고 “오른쪽 정렬”을 적용해 캡션이 완성된 결과는 아래와 같다.

병사 봉급 변화 추이(단위 : 원)

연 도	병 장	상 병	일 병	이 병	합계
2015년	171,400	154,800	140,000	129,400	595,600
2016년	197,000	178,000	161,000	148,800	684,800
2017년	216,000	195,000	176,400	163,000	750,400
2018년	405,700	366,200	331,300	306,100	

11.1 표 작성하기

새 문서에서 작업하기로 한다. 〈그림 1〉과 같이 "표" 아이콘을 클릭한다.

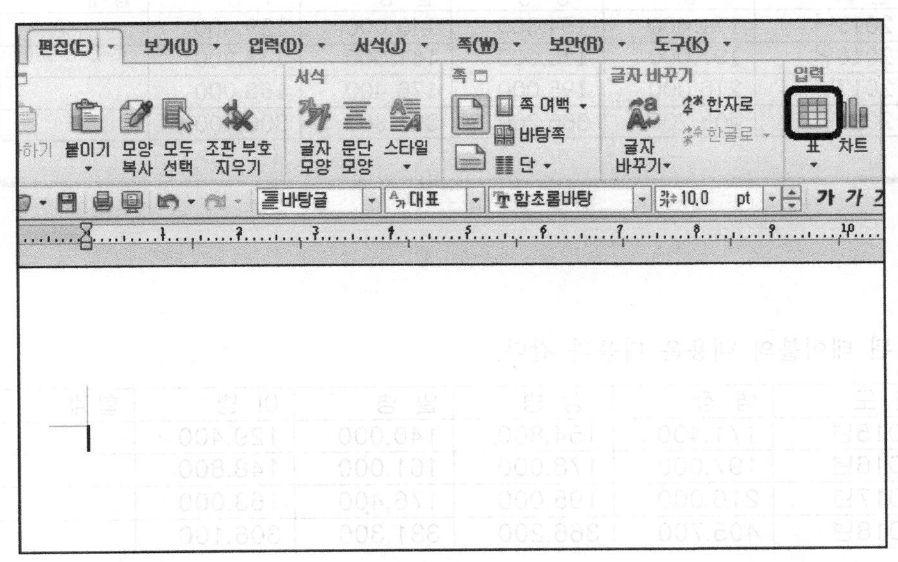

〈그림 1〉

〈그림 2〉와 같이 "5"와 "6"을 입력한 다음, "만들기"를 클릭한다.

〈그림 2〉

〈그림 3〉과 같이 입력한다.

연 도	병 장	상 병	일 병	이 병	합계
2015년	171,400	154,800	140,000	129,400	
2016년	197,000	178,000	161,000	148,800	
2017년	216,000	195,000	176,400	163,000	
2018년	405,700	366,200	331,300	306,100	

〈그림 3〉

입력된 테이블의 내용은 다음과 같다.

연 도	병 장	상 병	일 병	이 병	합계
2015년	171,400	154,800	140,000	129,400	
2016년	197,000	178,000	161,000	148,800	
2017년	216,000	195,000	176,400	163,000	
2018년	405,700	366,200	331,300	306,100	

〈그림 4〉와 같이 모든 셀 내용을 마우스로 드래그 하여 블록 지정한다.

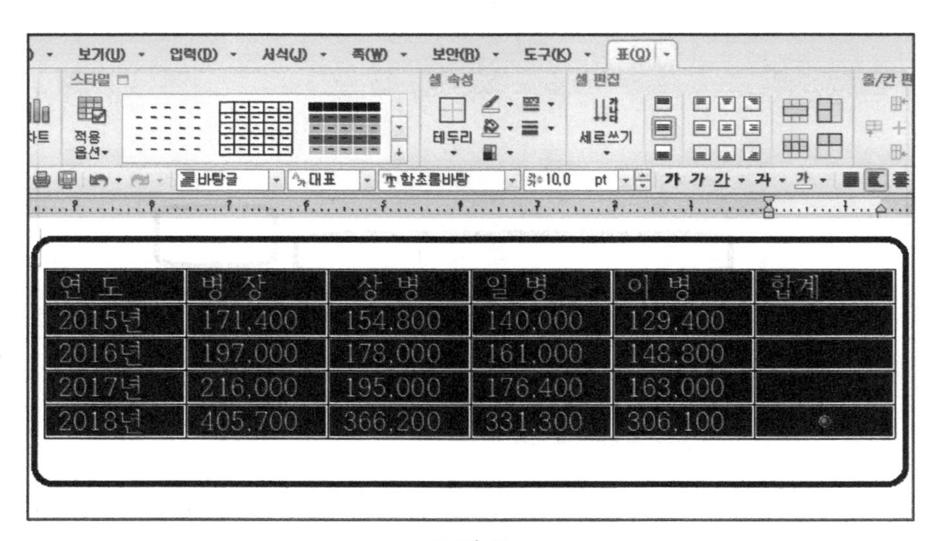

연 도	병 장	상 병	일 병	이 병	합계
2015년	171,400	154,800	140,000	129,400	
2016년	197,000	178,000	161,000	148,800	
2017년	216,000	195,000	176,400	163,000	
2018년	405,700	366,200	331,300	306,100	

〈그림 4〉

〈그림 5〉와 같이 사각형이 가리키는 "테두리"를 클릭한 다음, 바로 아래의 첫 번째 "바깥쪽 모두"를 클릭한다.

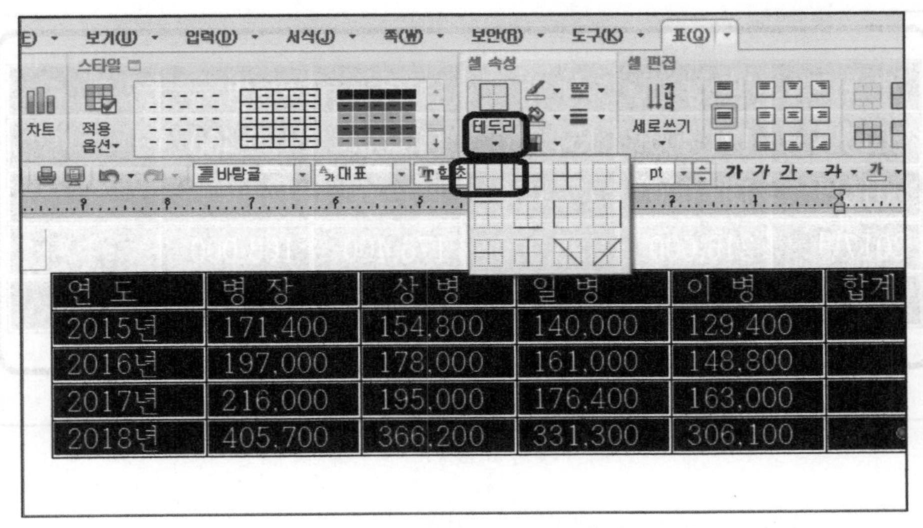

〈그림 5〉

〈그림 6〉과 같이 "셀 테두리 모양"을 클릭한 다음, "이중실선"을 클릭한다.

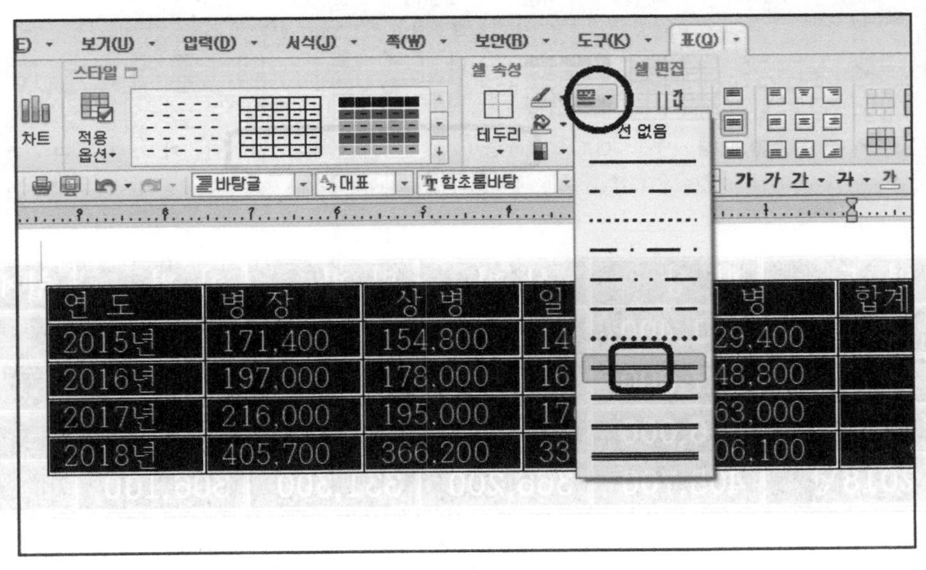

〈그림 6〉

"Ctrl키"를 누른 상태에서 키보드의 "아래쪽 방향 화살표 키"를 한번 눌러 〈그림 7〉과 같이 테이블 행의 간격을 늘려준다.

연 도	병 장	상 병	일 병	이 병	합계
2015년	171,400	154,800	140,000	129,400	
2016년	197,000	178,000	161,000	148,800	
2017년	216,000	195,000	176,400	163,000	
2018년	405,700	366,200	331,300	306,100	

〈그림 7〉

〈그림 8〉과 같이 "궁서"를 입력한 다음, 엔터키를 누른다. 이어서, "10"을 입력한 다음, 엔터키를 누른다.

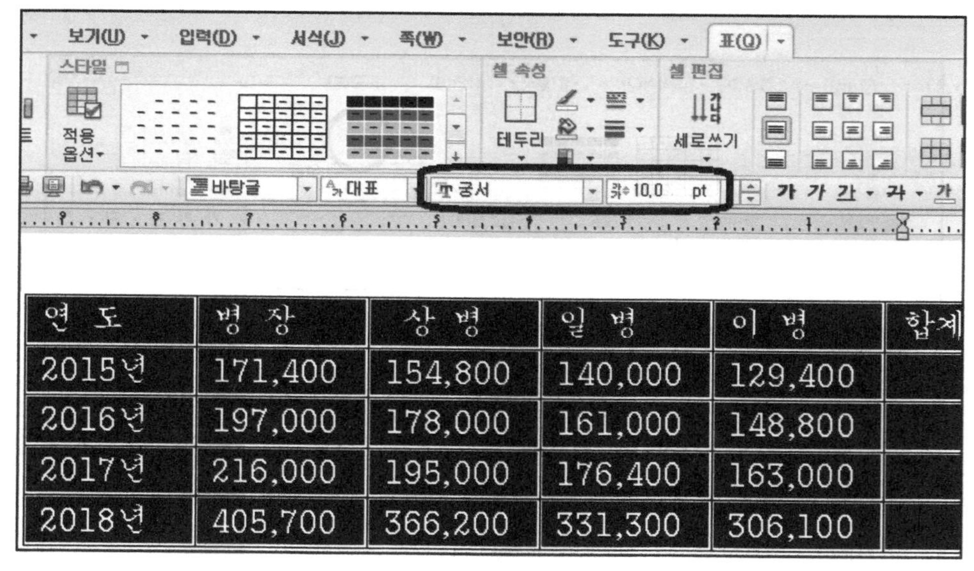

연 도	병 장	상 병	일 병	이 병	합계
2015년	171,400	154,800	140,000	129,400	
2016년	197,000	178,000	161,000	148,800	
2017년	216,000	195,000	176,400	163,000	
2018년	405,700	366,200	331,300	306,100	

〈그림 8〉

〈그림 9〉와 같이 "가운데 정렬"을 클릭한다.

병 장	상 병	일 병	이 병	합계
171,400	154,800	140,000	129,400	
197,000	178,000	161,000	148,800	
216,000	195,000	176,400	163,000	
405,700	366,200	331,300	306,100	

〈그림 9〉

〈그림 10〉과 같이 원이 가리키는 화면의 빈 공간을 클릭한다.

연 도	병 장	상 병	일 병	이 병	합계
2015년	171,400	154,800	140,000	129,400	
2016년	197,000	178,000	161,000	148,800	
2017년	216,000	195,000	176,400	163,000	
2018년	405,700	366,200	331,300	306,100	

〈그림 10〉

〈그림 11〉과 같이 첫 번째 행을 마우스로 드래그 하여 블록 지정한다.

병 장	상 병	일 병	이 병	합계
171,400	154,800	140,000	129,400	
197,000	178,000	161,000	148,800	
216,000	195,000	176,400	163,000	
405,700	366,200	331,300	306,100	

〈그림 11〉

〈그림 12〉와 같이 "테두리"를 클릭한다.

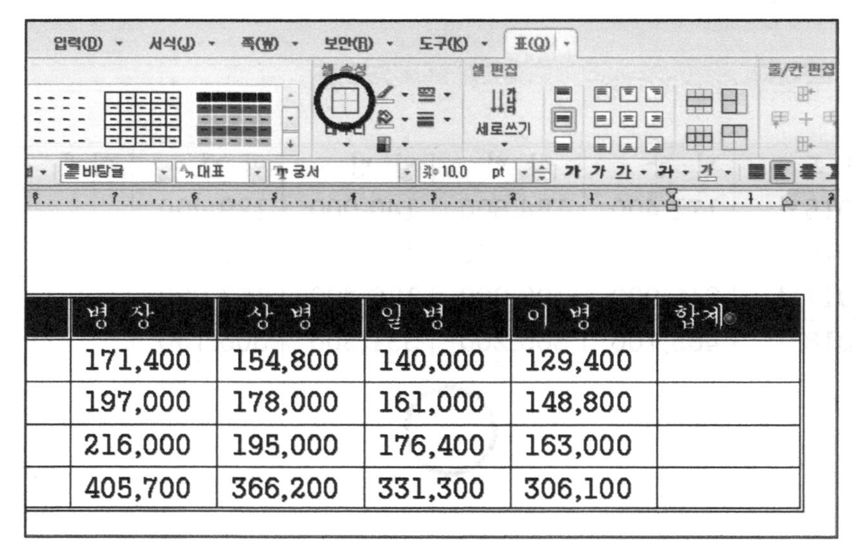

〈그림 12〉

〈그림 13〉과 같이 원이 가리키고 있는 화면 빈 곳을 클릭한 다음, 사각형이 가리키는 위치를 블록 지정한다.

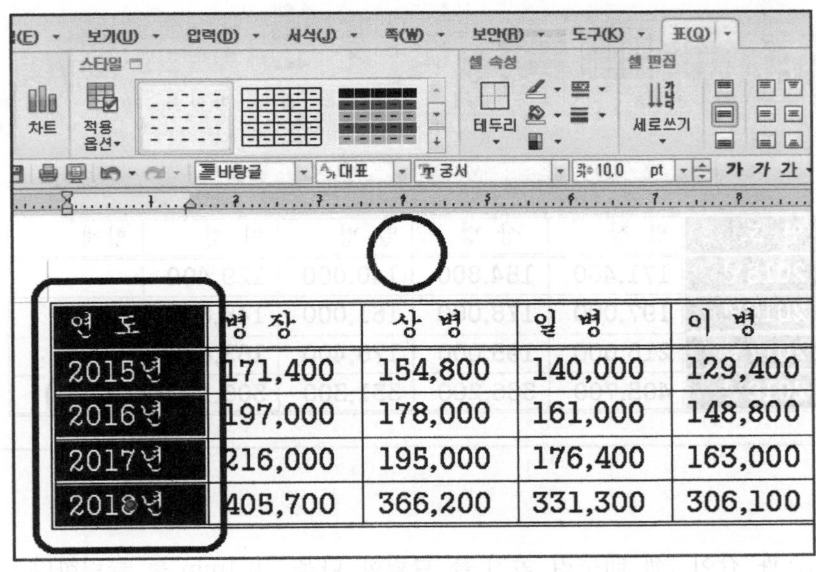

연 도	병 장	상 병	일 병	이 병
2015년	171,400	154,800	140,000	129,400
2016년	197,000	178,000	161,000	148,800
2017년	216,000	195,000	176,400	163,000
2018년	405,700	366,200	331,300	306,100

〈그림 13〉

〈그림 14〉와 같이 "테두리"를 클릭한다.

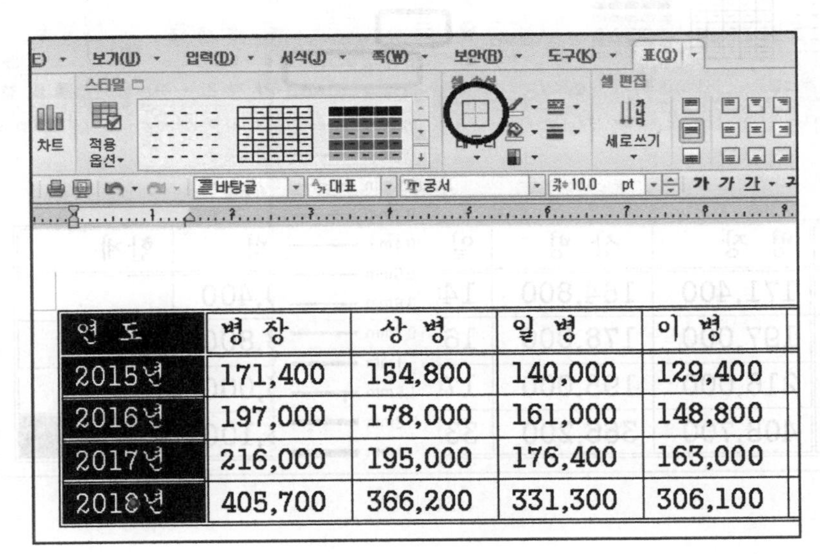

연 도	병 장	상 병	일 병	이 병
2015년	171,400	154,800	140,000	129,400
2016년	197,000	178,000	161,000	148,800
2017년	216,000	195,000	176,400	163,000
2018년	405,700	366,200	331,300	306,100

〈그림 14〉

〈그림 15〉와 같이 원이 가리키는 셀을 클릭한다.

보기(U) 입력(D) 서식(J) 쪽(W) 보안(R) 도구(K) 표(Q)
스타일 셀 속성 셀 편집 줄/칸 편집
차트 적용 옵션 테두리 세로쓰기
바탕글 대표 궁서 10.0 pt 가 가 가 가 가

연 도	병 장	상 병	일 병	이 병	합계
2015년	171,400	154,800	140,000	129,400	
2016년	197,000	178,000	161,000	148,800	
2017년	216,000	195,000	176,400	163,000	
2018년	405,700	366,200	331,300	306,100	

〈그림 15〉

〈그림 16〉과 같이 "셀 테두리 굵기"를 클릭한 다음, "0.1mm"를 클릭한다.

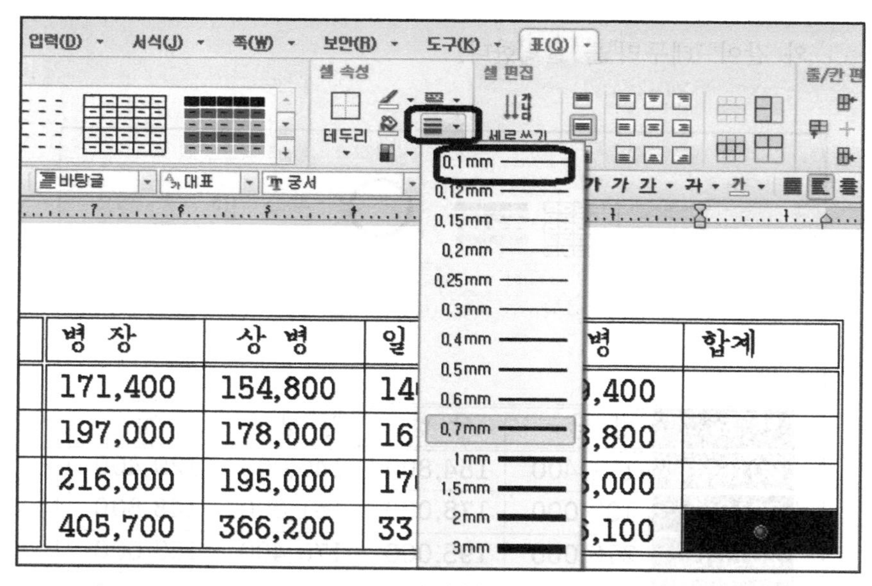

〈그림 16〉

〈그림 17〉과 같이 "테두리"를 클릭한 다음, 원이 가리키는 위치를 클릭한다.

병 장	상 병	일 병	이 병	합계
171,400	154,800	140,000	129,400	
197,000	178,000	161,000	148,800	
216,000	195,000	176,400	163,000	
405,700	366,200	331,300	306,100	

〈그림 17〉

〈그림 18〉과 같이 "테두리"를 클릭한 다음, 원이 가리키는 위치를 클릭한다.

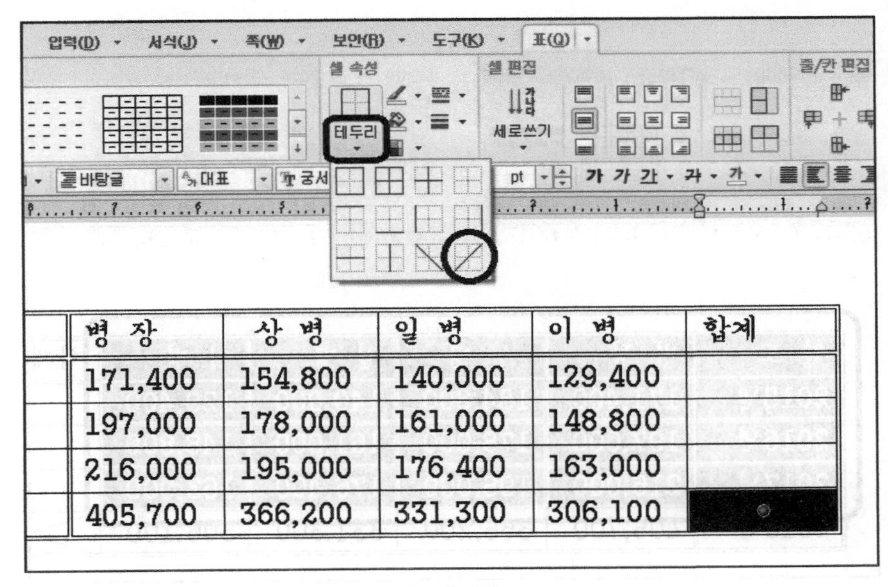

병 장	상 병	일 병	이 병	합계
171,400	154,800	140,000	129,400	
197,000	178,000	161,000	148,800	
216,000	195,000	176,400	163,000	
405,700	366,200	331,300	306,100	

〈그림 18〉

〈그림 19〉와 같이 "숫자"에 해당하는 부분에 대한 정렬을 하기위해 블록 지정한 다음, 원이 가리키는 "오른쪽 정렬"을 클릭한다.

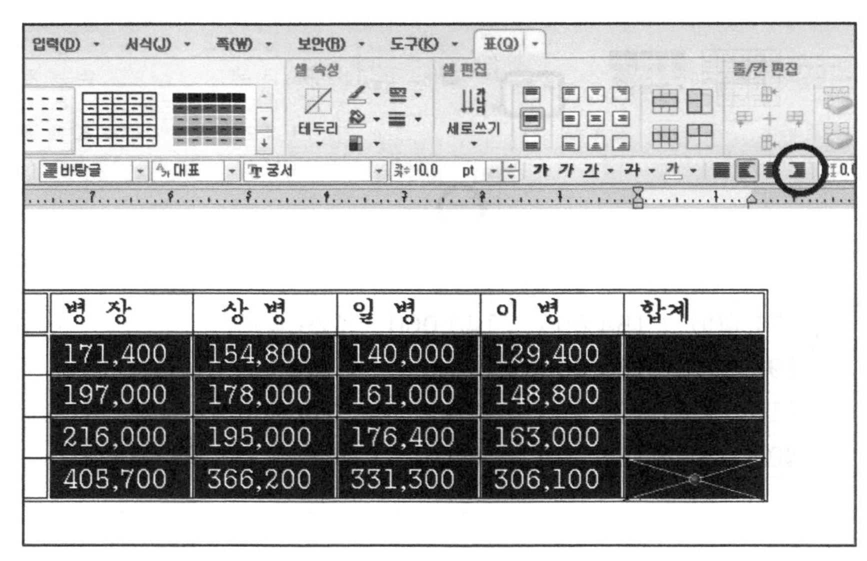

〈그림 19〉

〈그림 20〉과 같이 사각형으로 표시한 위치를 블록 지정한다.

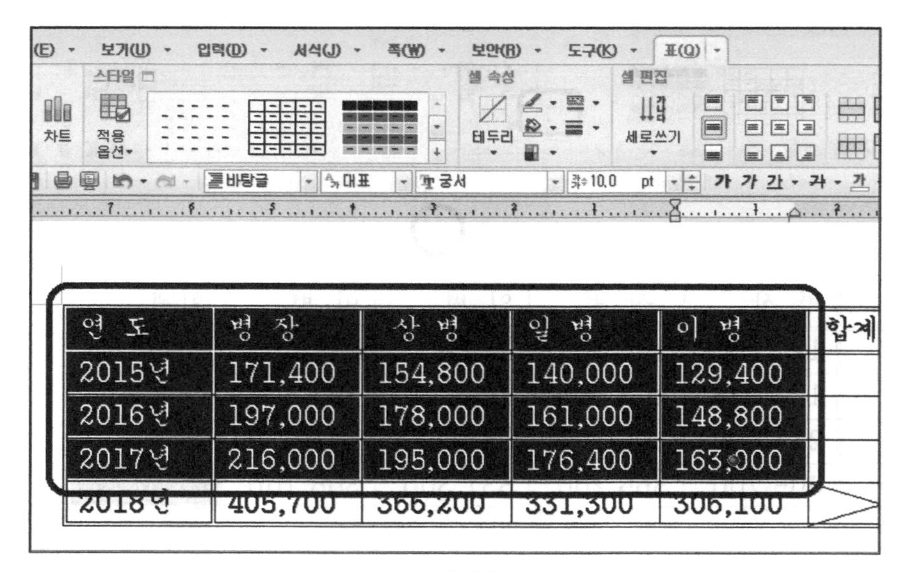

〈그림 20〉

〈그림 21〉과 같이 사각형이 가리키는 위치를 블록 지정한다.

연 도	병 장	상 병	일 병	이 병
2015년	171,400	154,800	140,000	129,400
2016년	197,000	178,000	161,000	148,800
2017년	216,000	195,000	176,400	163,000
2018년	405,700	366,200	331,300	306,100

〈그림 21〉

〈그림 22〉와 같이 "셀 배경 색"을 클릭한다.

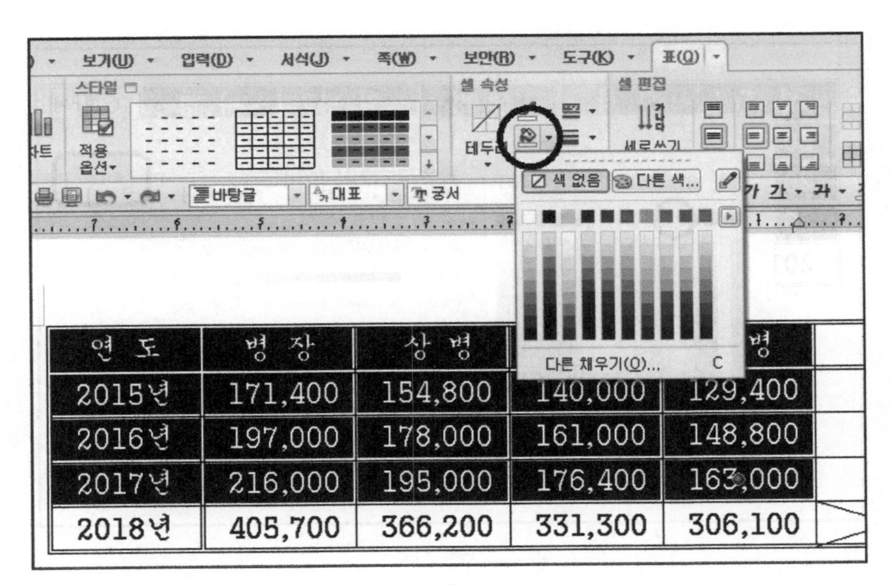

〈그림 22〉

〈그림 23〉과 같이 "다른 색"을 클릭한다.

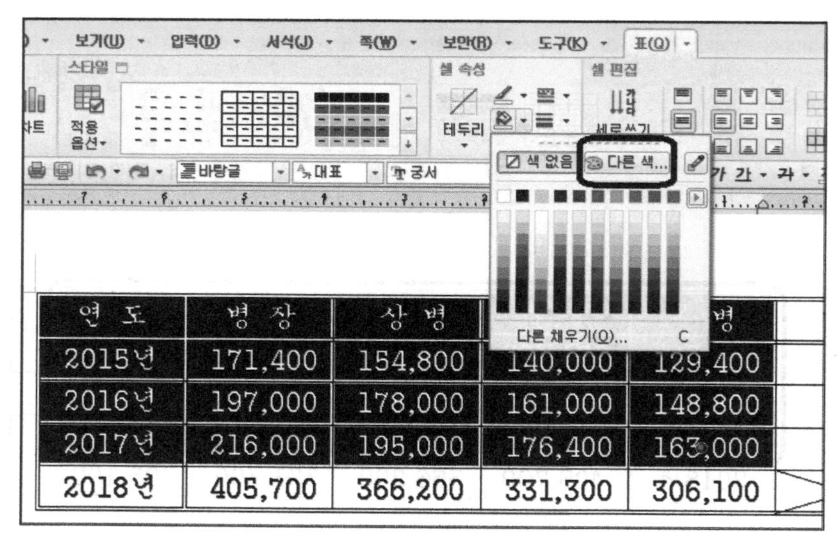

〈그림 23〉

〈그림 24〉와 같이 원이 가리키는 "노랑색"을 선택 한 다음, "설정"을 클릭한다.

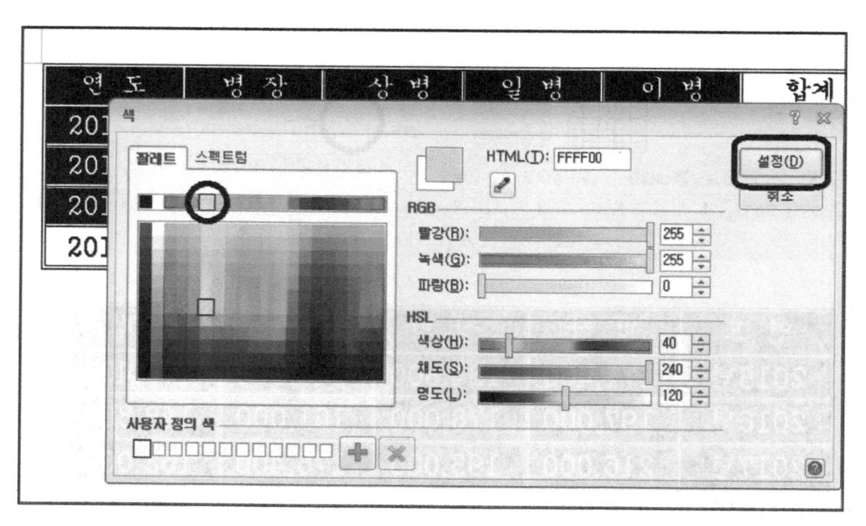

〈그림 24〉

〈그림 25〉와 같이 원이 가리키는 빈 공간을 클릭한다. 표의 색이 "노랑색" 으로 변경되었음을 알 수 있다.

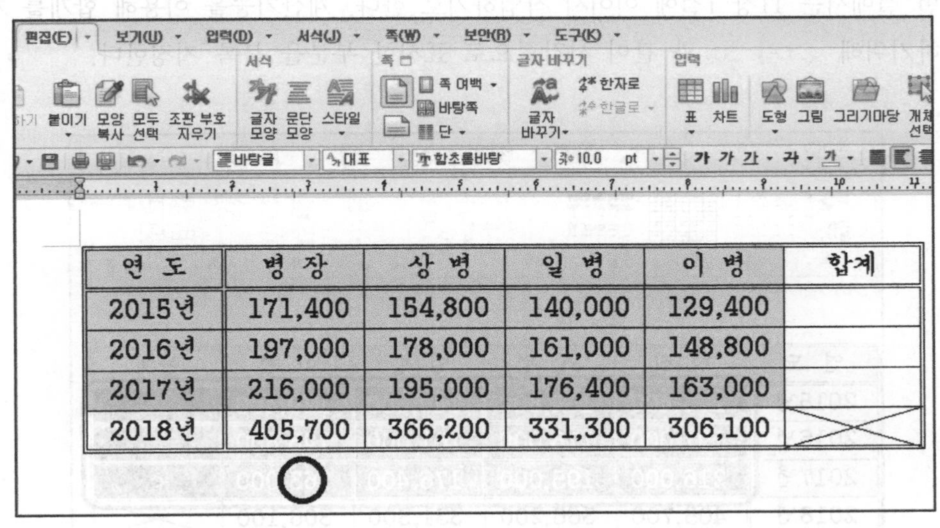

연 도	병 장	상 병	일 병	이 병	합계
2015년	171,400	154,800	140,000	129,400	
2016년	197,000	178,000	161,000	148,800	
2017년	216,000	195,000	176,400	163,000	
2018년	405,700	366,200	331,300	306,100	

〈그림 25〉

파일 이름은 "11장_1"이라고 저장한다. 이상으로 11장 1절의 실습을 마친다.

11.2 계산기능 이용한 합계 계산하기

이번 절에서는 11장 1절에 이어서 작업하기로 한다. 계산기능을 이용해 합계를 계산하기위해 〈그림 26〉과 같이 사각형으로 표시한 부분을 블록 지정한다.

연 도	병 장	상 병	일 병	이 병	합계
2015년	171,400	154,800	140,000	129,400	
2016년	197,000	178,000	161,000	148,800	
2017년	216,000	195,000	176,400	163,000	
2018년	405,700	366,200	331,300	306,100	

〈그림 26〉

〈그림 27〉과 같이 "표/표 편집/계산식" 아래의 "블록 계산식" 아래의 "블록 합계"를 클릭한다.

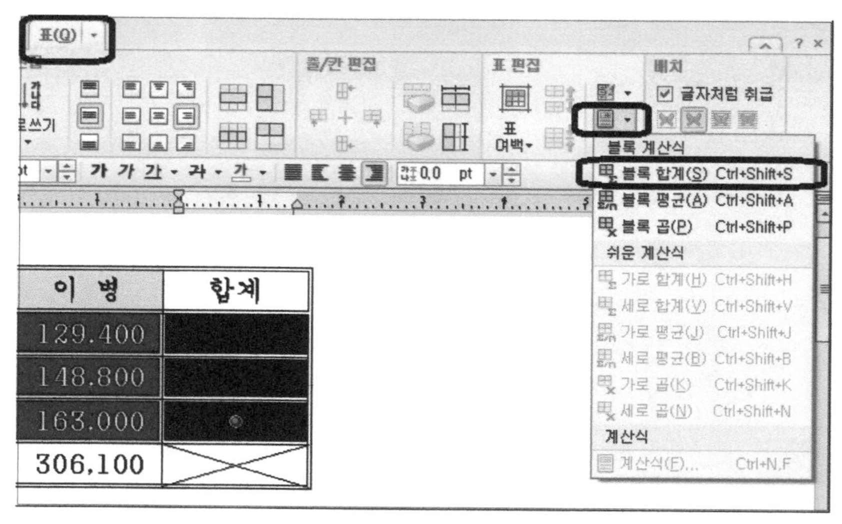

〈그림 27〉

블록을 해제하기위해 작업 중인 화면의 빈 공간을 클릭한다. 합계가 계산된 결과는 〈그림 28〉과 같다.

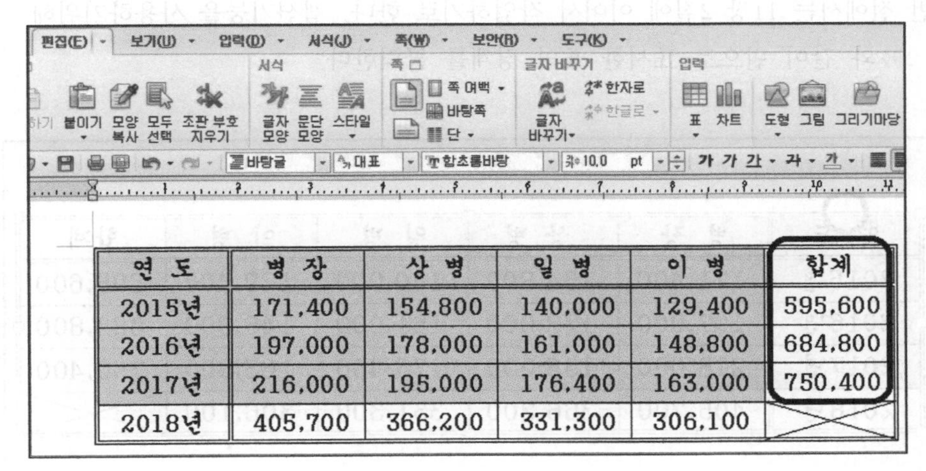

연 도	병 장	상 병	일 병	이 병	합계
2015년	171,400	154,800	140,000	129,400	595,600
2016년	197,000	178,000	161,000	148,800	684,800
2017년	216,000	195,000	176,400	163,000	750,400
2018년	405,700	366,200	331,300	306,100	

〈그림 28〉

파일 이름은 "11장_2"라고 저장한다. 이상으로 11장 2절의 실습을 마친다.

11.3 캡션 기능 사용하기

이번 절에서는 11장 2절에 이어서 작업하기로 한다. 캡션기능을 사용하기위해 〈그림 29〉와 같이 원으로 표시한 표의 경계를 클릭한다.

연 도	병 장	상 병	일 병	이 병	합계
2015년	171,400	154,800	140,000	129,400	595,600
2016년	197,000	178,000	161,000	148,800	684,800
2017년	216,000	195,000	176,400	163,000	750,400
2018년	405,700	366,200	331,300	306,100	

〈그림 29〉

〈그림 30〉과 같이 타원으로 표시한 "캡션"을 클릭한 다음, 화살표가 가리키는 "위"를 클릭한다.

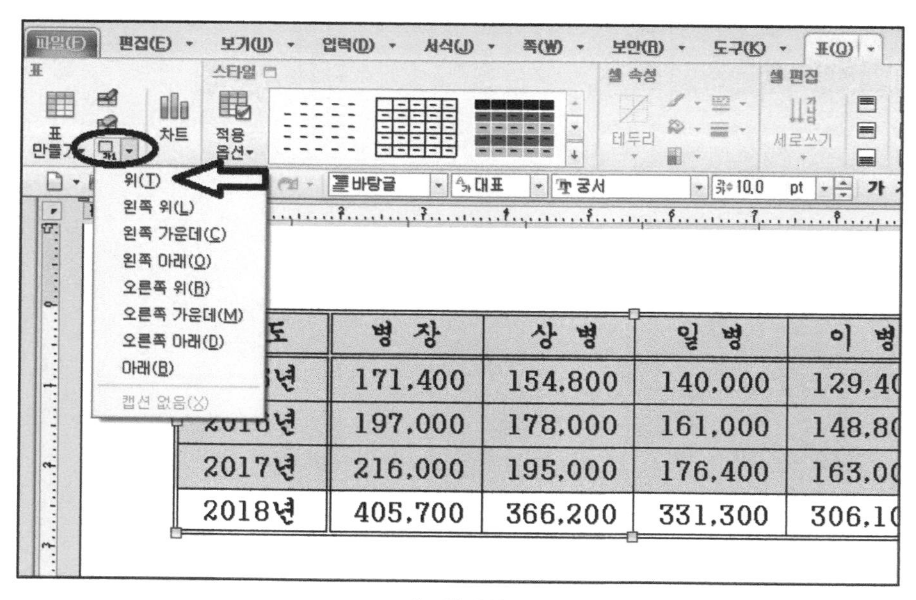

〈그림 30〉

〈그림 31〉과 같이 "표 1"을 블록 지정한다.

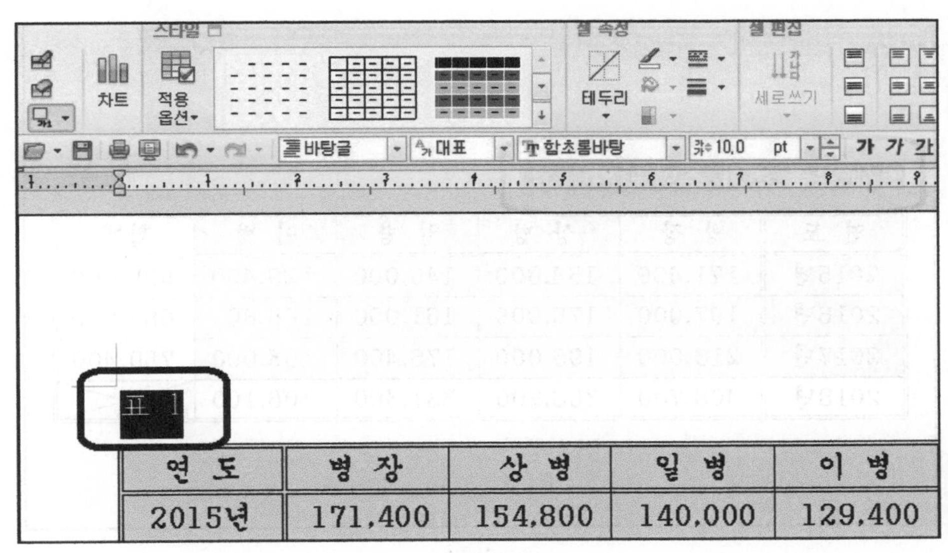

〈그림 31〉

〈그림 32〉와 같이 "병사 봉급 변화 추이(단위 : 원)"을 입력한다.

병사 봉급 변화 추이(단위 : 원)

연 도	병 장	상 병	일 병	이 병	합계
2015년	171,400	154,800	140,000	129,400	595,600
2016년	197,000	178,000	161,000	148,800	684,800
2017년	216,000	195,000	176,400	163,000	750,400
2018년	405,700	366,200	331,300	306,100	

〈그림 32〉

〈그림 33〉과 같이 입력한 내용을 블록 지정한다.

병사 봉급 변화 추이(단위 : 원)

연 도	병 장	상 병	일 병	이 병	합계
2015년	171,400	154,800	140,000	129,400	595,600
2016년	197,000	178,000	161,000	148,800	684,800
2017년	216,000	195,000	176,400	163,000	750,400
2018년	405,700	366,200	331,300	306,100	

〈그림 33〉

〈그림 34〉와 같이 "궁서"와 "10"을 작성한다.

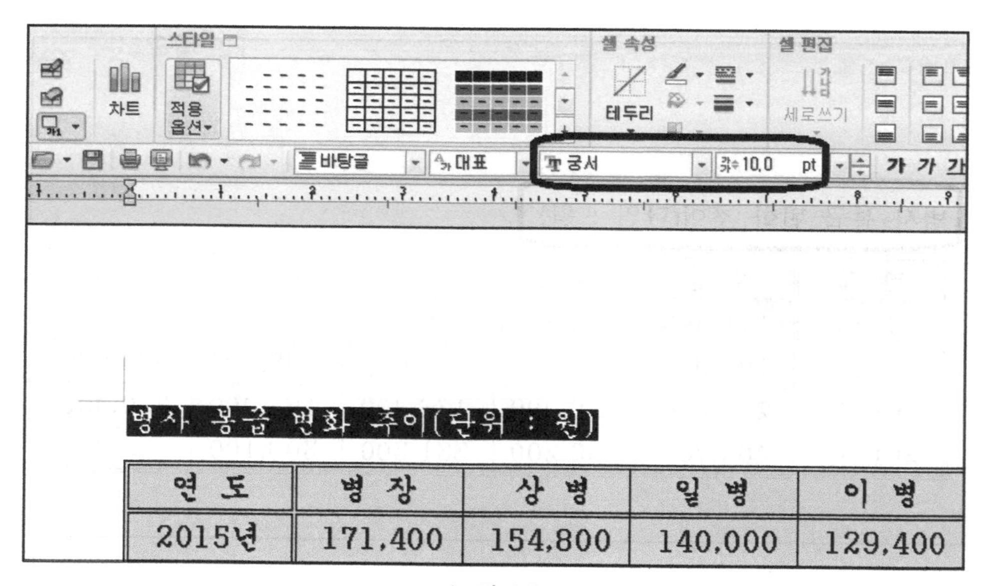

〈그림 34〉

〈그림 35〉와 같이 원이 가리키는 "오른쪽 정렬"을 클릭한다.

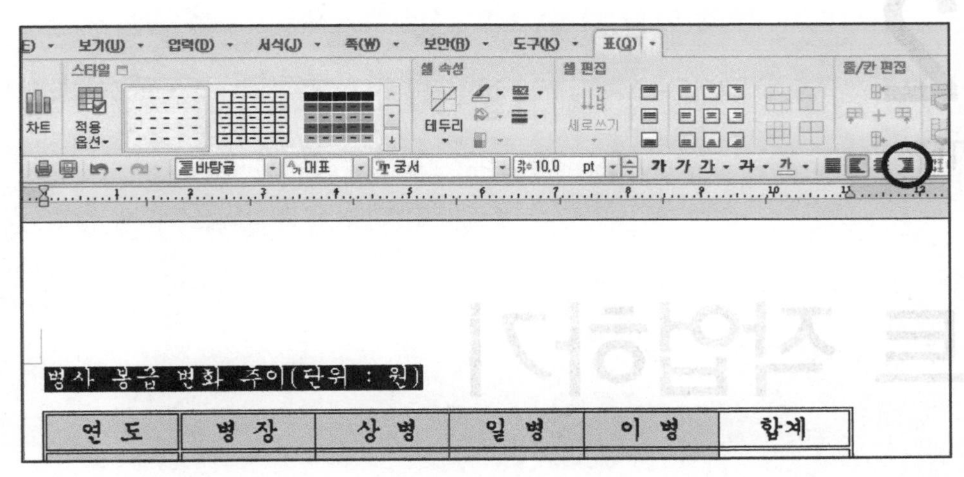

〈그림 35〉

작업화면의 빈 공간을 클릭한다. 캡션이 완성된 결과는 〈그림 36〉과 같다.

병사 봉급 변화 추이(단위 : 원)

연 도	병 장	상 병	일 병	이 병	합계
2015년	171,400	154,800	140,000	129,400	595,600
2016년	197,000	178,000	161,000	148,800	684,800
2017년	216,000	195,000	176,400	163,000	750,400
2018년	405,700	366,200	331,300	306,100	

〈그림 36〉

파일 이름은 "11장_3"이라고 저장한다. 이상으로 11장의 실습을 모두 마친다.

12
CHAPTER

차트 작업하기

이번 장에서는 차트(Chart)를 작성하는 방법에 대해 알아본다. 아래에 작성된 차트의 종류는 묶은 가로 막대형이다. 묶은 가로 막대형에서 차트 방향은 행 방향과 열 방향이 있다. 행 방향의 차트는 표의 첫째 행 값(예를 들면 병장, 상병, 일병, 이병)이 x축(항목 값)으로 배열된다. 열 방향의 차트는 표의 첫째 열 값(예를 들면 2015년, 2016년, 2017년)이 x축(항목 값)으로 배열된다.

이 차트의 제목은 "병사 봉급 변화 추이"이고, 차트의 축 제목은 가로 방향 속성으로 설정된 (단위 : 원)이다. 이 차트의 x축은 세 개의 항목(2015년, 2016년, 2017년)으로 구성된다. y축은 봉급의 값들(5000 ~ 25000)로 구성된다. 이 차트에서, 계열 이름은 4개(병장, 상병, 일병, 이병)이고 항목 이름은 3개(2015년, 2016년, 2017년)이다.

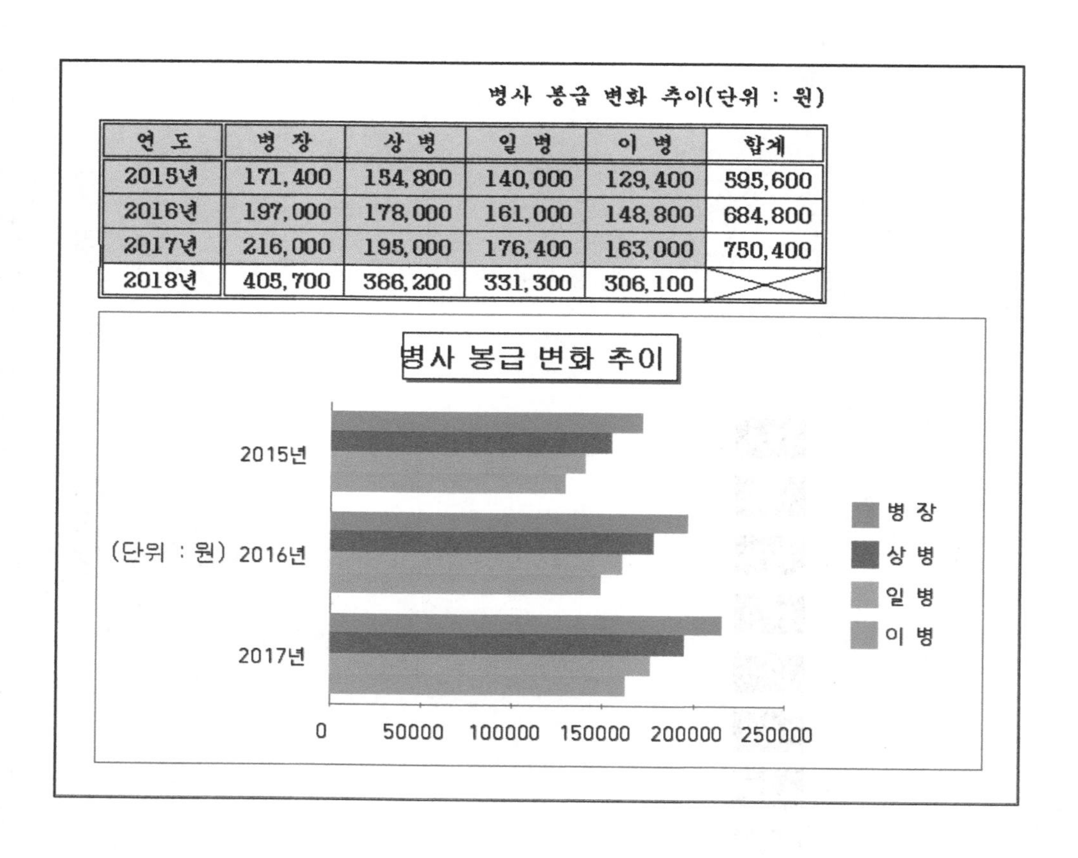

병사 봉급 변화 추이(단위 : 원)

연 도	병 장	상 병	일 병	이 병	합계
2015년	171,400	154,800	140,000	129,400	595,600
2016년	197,000	178,000	161,000	148,800	684,800
2017년	216,000	195,000	176,400	163,000	750,400
2018년	405,700	366,200	331,300	306,100	

12.1 차트 작성하기

11장에 이어서 작업하기로 한다. 11장에서 작성된 표를 이용해 차트를 작성한다. 〈그림 1〉과 같이 사각형에 포함되는 셀들을 드래그 하여 블록 지정한다.

병사 봉급 변화 추이(단위 : 원)

연 도	병 장	상 병	일 병	이 병	합계
2015년	171,400	154,800	140,000	129,400	595,600
2016년	197,000	178,000	161,000	148,800	684,800
2017년	216,000	195,000	176,400	163,000	750,400
2018년	405,700	366,200	331,300	306,100	

〈그림 1〉

〈그림 2〉와 같이 "차트"를 클릭한다.

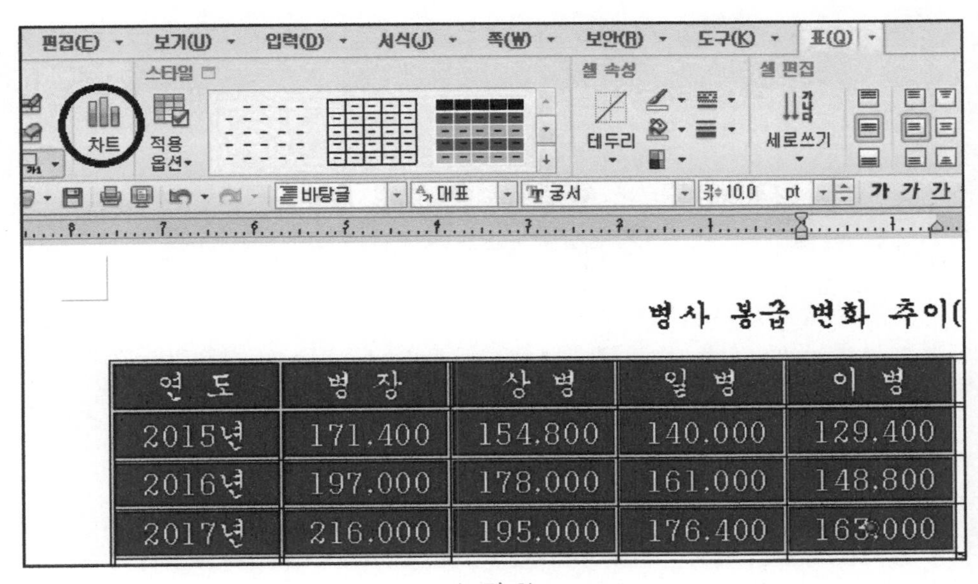

〈그림 2〉

완성된 차트는 〈그림 3〉과 같다.

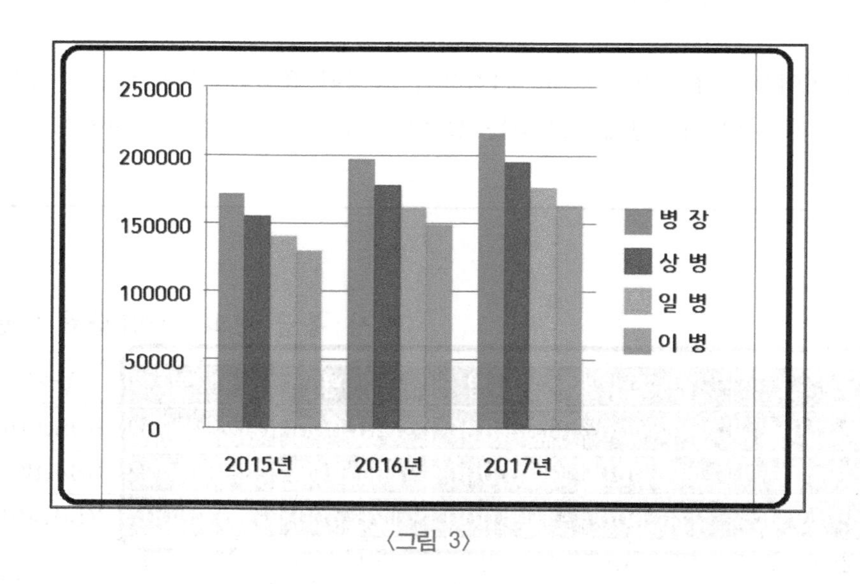

〈그림 3〉

파일 이름은 "12장_1"이라고 저장한다. 이상으로 12장 1절의 실습을 마친다.

12.2 차트 종류 설정하기

11장 1절에 이어서 작업하기로 한다. 〈그림 4〉와 같이 원이 가리키는 앞에서 작성한 차트 경계를 클릭한다.

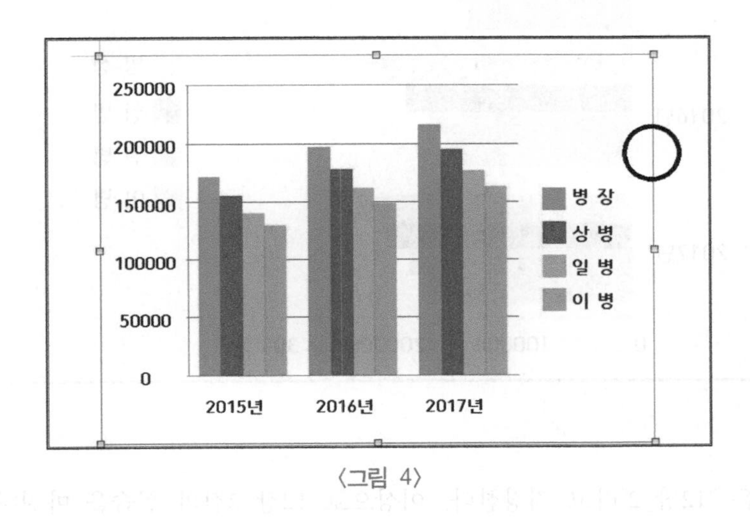

〈그림 4〉

〈그림 5〉와 같이 "가로 막대형" 아래의 "묶은 가로 막대형"을 클릭한다.

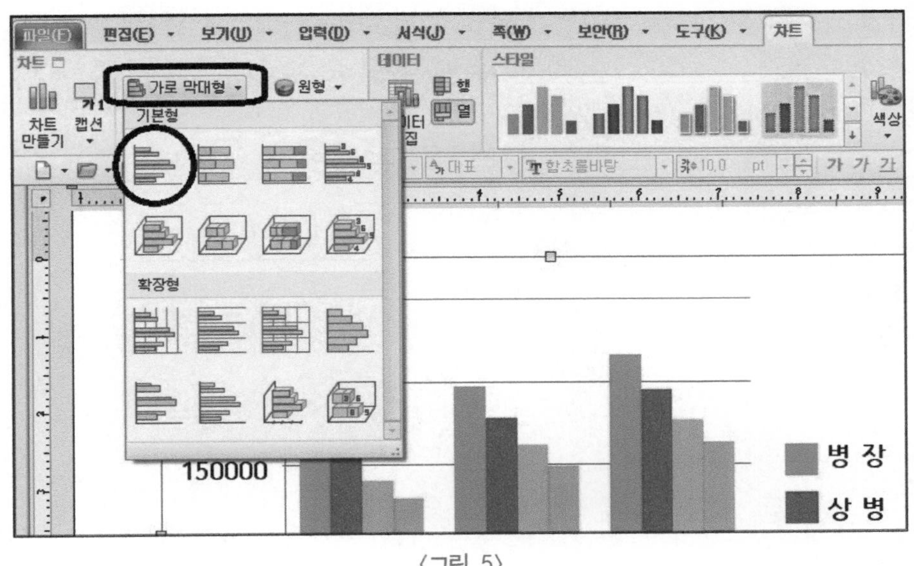

〈그림 5〉

결과는 〈그림 6〉과 같다.

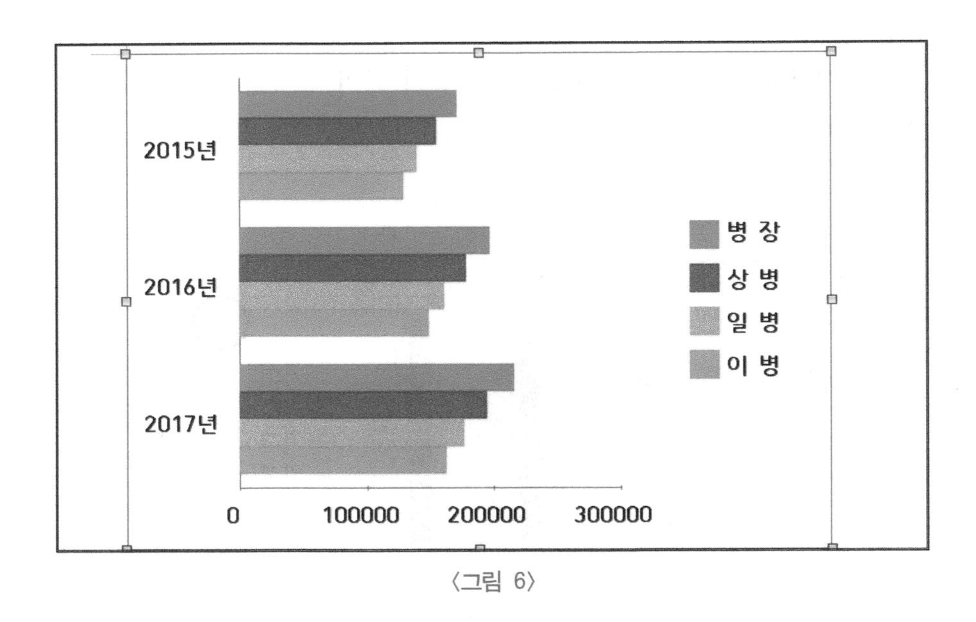

〈그림 6〉

파일 이름은 "12장_2"라고 저장한다. 이상으로 12장 2절의 실습을 마친다.

12.3 차트 제목 설정하기

11장 2절에 이어서 작업하기로 한다. 〈그림 7〉과 같이 "제목"을 클릭한 다음, "위쪽 표시"를 클릭한다.

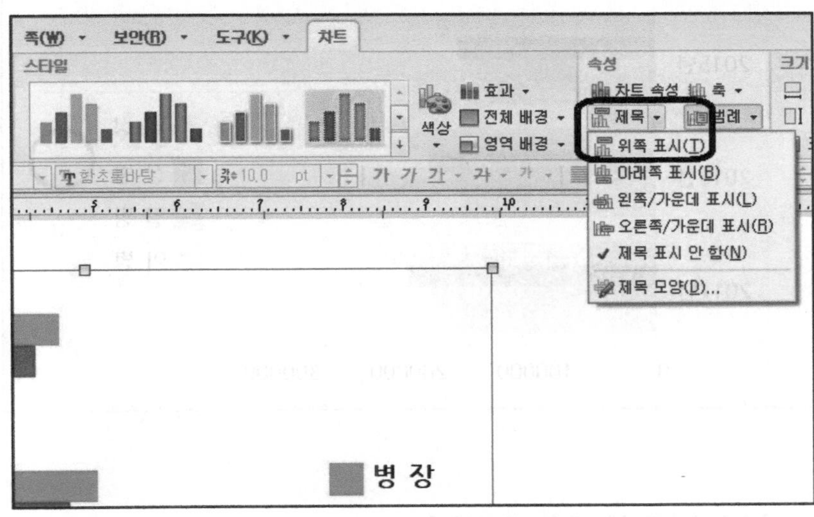

〈그림 7〉

〈그림 8〉과 같이 "차트 제목"을 더블 클릭한다.

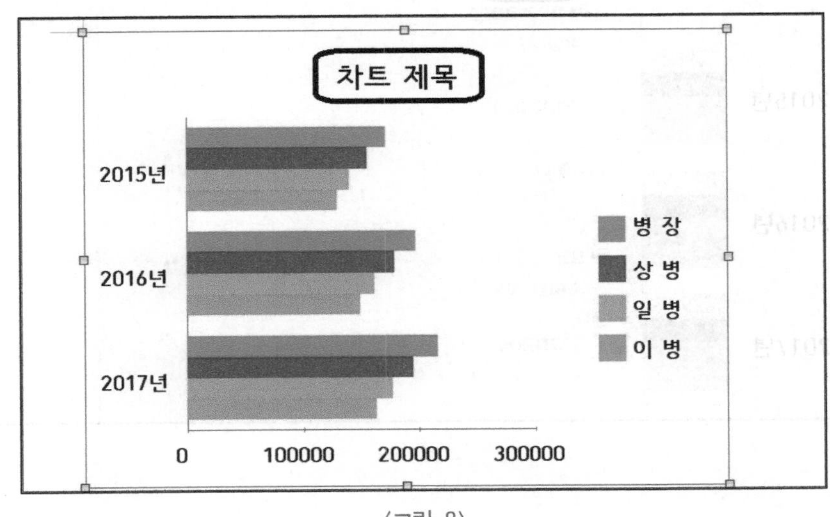

〈그림 8〉

〈그림 9〉와 같이 원이 가리키는 "제어 점"의 모양이 변경됨을 알 수 있다. "차트 제목"을 더블 클릭한다.

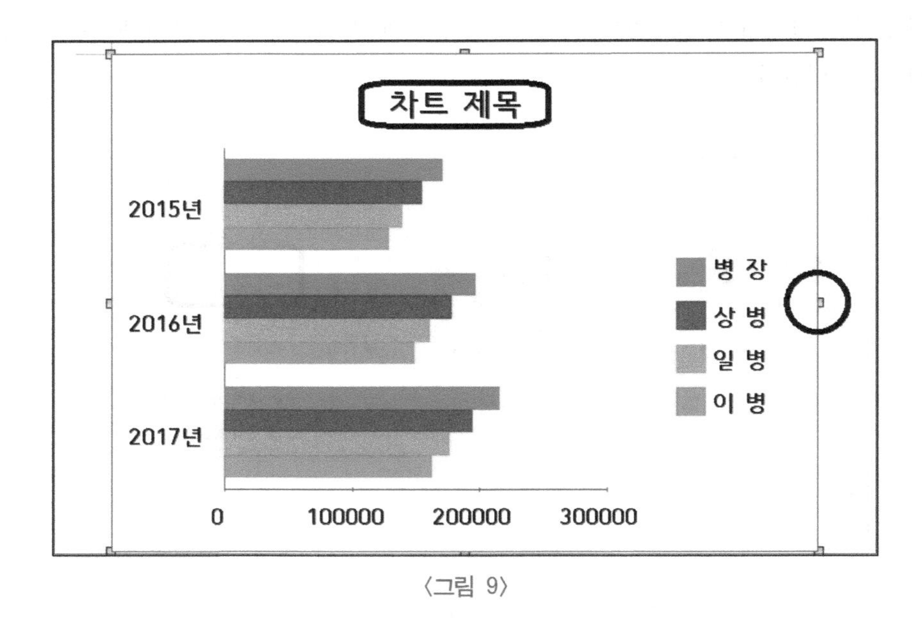

〈그림 9〉

〈그림 10〉과 같이 "글자" 탭을 클릭한다.

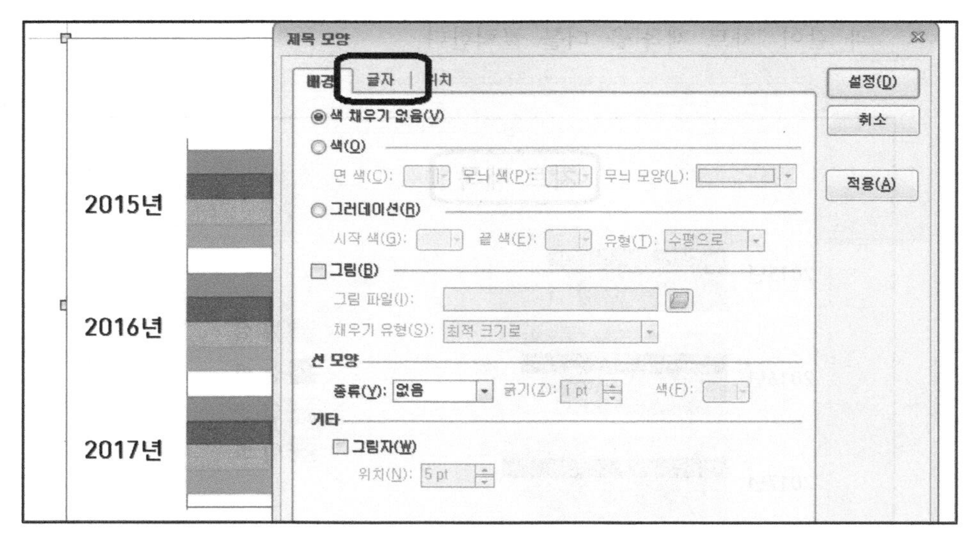

〈그림 10〉

〈그림 11〉과 같이 "병사 봉급 변화 추이"를 입력한 다음, 설정을 클릭한다.

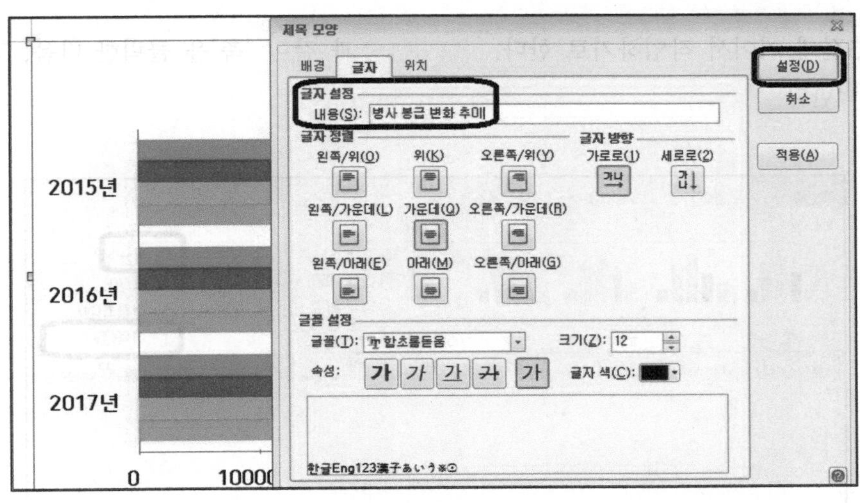

〈그림 11〉

결과는 〈그림 12〉와 같다.

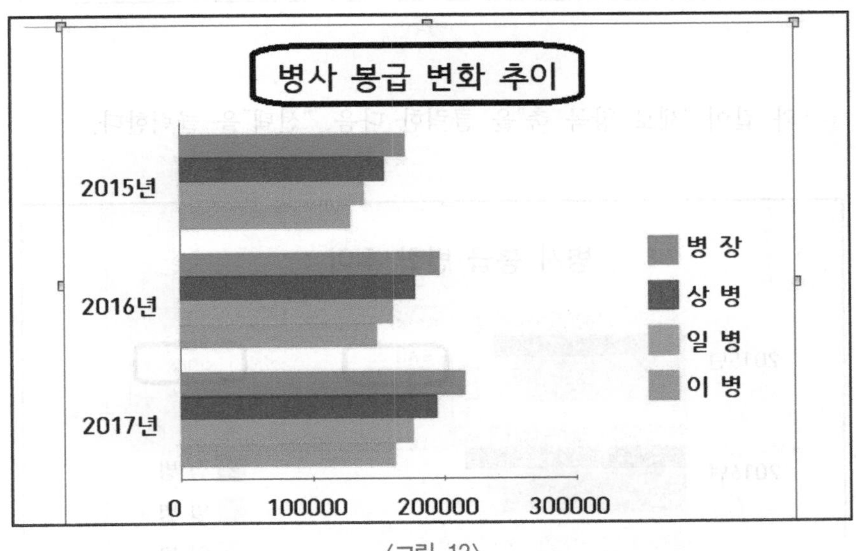

〈그림 12〉

파일 이름은 "12장_3"이라고 저장한다. 이상으로 12장 3절의 실습을 마친다.

12.4 축 제목 설정하기

11장 3절에 이어서 작업하기로 한다. 〈그림 13〉과 같이 "축"을 클릭한 다음, "제목"을 클릭한다.

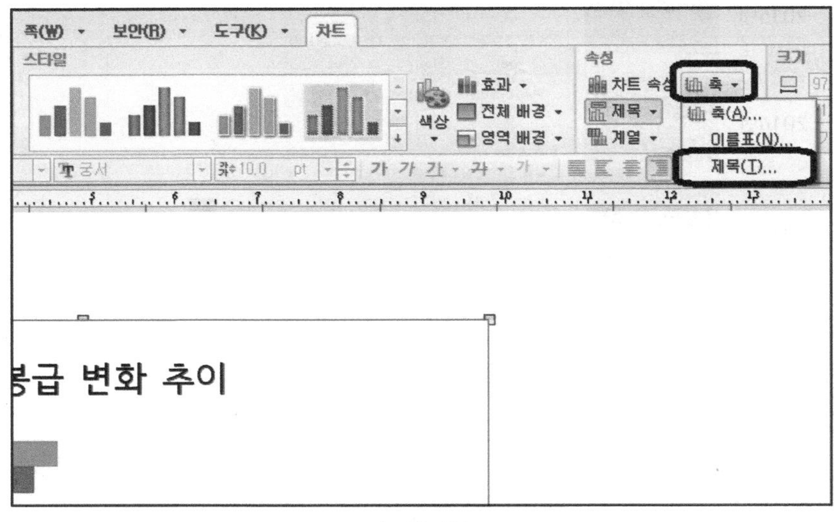

〈그림 13〉

〈그림 14〉와 같이 "세로 항목 축"을 클릭한 다음, "선택"을 클릭한다.

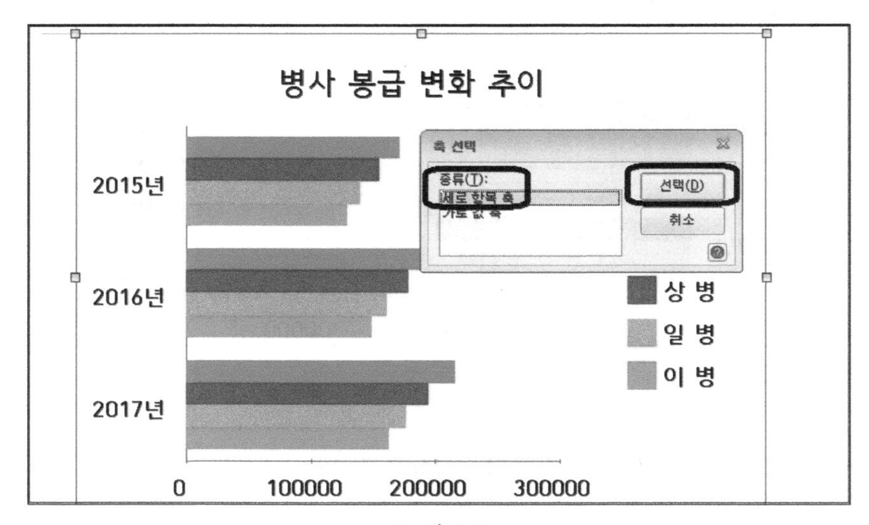

〈그림 14〉

〈그림 15〉와 같이 "보임"을 클릭하여 체크 상태로 만든다.

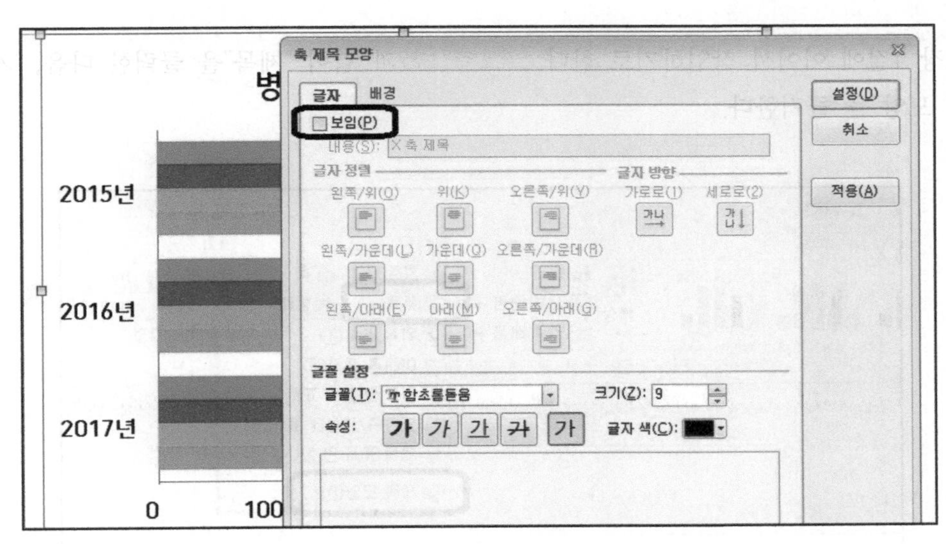

〈그림 15〉

〈그림 16〉과 같이 "(단위 : 원)"을 입력한 다음, "설정"을 클릭한다.

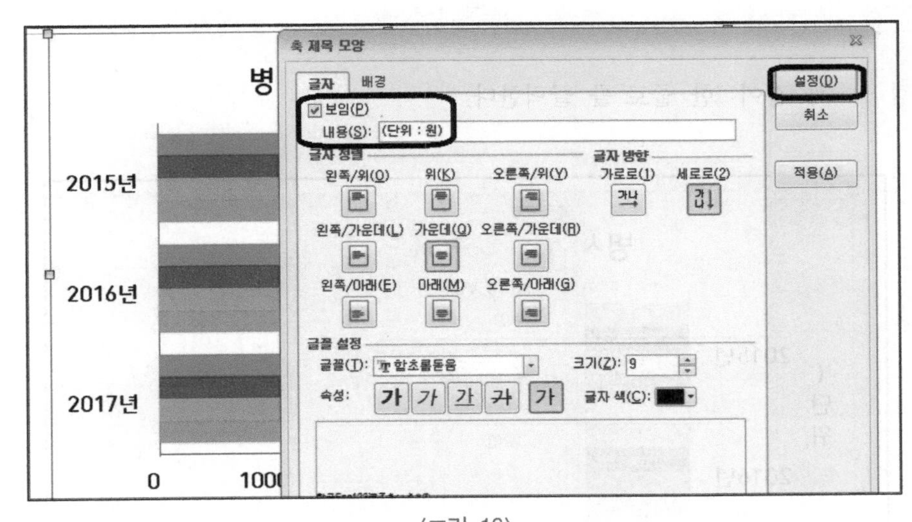

〈그림 16〉

파일 이름은 "12장_4"라고 저장한다. 이상으로 12장 4절의 실습을 마친다.

12.5 차트 제목 모양 편집하기

11장 4절에 이어서 작업하기로 한다. 〈그림 17〉과 같이 "제목"을 클릭한 다음, "제목 모양"을 클릭한다.

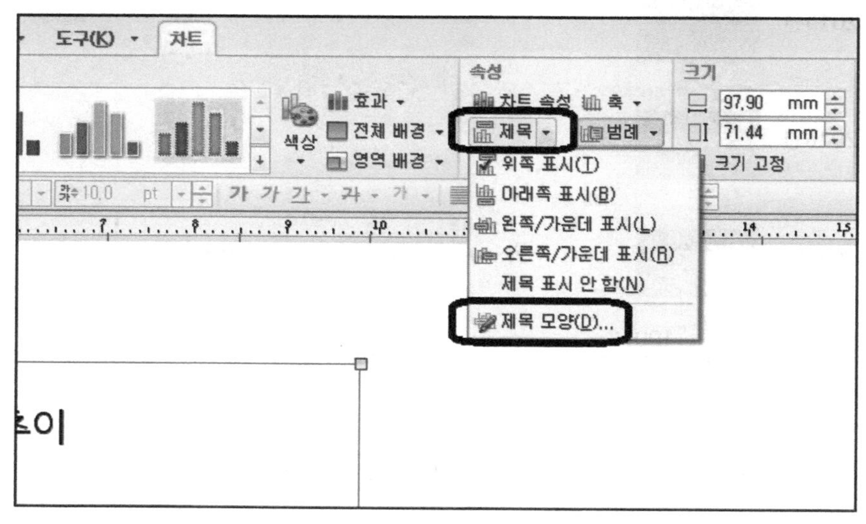

〈그림 17〉

〈그림 18〉과 같이 "한 줄로"를 클릭한다.

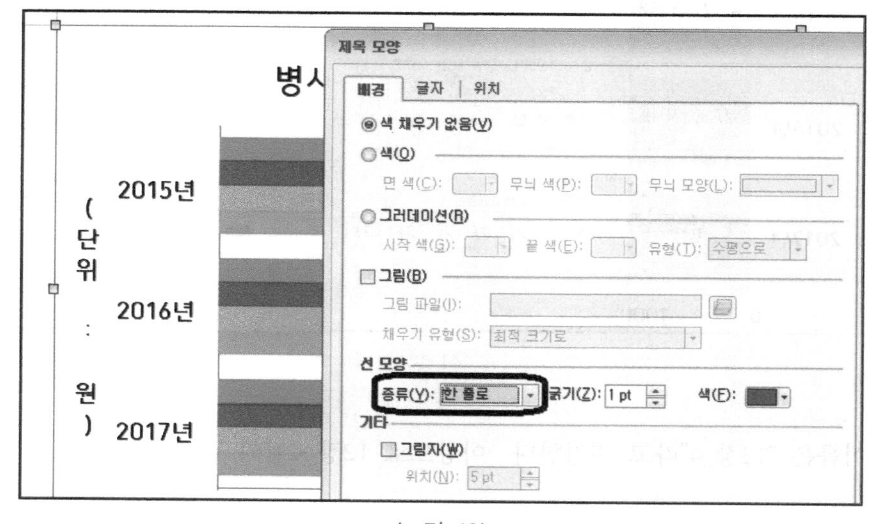

〈그림 18〉

〈그림 19〉와 같이 "색"을 클릭한 다음, "검정"으로 설정한다.

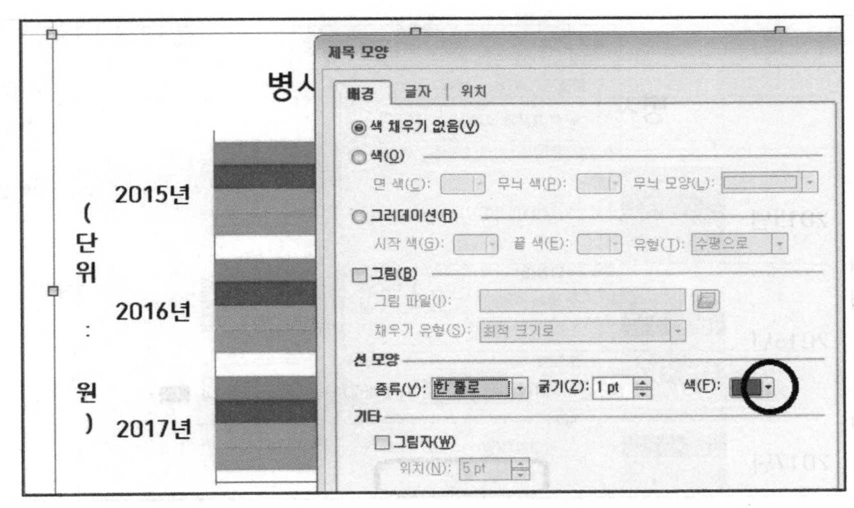

〈그림 19〉

〈그림 20〉과 같이 "그림자"를 클릭하여 체크한다.

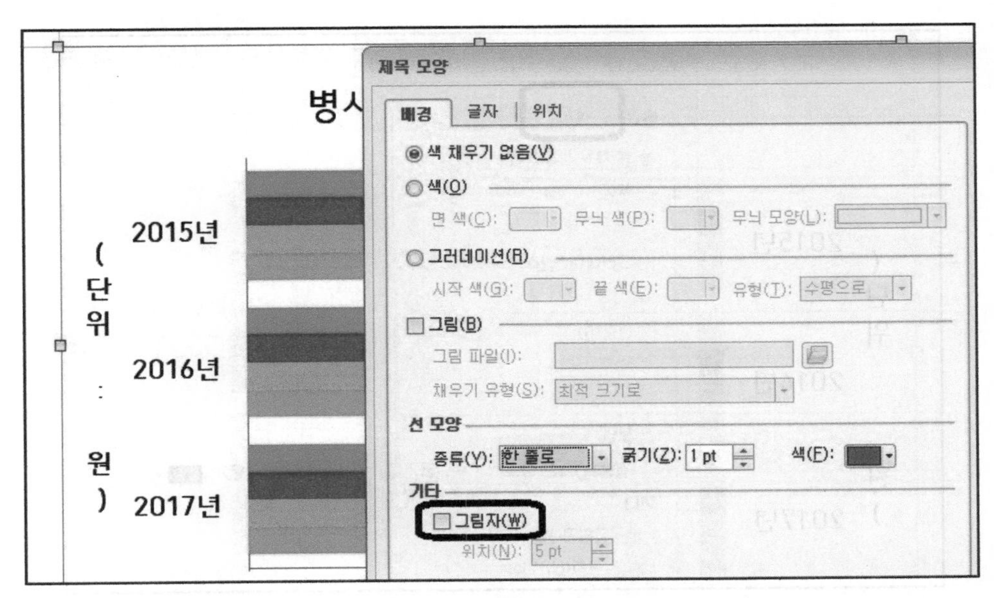

〈그림 20〉

〈그림 21〉과 같이 "2 pt"를 설정한다.

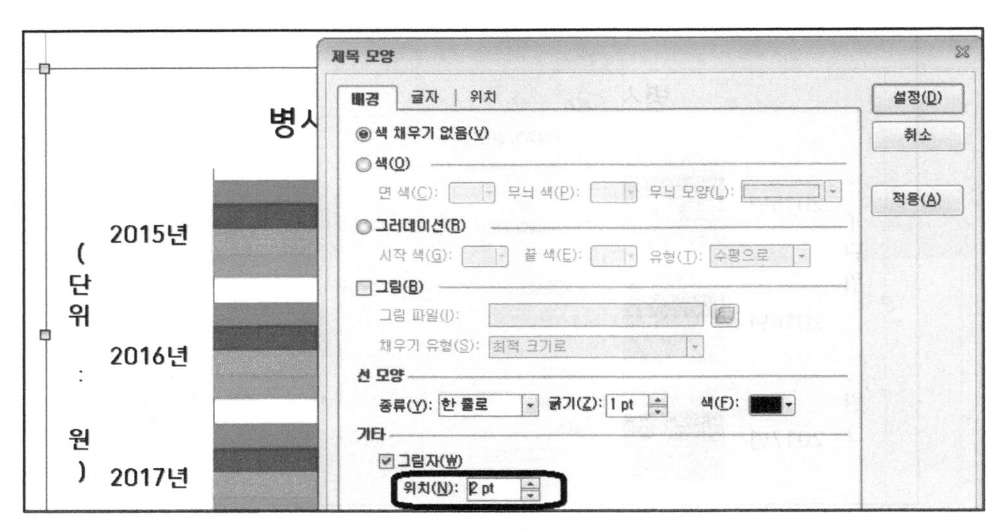

〈그림 21〉

〈그림 22〉와 같이 "글자" 탭을 클릭한다.

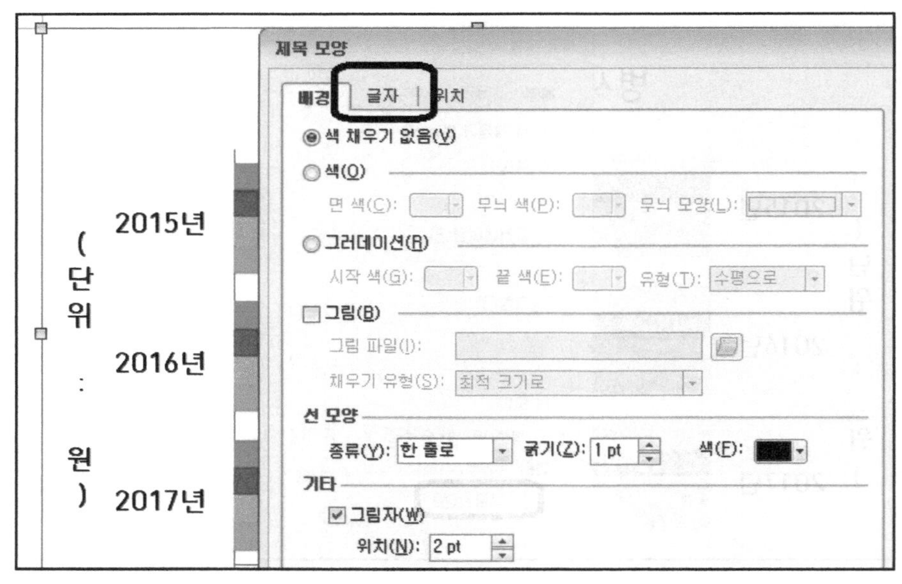

〈그림 22〉

〈그림 23〉과 같이 "굴림"을 선택한다.

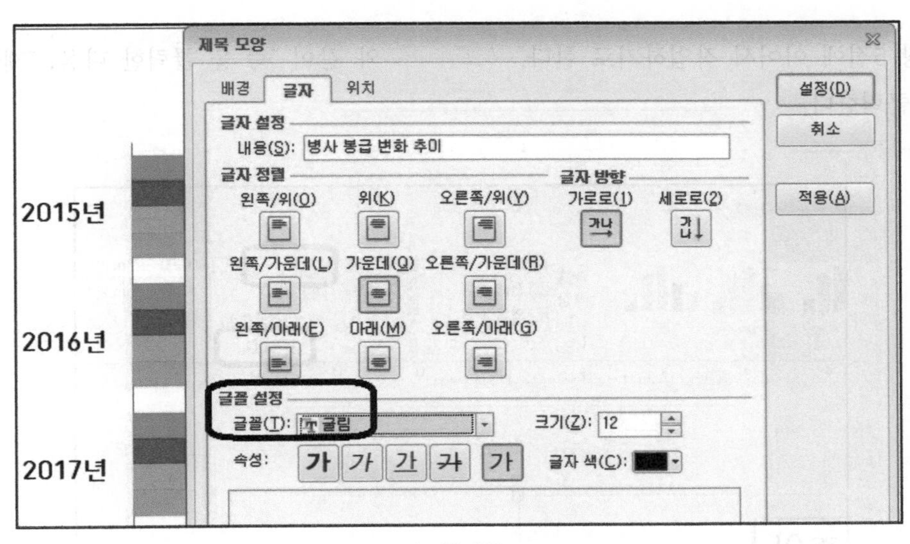

〈그림 23〉

〈그림 24〉와 같이 "진하게"와 "12"를 설정하고 "설정" 버튼을 클릭한다.

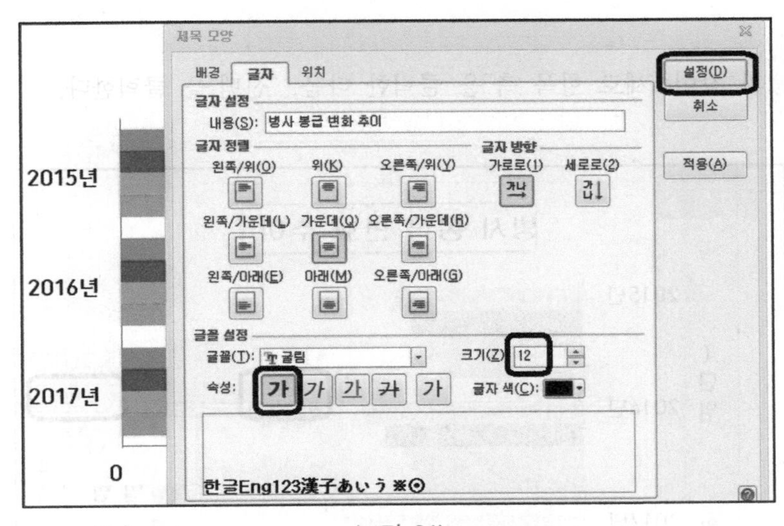

〈그림 24〉

파일 이름은 "12장_5"라고 저장한다. 이상으로 12장 5절의 실습을 마친다.

12.6 축 제목 모양 편집하기

11장 5절에 이어서 작업하기로 한다. 〈그림 25〉와 같이 "축"을 클릭한 다음, "제목"을 클릭한다.

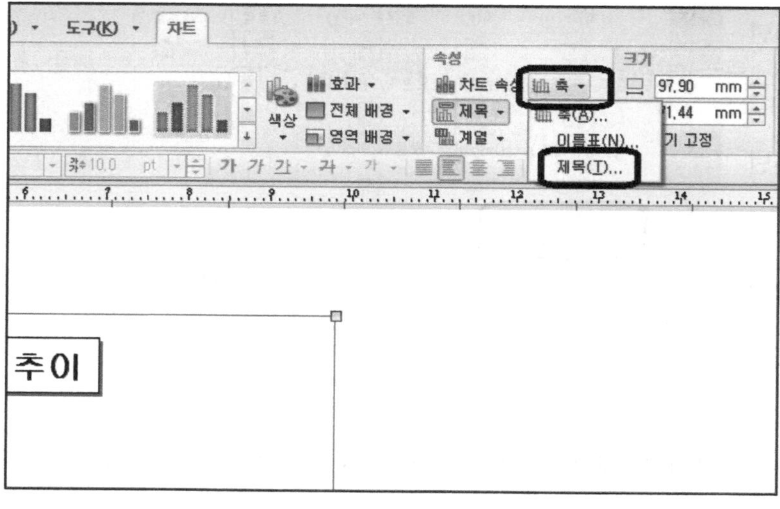

〈그림 25〉

〈그림 26〉과 같이 "세로 항목 축"을 클릭한 다음, "선택"을 클릭한다.

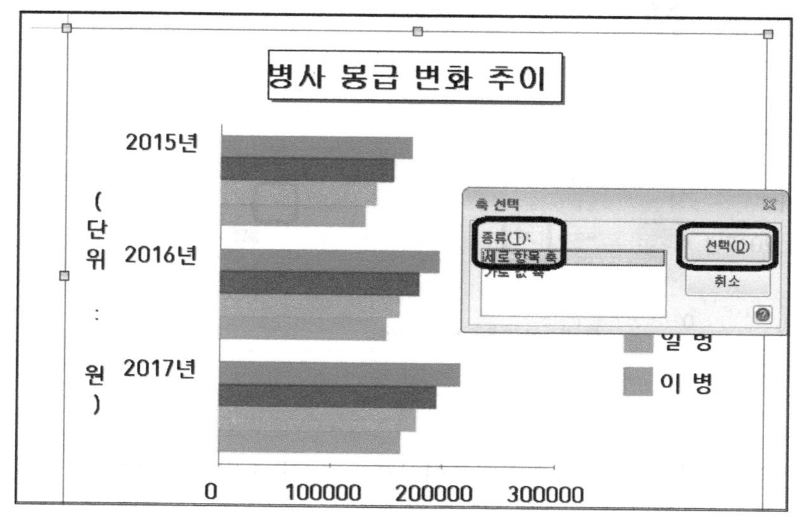

〈그림 26〉

〈그림 27〉과 같이 “가로로”을 클릭한다.

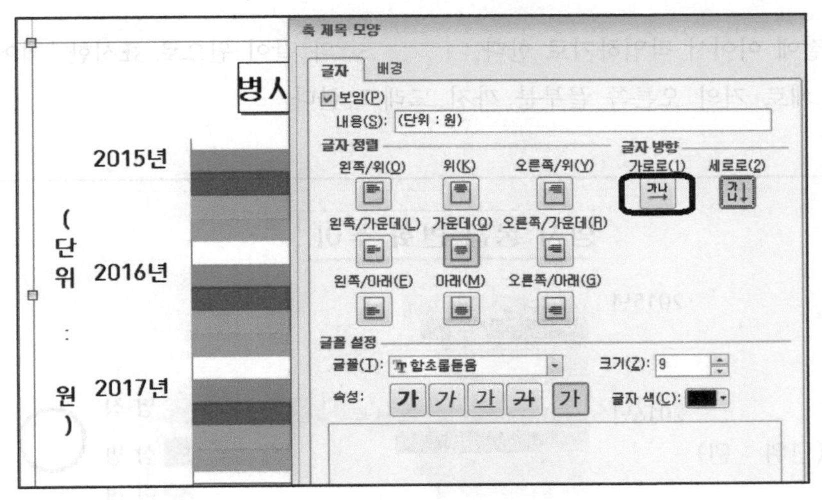

〈그림 27〉

〈그림 28〉과 같이 “굴림”과 “10”을 설정하고 “설정” 버튼을 클릭한다.

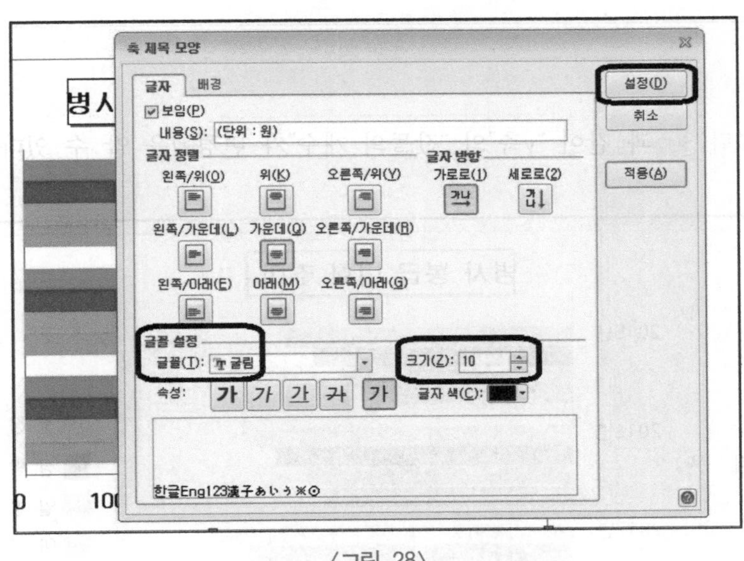

〈그림 28〉

파일 이름은 “12장_6”이라고 저장한다. 이상으로 12장 6절의 실습을 마친다.

12.7 축 모양 편집하기

11장 6절에 이어서 작업하기로 한다. 〈그림 29〉와 같이 원으로 표시한 "제어 점"을 클릭한 채로 거의 오른쪽 끝부분 까지 드래그 한다.

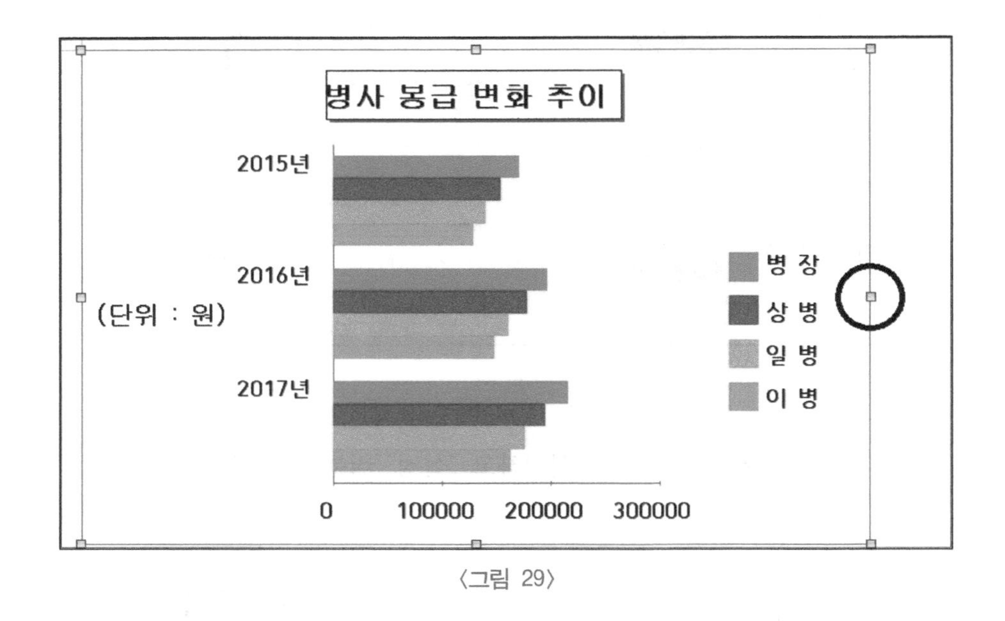

〈그림 29〉

결과는 〈그림 30〉과 같이 "y축"의 "값들의 개수"가 변경됨을 알 수 있다.

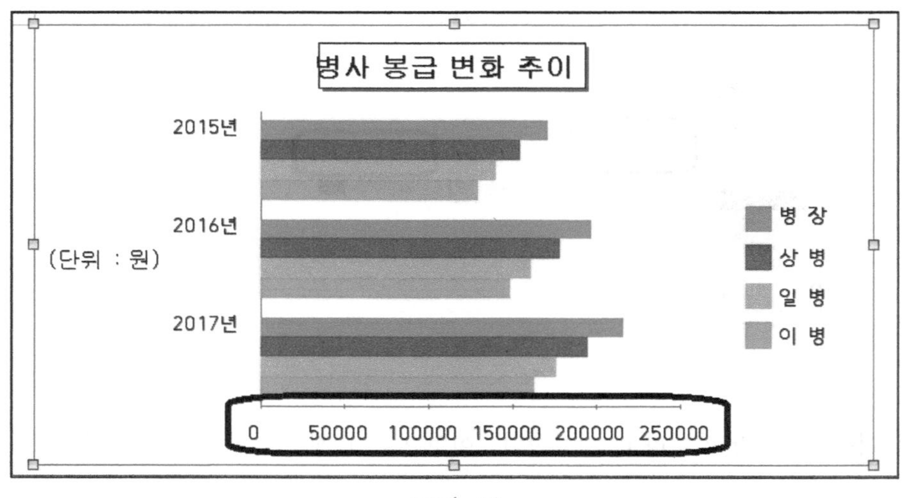

〈그림 30〉

〈그림 31〉과 같이 "축"을 클릭한 다음, 바로 아래의 "축(A)..."를 클릭한다.

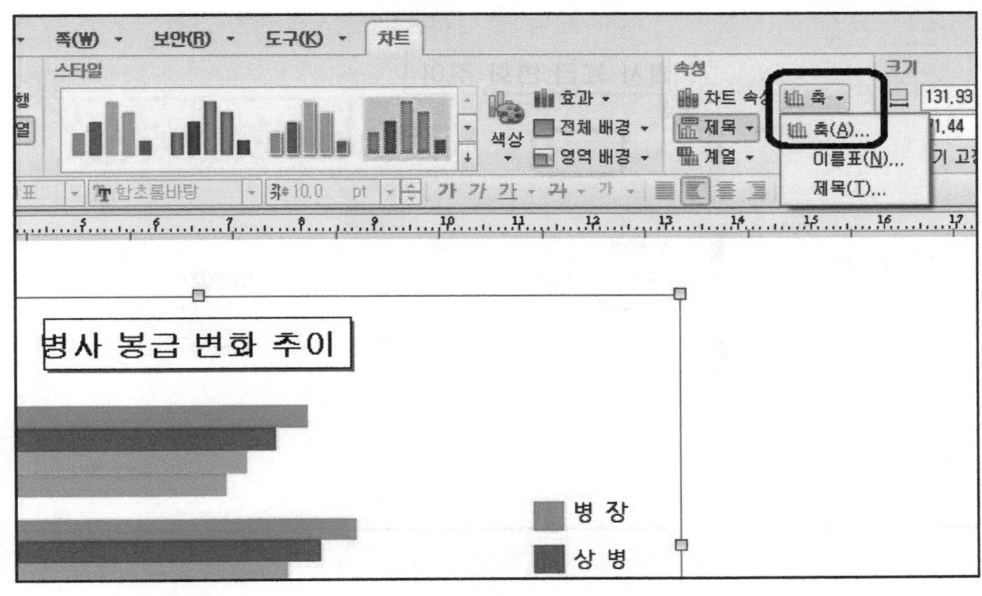

〈그림 31〉

〈그림 32〉와 같이 "가로 값 축"을 클릭한 다음, "선택"을 클릭한다.

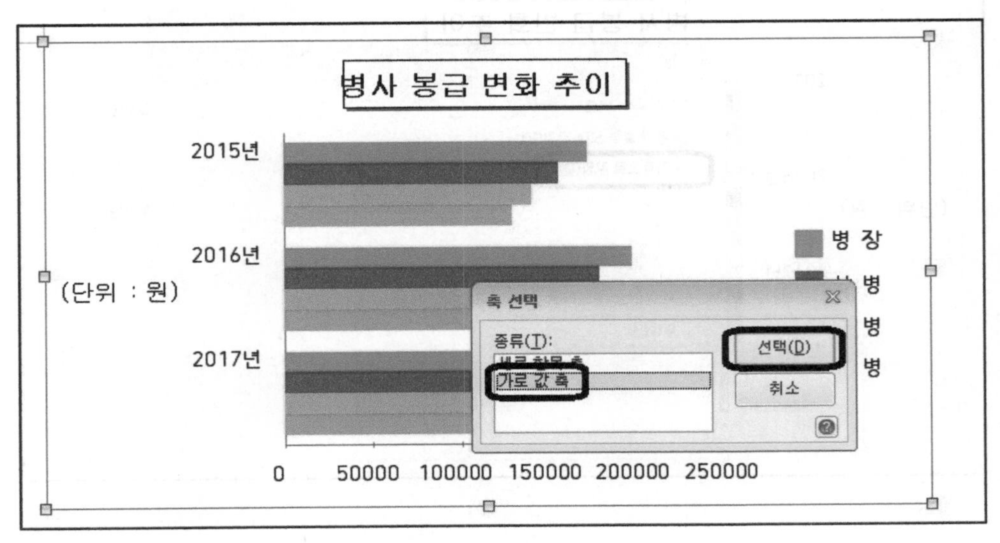

〈그림 32〉

〈그림 33〉과 같이 "비례"을 클릭한다.

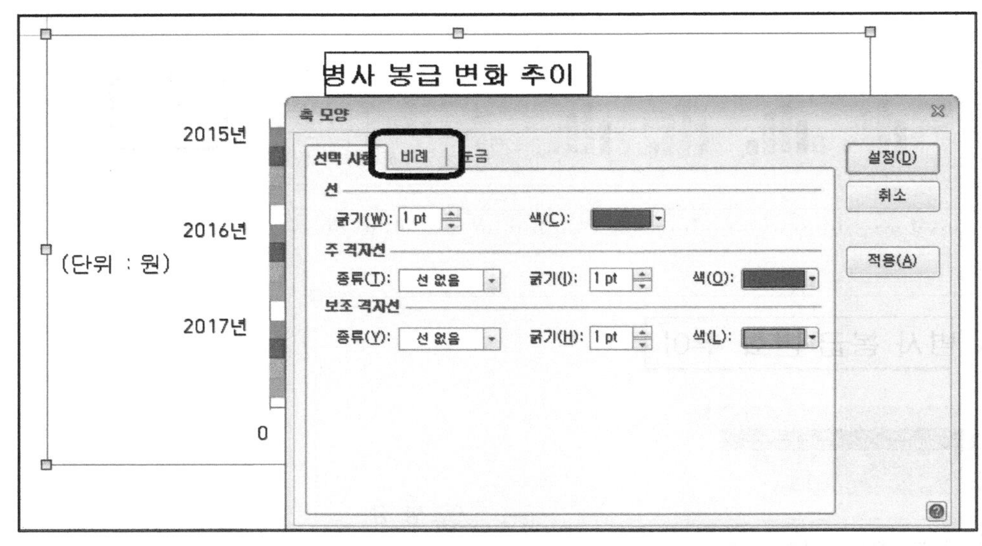

〈그림 33〉

〈그림 34〉와 같이 "자동으로 꾸밈"을 클릭하여 체크를 해제시킨다.

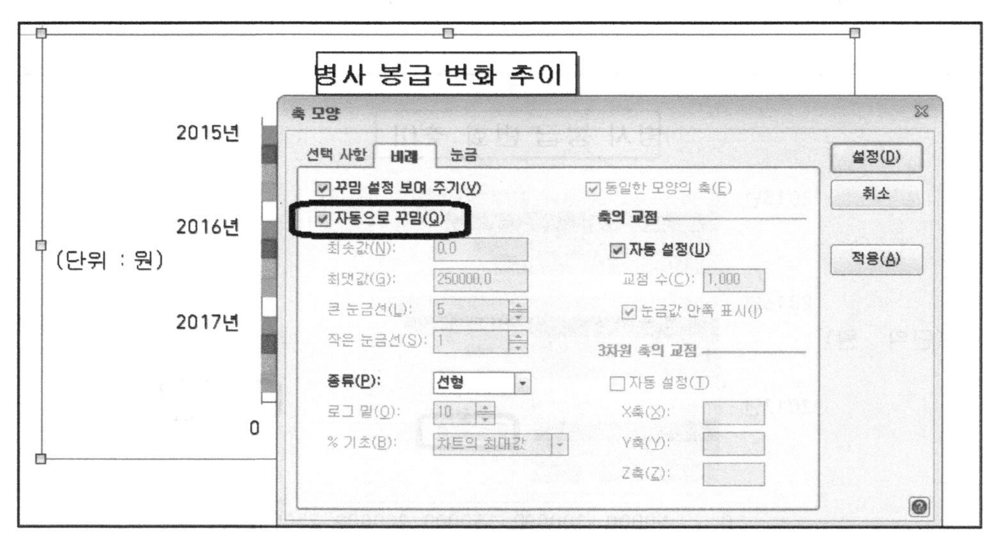

〈그림 34〉

〈그림 35〉와 같이 "최댓값: 240000"과 "큰 눈금선: 6"을 설정한 다음, "설정" 버튼을 클릭한다.

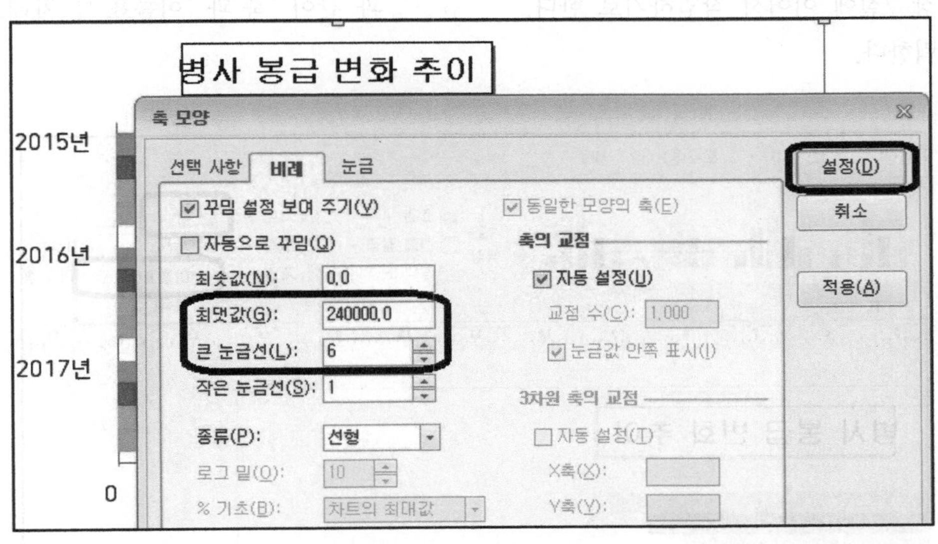

〈그림 35〉

결과는 〈그림 36〉과 같이 "축 모양"이 변경되었음을 알 수 있다.

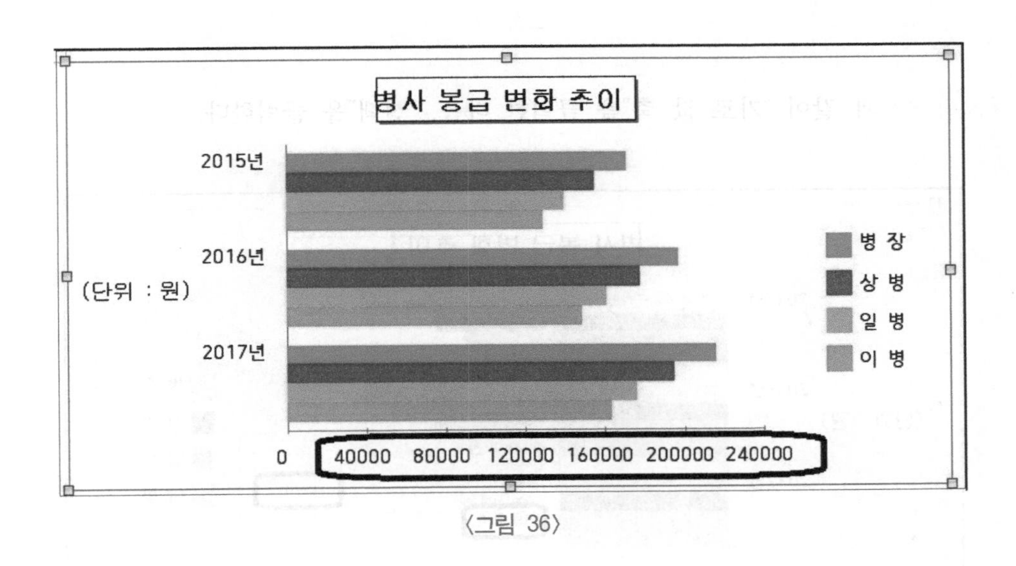

〈그림 36〉

파일 이름은 "12장_7"이라고 저장한다. 이상으로 12장 7절의 실습을 마친다.

12.8 축 이름표 모양 편집하기(가로 값 축)

11장 7절에 이어서 작업하기로 한다. 〈그림 37〉과 같이 "축"과 "이름표"를 차례로 클릭한다.

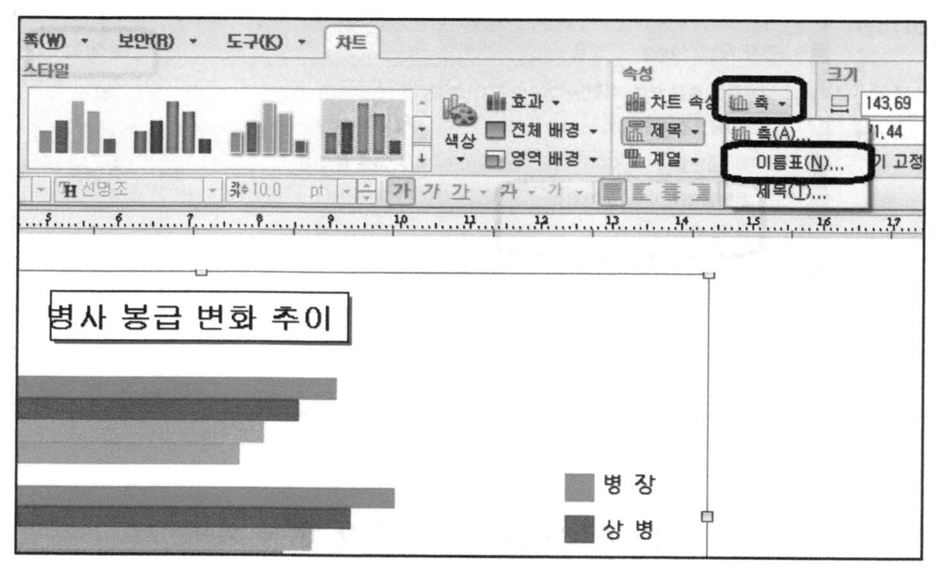

〈그림 37〉

〈그림 38〉과 같이 "가로 값 축"을 클릭한 다음, "선택"을 클릭한다.

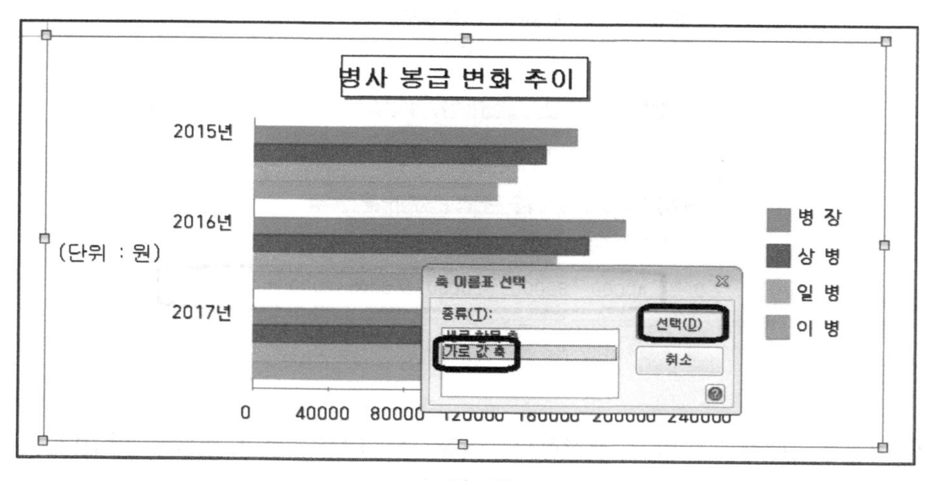

〈그림 38〉

〈그림 39〉와 같이 "글자" 탭을 클릭한다.

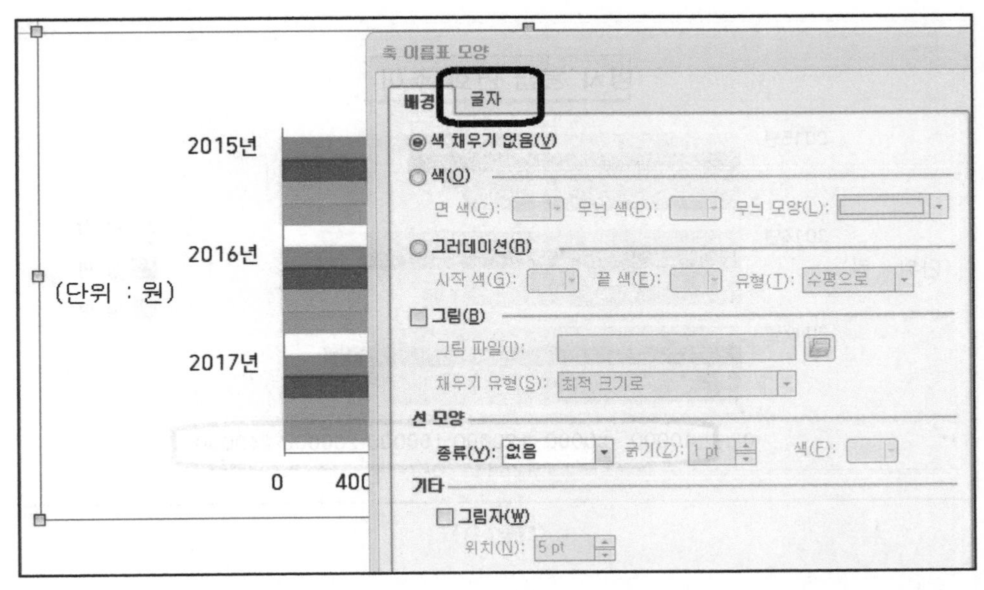

〈그림 39〉

〈그림 40〉과 같이 "굴림"과 "10"을 설정하고 "설정"을 클릭한다.

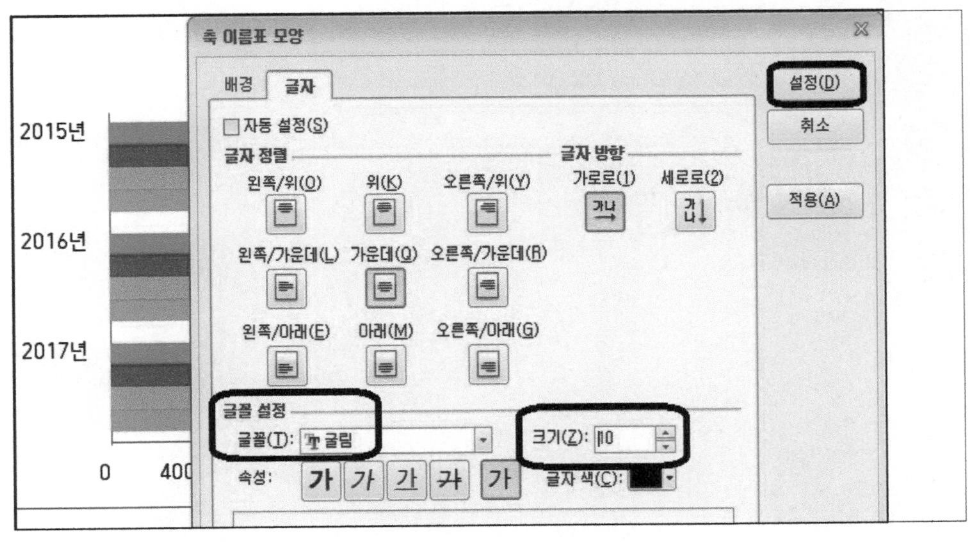

〈그림 40〉

결과는 〈그림 41〉과 같이 "축 이름표 모양"이 변경되었음을 알 수 있다.

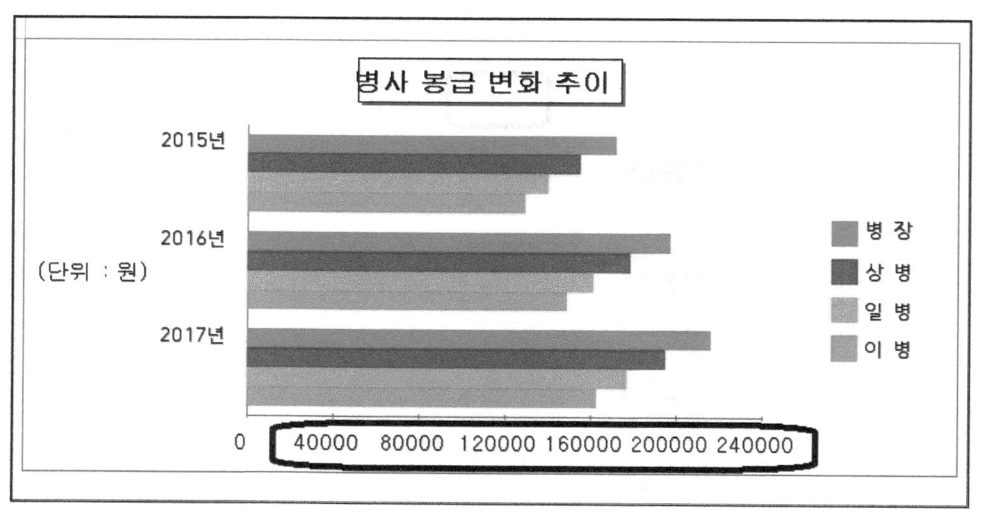

〈그림 41〉

파일 이름은 "12장_8"이라고 저장한다. 이상으로 12장 8절의 실습을 마친다.

12.9 축 이름표 모양 편집하기(세로 항목 축)

11장 8절에 이어서 작업하기로 한다. 〈그림 42〉와 같이 "축"과 "이름표"를 차례로 클릭한다.

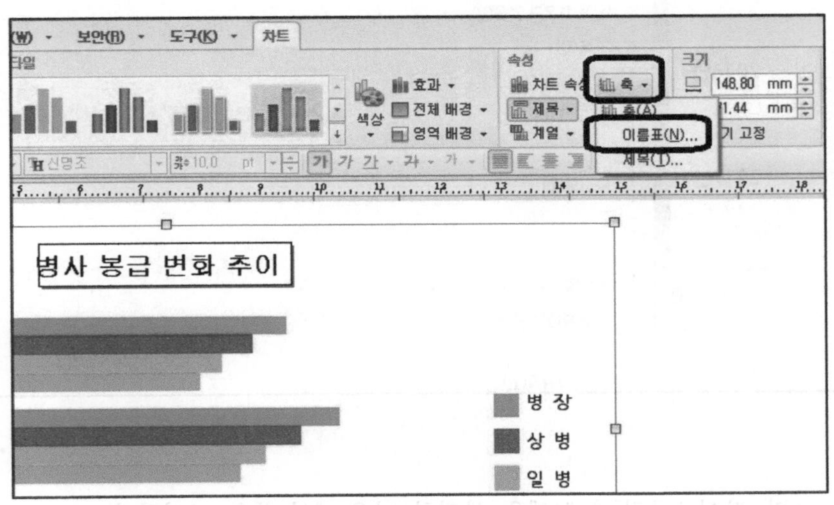

〈그림 42〉

〈그림 43〉과 같이 "세로 항목 축"을 클릭한 다음, "선택"을 클릭한다.

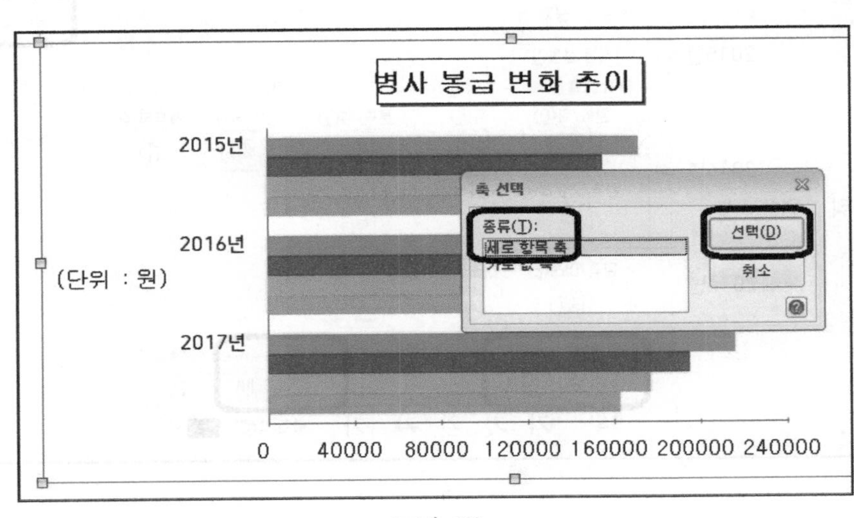

〈그림 43〉

〈그림 44〉와 같이 "글자" 탭을 클릭한다.

〈그림 44〉

〈그림 45〉와 같이 "굴림"과 "10"을 설정한 다음, "설정"을 클릭한다.

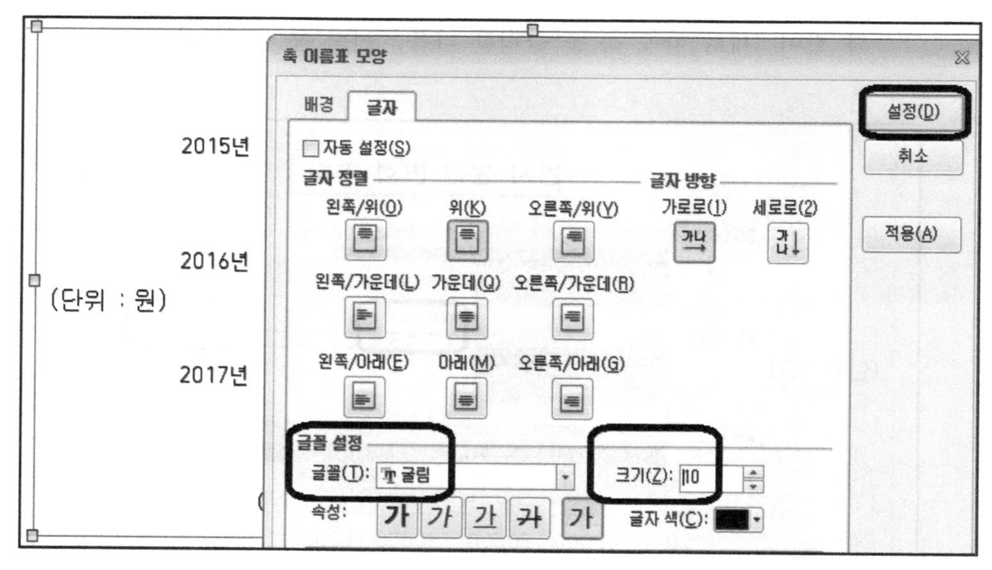

〈그림 45〉

결과는 〈그림 46〉과 같이 "축 이름표"중 "세로 항목 축"의 "글자"가 변경되었음을 알 수 있다.

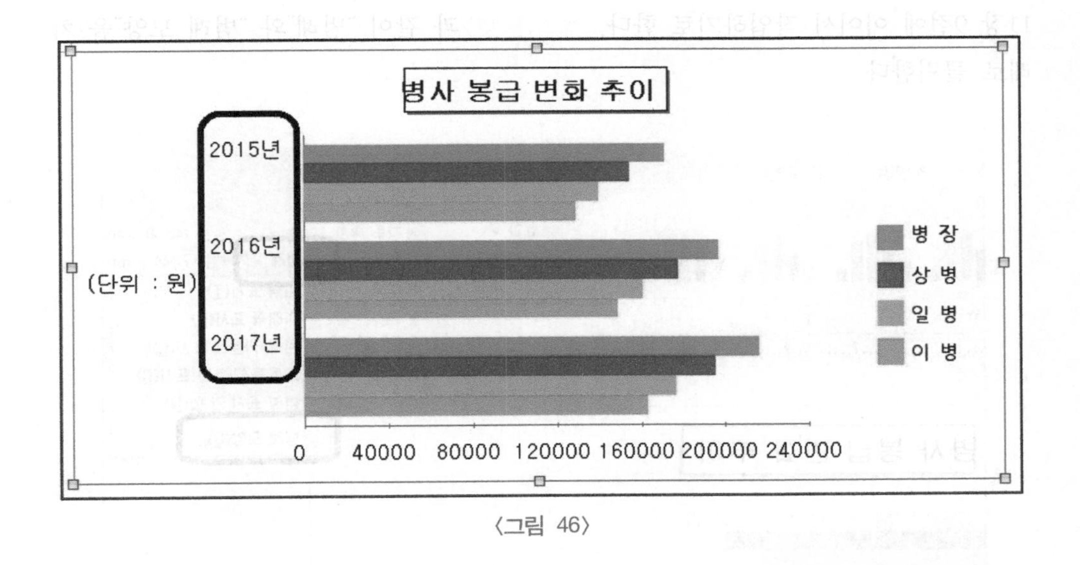

〈그림 46〉

파일 이름은 "12장_9"라고 저장한다. 이상으로 12장 9절의 실습을 마친다.

12.10 범례 모양 편집하기

11장 9절에 이어서 작업하기로 한다. 〈그림 47〉과 같이 "범례"와 "범례 모양"을 차례로 클릭한다.

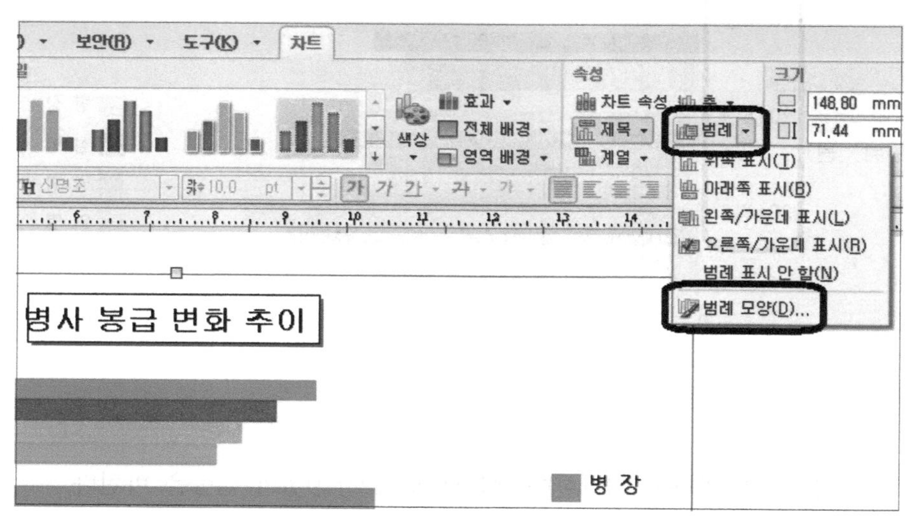

〈그림 47〉

〈그림 48〉과 같이 "한 줄로"를 클릭한다.

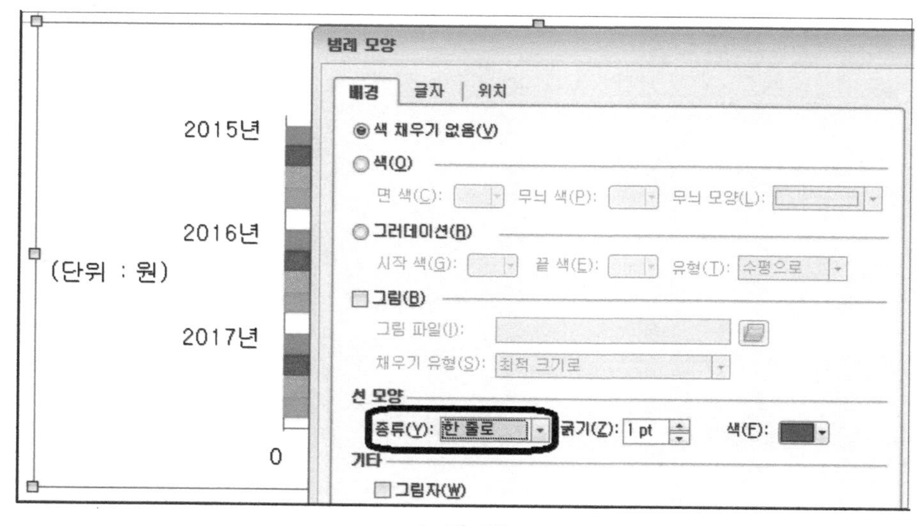

〈그림 48〉

〈그림 49〉와 같이 원이 가리키는 위치를 클릭한 다음, "검정색"을 클릭한다.

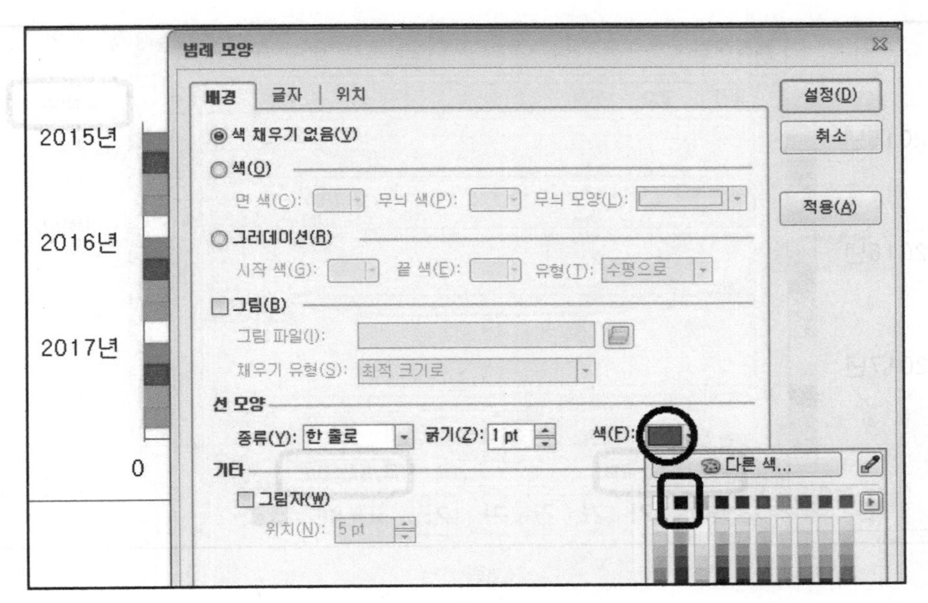

〈그림 49〉

〈그림 50〉과 같이 "글자" 탭을 클릭한다.

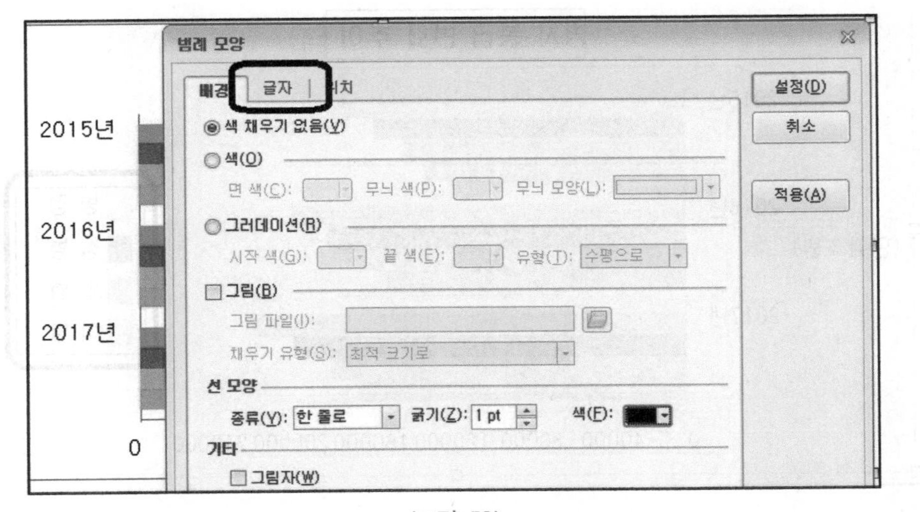

〈그림 50〉

〈그림 51〉과 같이 "굴림"과 "10"을 설정한 다음, "설정"을 클릭한다.

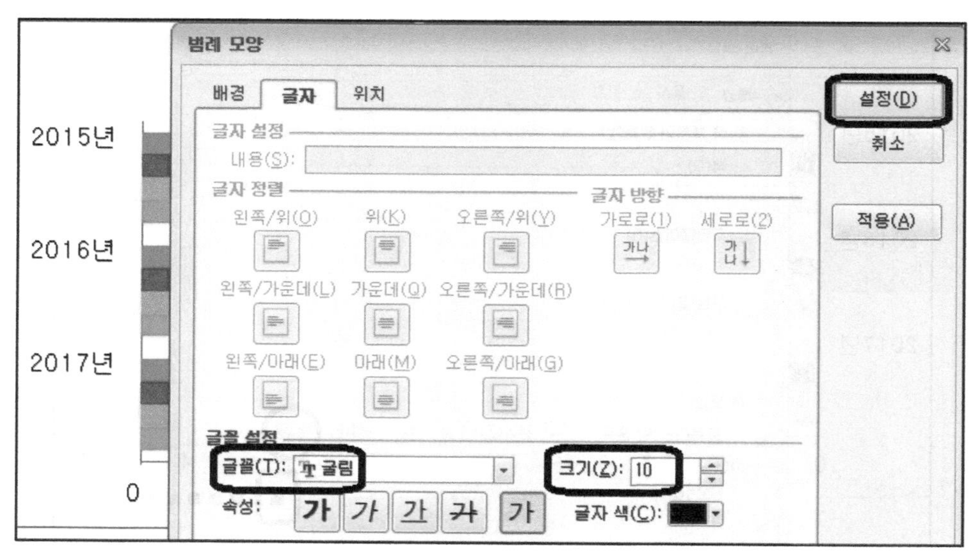

〈그림 51〉

결과는 〈그림 52〉와 같이 "범례 모양"이 변경됨을 알 수 있다.

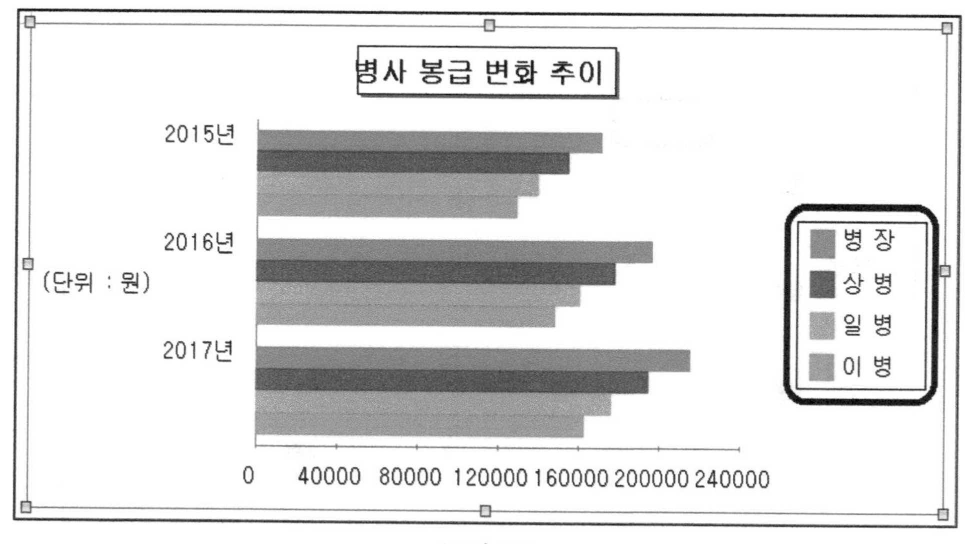

〈그림 52〉

〈그림 53〉과 같이 원이 가리키는 위치를 "3번" 연속해서 클릭한다.

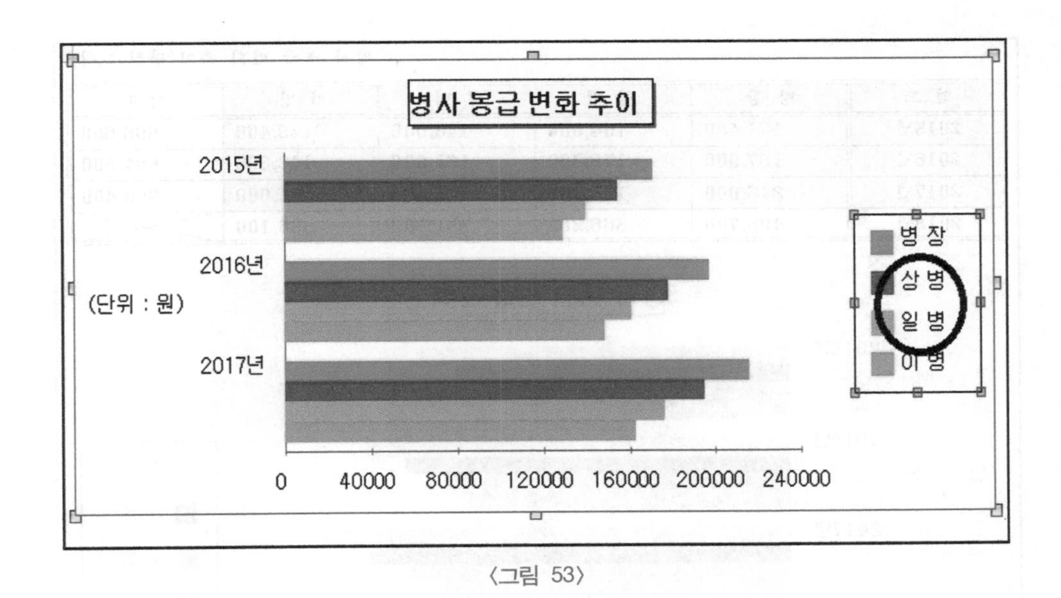

〈그림 53〉

〈그림 54〉와 같이 "범례"가 "편집 가능 상태"로 전환되면 제어 점을 조절해서 "크기"를 변경시킨다. 그림을 참고하여 적당한 위치로 "범례"를 드래그 하여 이동시킨다.

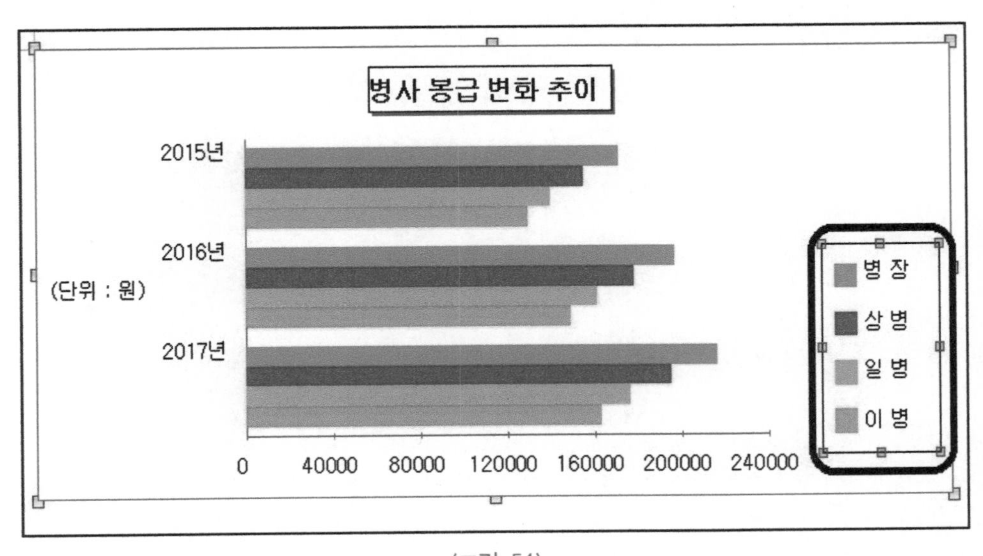

〈그림 54〉

〈그림 55〉와 같이 방금 작성된 차트를 표 아래로 드래그 한다.

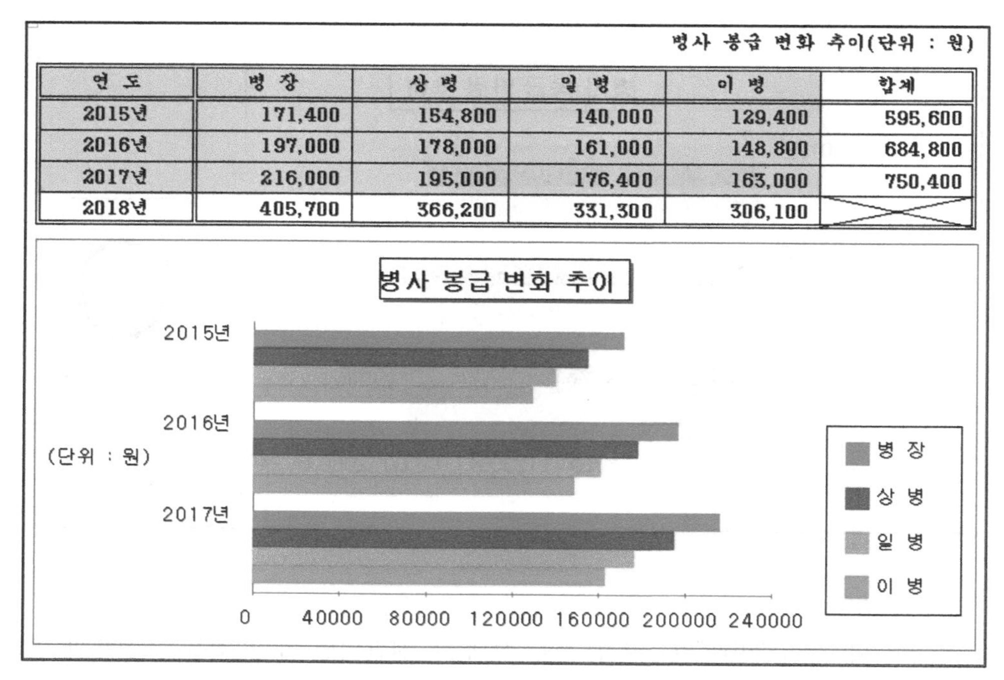

병사 봉급 변화 추이(단위 : 원)

연 도	병 장	상 병	일 병	이 병	합계
2015년	171,400	154,800	140,000	129,400	595,600
2016년	197,000	178,000	161,000	148,800	684,800
2017년	216,000	195,000	176,400	163,000	750,400
2018년	405,700	366,200	331,300	306,100	

〈그림 55〉

파일 이름은 "12장_10"이라고 저장한다. 이상으로 12장의 실습을 모두 마친다.

13

CHAPTER

문단스타일 작성하기

이번 장에서는 문단스타일을 추가하여 문단 모양과 글자 모양을 설정하는 방법을 알아본다. 이 작업에 사용된 문단은 영어와 한글로 구성되어 있으며 아래와 같다.

"Section 1 Global Security Environment
Amid[2] persistent security threats fueled by traditional conflict factors, such as territorial, religious and ethnic disputes, transnational and nonmilitary threats have been gaining ground worldwide.
제1절 세계 안보정세
범세계적으로 영토, 종교, 인종 등과 같은 전통적 갈등 요인으로 인한 안보위협이 지속되는 가운데 초국가적 · 비군사적 위협이 증대하고 있다."

위의 내용 중 일부(아래의 내용)에 문단스타일을 적용한다.

"Amid persistent security threats fueled by traditional conflict factors, such as territorial, religious and ethnic disputes, transnational and nonmilitary threats have been gaining ground worldwide.
범세계적으로 영토, 종교, 인종 등과 같은 전통적 갈등 요인으로 인한 안보위협이 지속되는 가운데 초국가적 · 비군사적 위협이 증대하고 있다."

문단스타일이 적용된 결과는 아래와 같다.

Amid persistent security threats fueled by traditional conflict factors, such as territorial, religious and ethnic disputes, transnational and nonmilitary threats have been gaining ground worldwide.
범세계적으로 영토, 종교, 인종 등과 같은 전통적 갈등 요인으로 인한 안보위협이 지속되는 가운데 초국가적 · 비군사적 위협이 증대하고 있다.

---

2) "2018 국방백서(Defense White Paper).pdf", p.10, "제1절 세계 안보정세"

13.1 문단 스타일 추가하기

새 문서에서 작업하기로 한다. 〈그림 1〉과 같이 입력한다.

Amid persistent security threats fueled by traditional conflict factors, such as territorial, religious and ethnic disputes, transnational and nonmilitary threats have been gaining ground worldwide.
범세계적으로 영토, 종교, 인종 등과 같은 전통적 갈등 요인으로 인한 안보위협이 지속되는 가운데 초국가적 · 비군사적 위협이 증대하고 있다.

〈그림 1〉

〈그림 1〉에서 입력된 내용은 아래와 같다. 아래의 "영문 내용"을 입력할 때, "엔터키"를 사용하지 않고 "스페이스 바" 만 이용하여 입력해야 한다. 영문을 모두 입력한 다음, "엔터키"를 누른다. 같은 방법으로, 한글을 한 줄로 죽 입력한다. 이 때에도 마찬가지로 "엔터키" 대신 "스페이스 바" 만 이용한다(단, 아래 입력된 내용 중, "범세계적으로"의 오른쪽에 작성된 각주는 작성하지 않는다).

"Amid persistent security threats fueled by traditional conflict factors, such as territorial, religious and ethnic disputes, transnational and nonmilitary threats have been gaining ground worldwide.
범세계적으로[3] 영토, 종교, 인종 등과 같은 전통적 갈등 요인으로 인한 안보위협이 지속되는 가운데 초국가적 · 비군사적 위협이 증대하고 있다."

〈그림 2〉와 같이 입력한 내용 전체를 블록 지정한다.

Amid persistent security threats fueled by traditional conflict factors, such as territorial, religious and ethnic disputes, transnational and nonmilitary threats have been gaining ground worldwide.
범세계적으로 영토, 종교, 인종 등과 같은 전통적 갈등 요인으로 인한 안보위협이 지속되는 가운데 초국가적 · 비군사적 위협이 증대하고 있다.

〈그림 2〉

3) "2018 국방백서(Defense White Paper).pdf", p.10, "제1절 세계 안보정세"

〈그림 3〉과 같이 원으로 표시한 "스타일"을 클릭한 다음, "스타일"을 클릭한다.

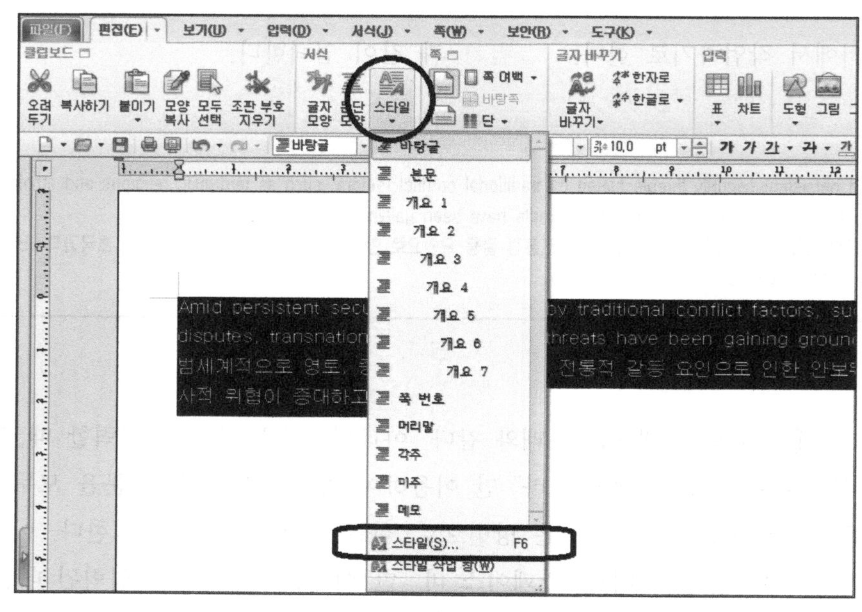

〈그림 3〉

〈그림 4〉와 같이 "+"를 클릭한다.

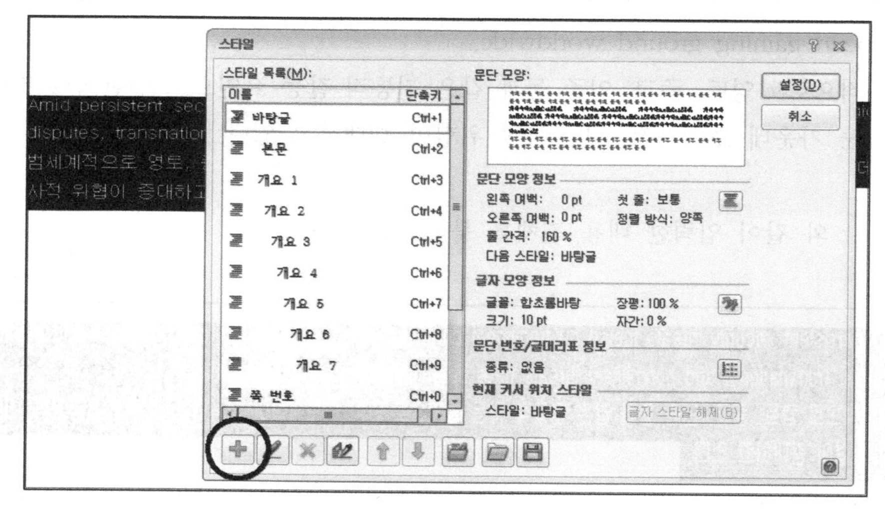

〈그림 4〉

〈그림 5〉와 같이 "스타일 이름"에 "security" 라고 입력한다.

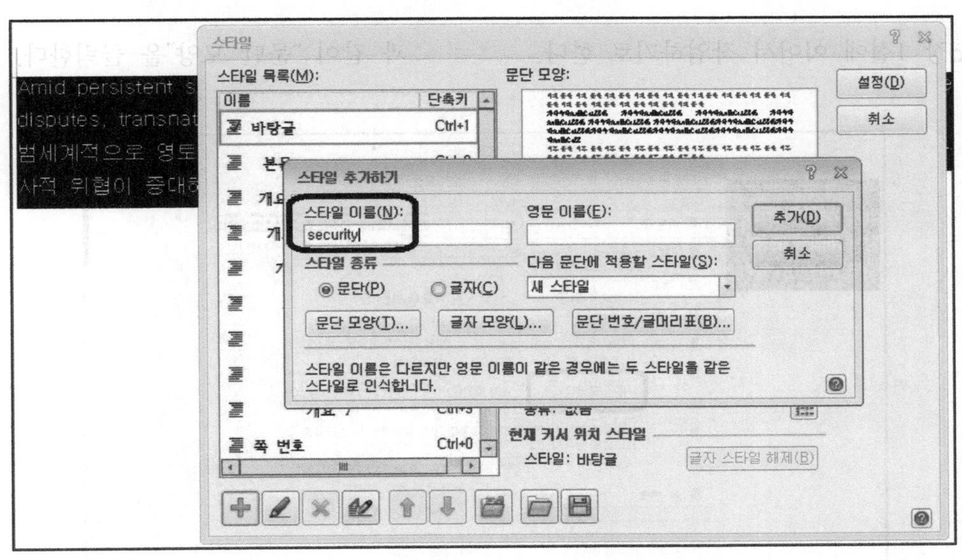

〈그림 5〉

파일 이름은 "13장_1"이라고 저장한다. 이상으로 13장 1절의 실습을 마친다.

13.2 문단 모양 설정하기

13장 1절에 이어서 작업하기로 한다. 〈그림 6〉과 같이 "문단 모양"을 클릭한다.

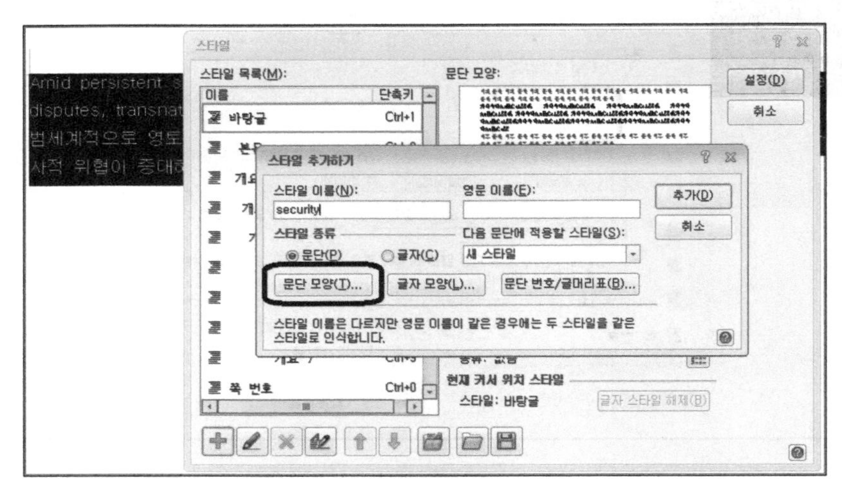

〈그림 6〉

〈그림 7〉과 같이 "왼쪽" 여백에 "15"를 입력한다.

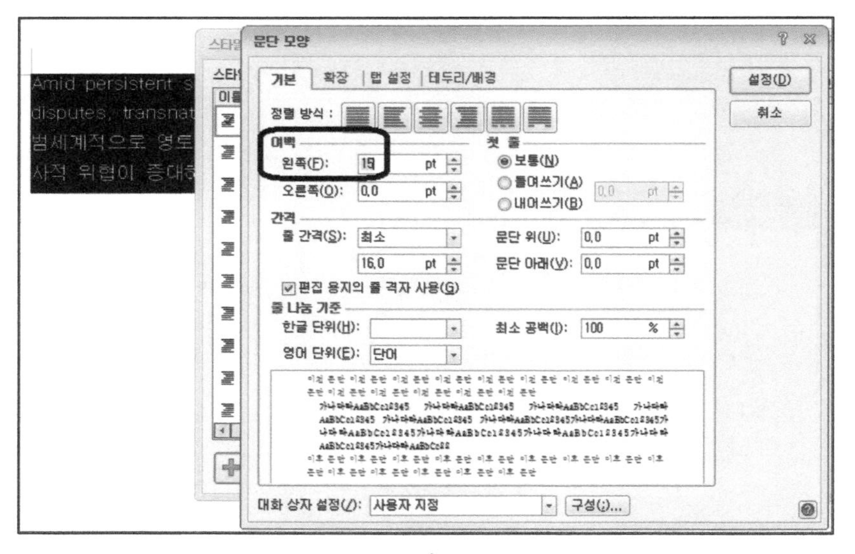

〈그림 7〉

〈그림 8〉과 같이 "문단 아래"에 "10"을 입력한 다음, "설정"을 클릭한다.

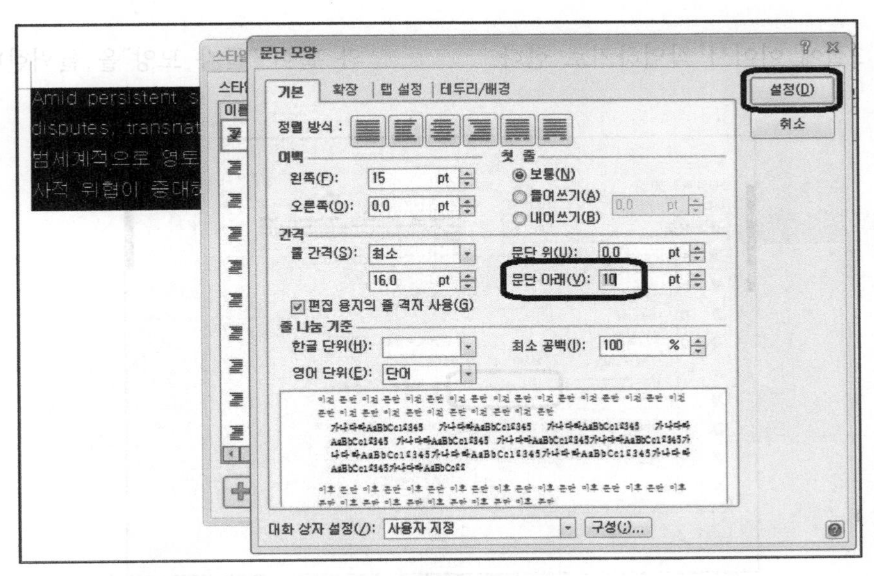

〈그림 8〉

파일 이름은 "13장_2"라고 저장한다. 이상으로 13장 2절의 실습을 마친다.

13.3 글자 모양 설정하기

13장 2절에 이어서 작업하기로 한다. 〈그림 9〉와 같이 "글자 모양"을 클릭한다.

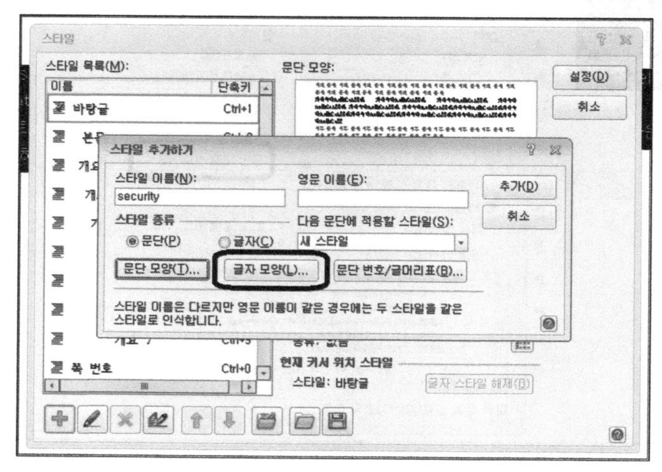

〈그림 9〉

〈그림 10〉과 같이 "장평"에 "105", "자간"에 "5"를 입력한다.

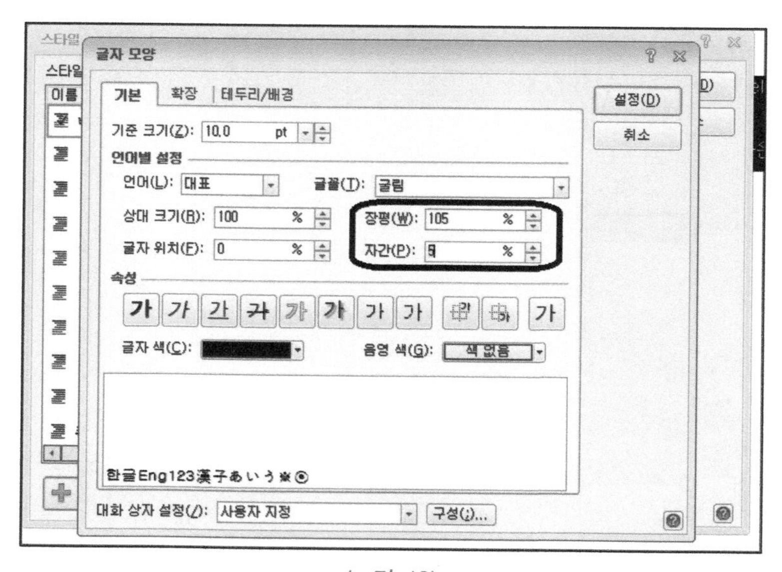

〈그림 10〉

〈그림 11〉과 같이 "기준 크기"에 "10"을 입력한다. "언어"에 "영문"을 선택하고 "글꼴"에 "굴림"을 설정한다.

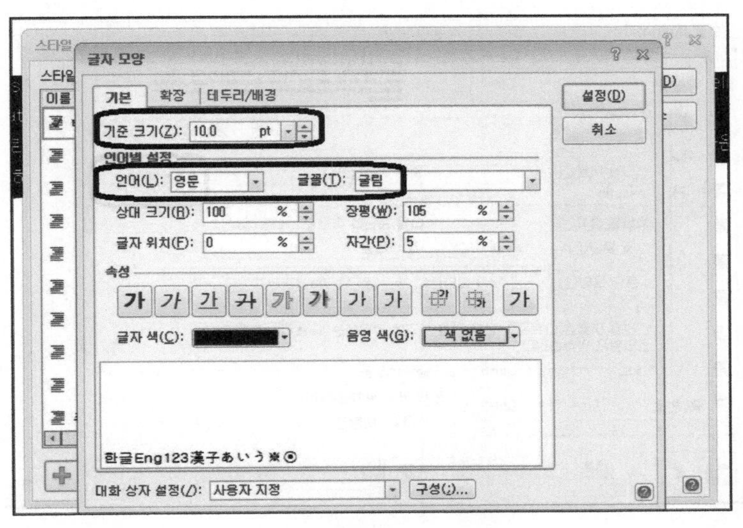

〈그림 11〉

같은 방법으로, 〈그림 12〉와 같이 "한글"과 "돋움"을 입력한 다음, "설정"을 클릭한다.

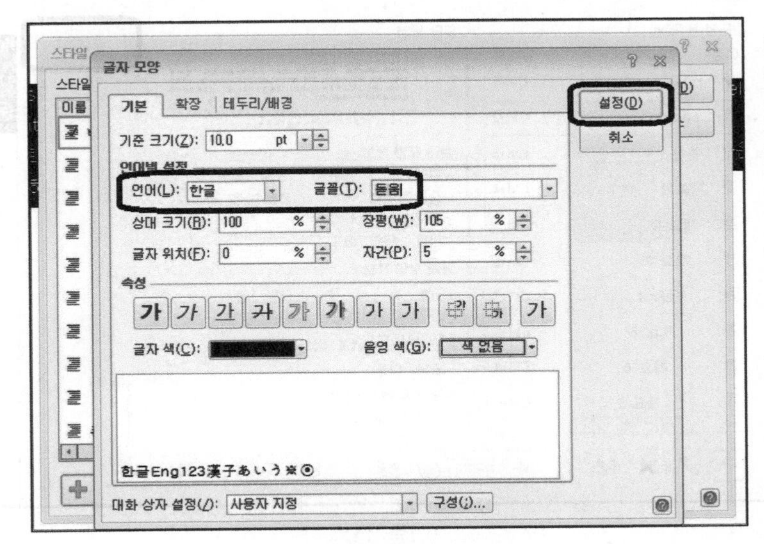

〈그림 12〉

〈그림 13〉과 같이 "추가"를 클릭한다.

스타일

스타일 목록(M):

이름	단축키
바탕글	Ctrl+1
본문	
개요	
쪽 번호	Ctrl+0

문단 모양:

설정(D)

취소

스타일 추가하기

스타일 이름(N): security

영문 이름(E):

추가(D)

취소

스타일 종류

◉ 문단(P) ○ 글자(C)

다음 문단에 적용할 스타일(S): 새 스타일

문단 모양(T)... 글자 모양(L)... 문단 번호/글머리표(B)...

스타일 이름은 다르지만 영문 이름이 같은 경우에는 두 스타일을 같은 스타일로 인식합니다.

현재 커서 위치 스타일

스타일: 바탕글 글자 스타일 해제(B)

〈그림 13〉

〈그림 14〉와 같이 "설정"을 클릭한다.

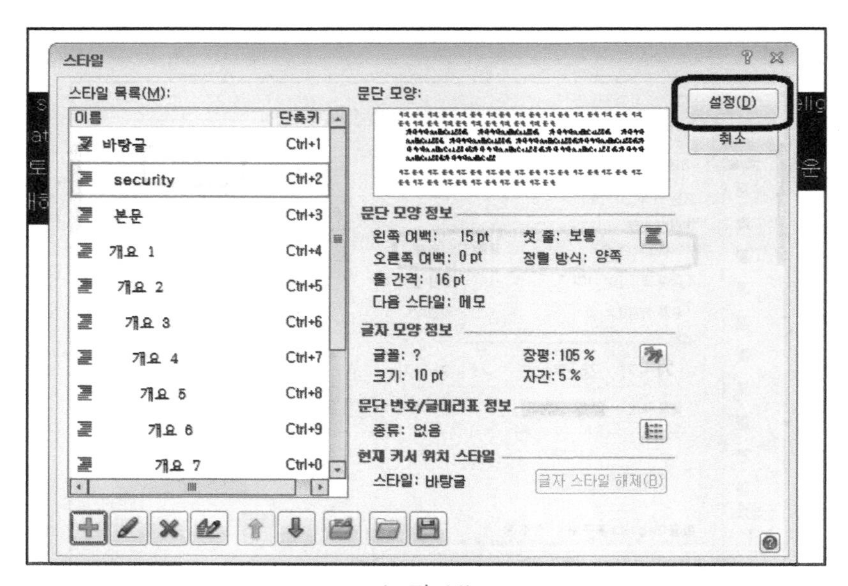

〈그림 14〉

최종 결과는 〈그림 15〉와 같다.

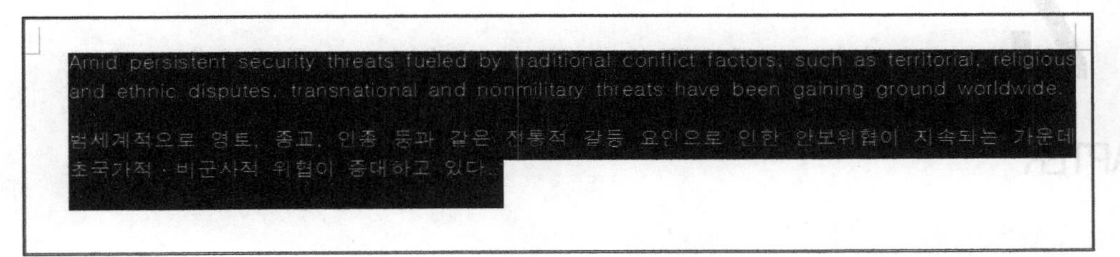
Amid persistent security threats fueled by traditional conflict factors, such as territorial, religious and ethnic disputes, transnational and nonmilitary threats have been gaining ground worldwide.

범세계적으로 영토, 종교, 인종 등과 같은 전통적 갈등 요인으로 인한 안보위협이 지속되는 가운데 초국가적·비군사적 위협이 증대하고 있다.

〈그림 15〉

파일 이름은 "13장_3"이라고 저장한다. 이상으로 13장의 실습을 모두 마친다.

14
CHAPTER

수식 편집하기

이번 장에서는 수식 편집하기에 대해 알아본다. 수식 편집은 "입력" 메뉴 아래의 "개체" 중 "수식" 메뉴를 적용한다.

수식을 입력할 위치를 지정하는 방법은 마우스로 입력할 위치를 클릭하는 방법과 탭(TAB)키를 이용해 수식이 입력될 위치로 이동하는 방법이 있다.

수식 편집기를 이용해 완성된 수식은 아래와 같다.

(1) $\int_{0}^{1}\left(\sin x+\frac{x}{2}\right)dx=\int_{0}^{1}\frac{1+\sin x}{2}dx$ (2) $\Delta W=\frac{1}{2}m(f_x)^2+\frac{1}{2}m(f_y)^2$

14.1 첫 번째 수식 편집하기

새 문서에서 작업하기로 한다. 〈그림 1〉과 같이 "(1)"을 입력하고 "스페이스 바"를 한번 눌러 1칸을 띄운다.

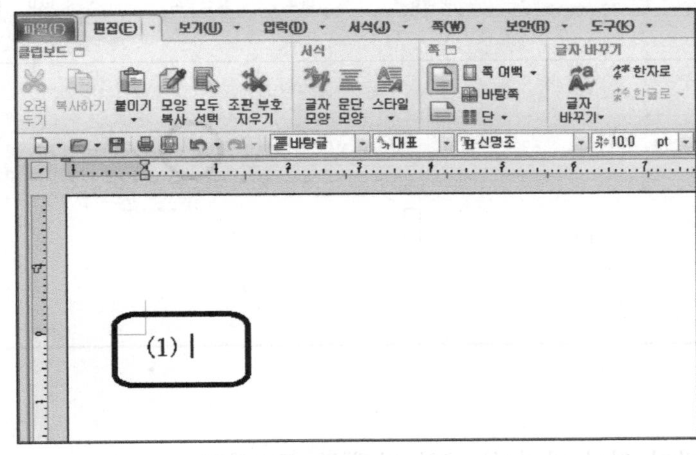

〈그림 1〉

〈그림 2〉와 같이 "입력/개체/수식" 메뉴를 차례로 클릭한다.

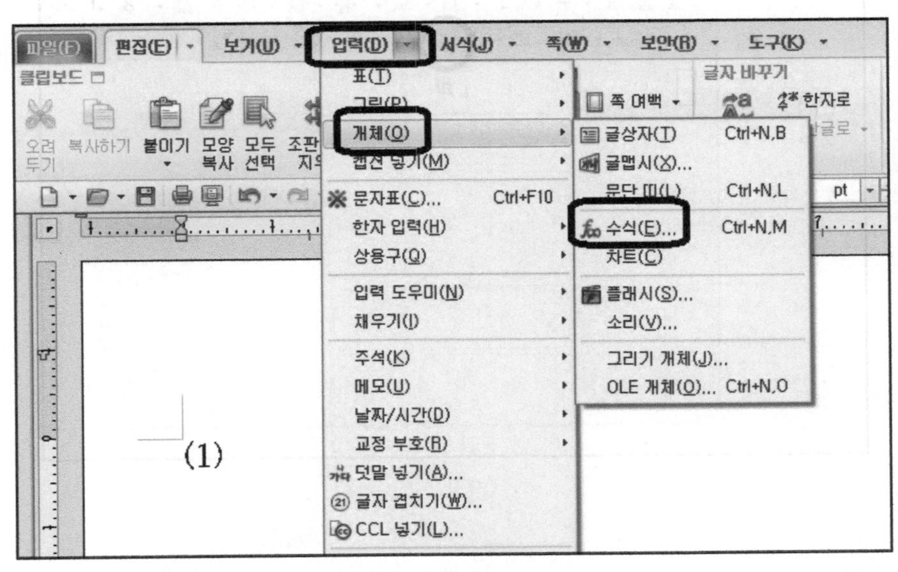

〈그림 2〉

〈그림 3〉과 같이 원으로 표시한 “적분” 기호를 클릭한다.

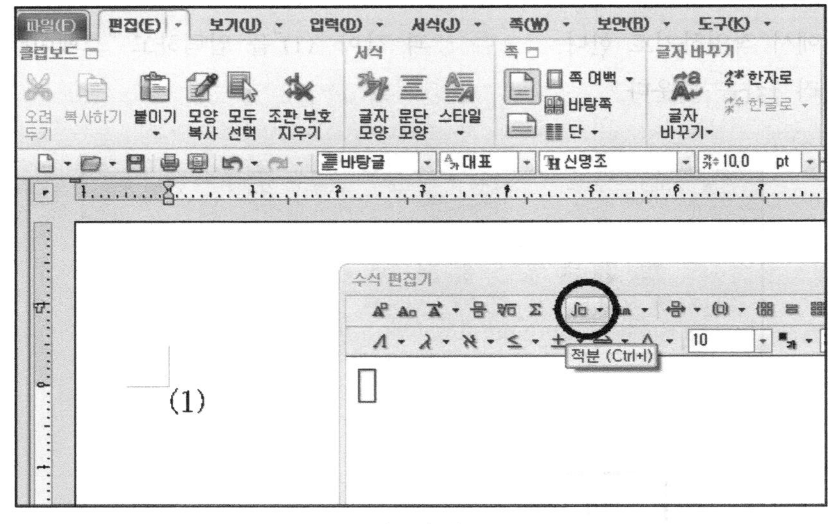

〈그림 3〉

〈그림 4〉와 같이 원이 가리키는 “첫 번째”를 클릭한다.

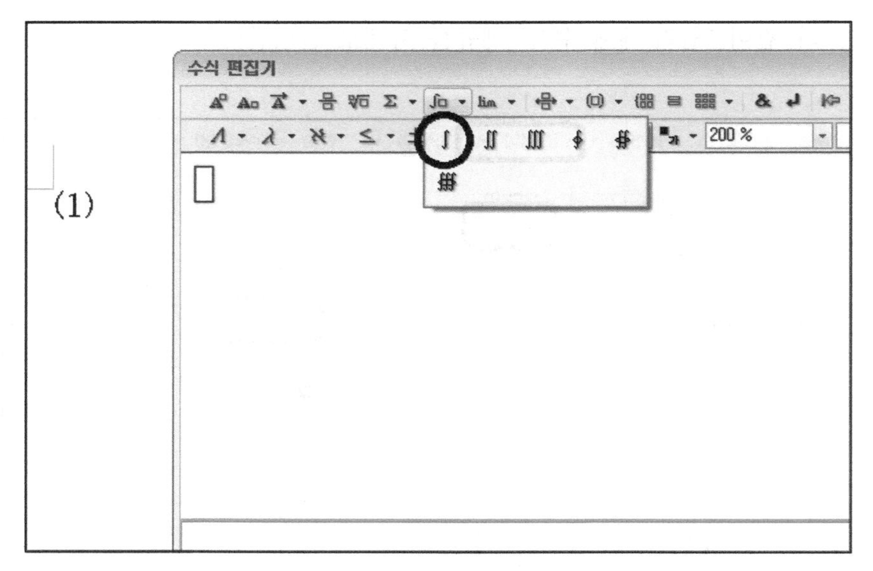

〈그림 4〉

〈그림 5〉와 같이 원으로 표시한 위치를 클릭한 다음, 숫자 "0"을 입력한다.

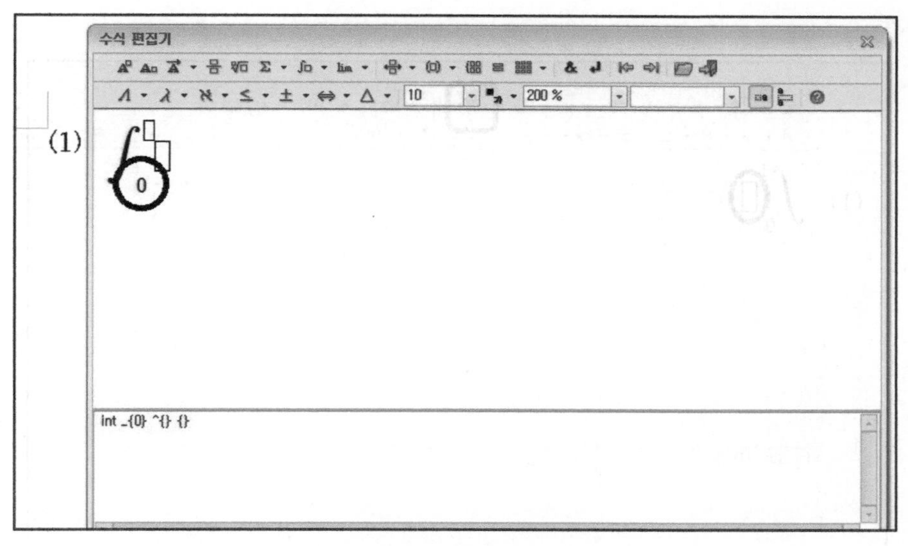

〈그림 5〉

〈그림 6〉과 같이 원으로 표시한 위치를 클릭한 다음, 숫자 "1"을 입력한다.

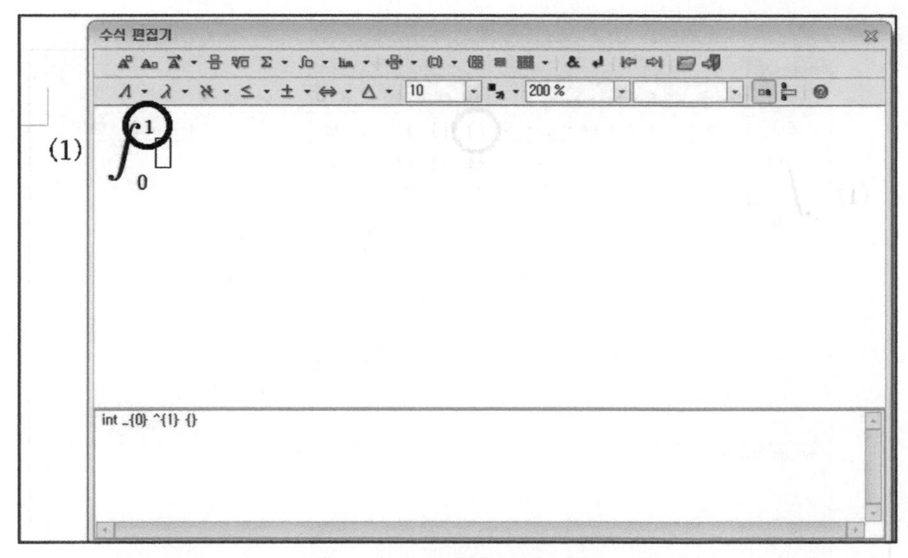

〈그림 6〉

〈그림 7〉과 같이 타원으로 표시한 위치를 클릭한 다음, 사각형으로 표시한 "괄호"를 클릭한다.

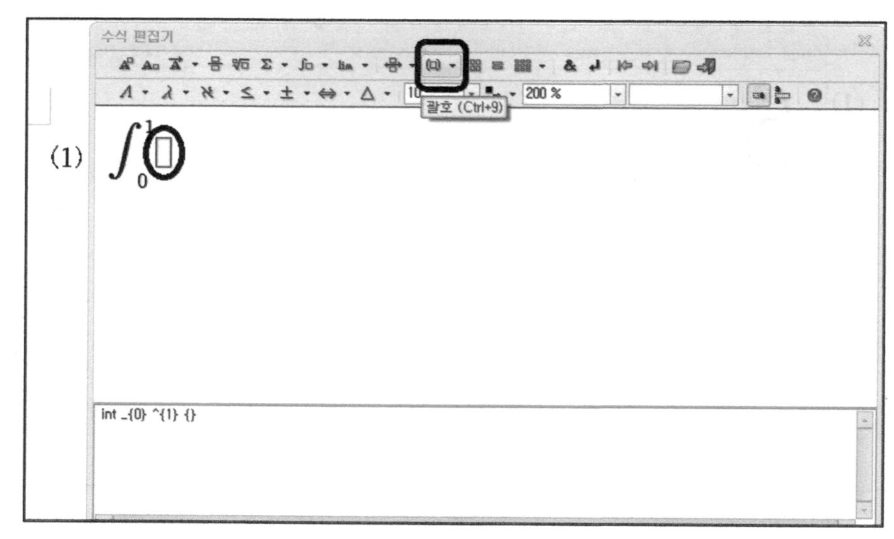

〈그림 7〉

〈그림 8〉과 같이 원이 가리키는 "첫 번째"를 클릭한다.

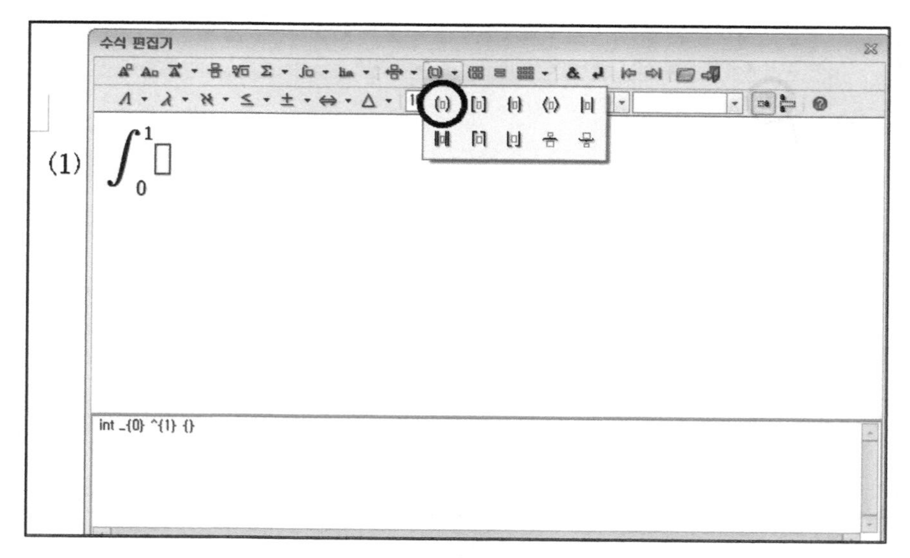

〈그림 8〉

〈그림 9〉와 같이 원안에 있는 “사각형” 위치를 클릭한다.

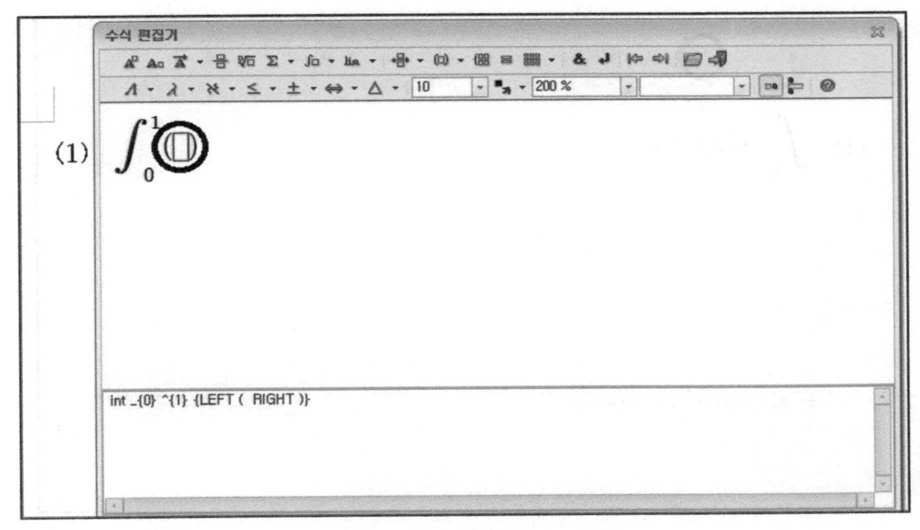

〈그림 9〉

〈그림 10〉과 같이 “sinx+”를 입력한다.

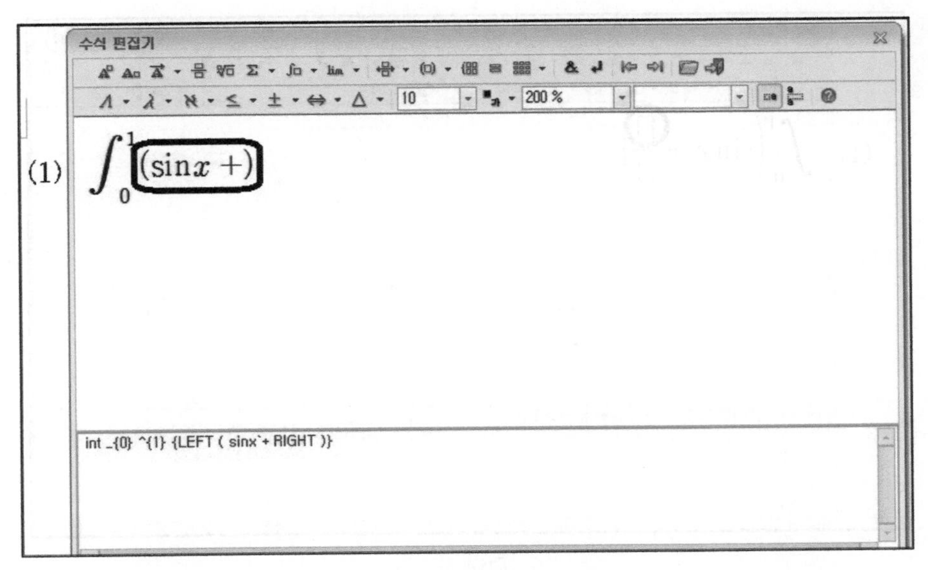

〈그림 10〉

〈그림 11〉과 같이 "분수"를 클릭한다.

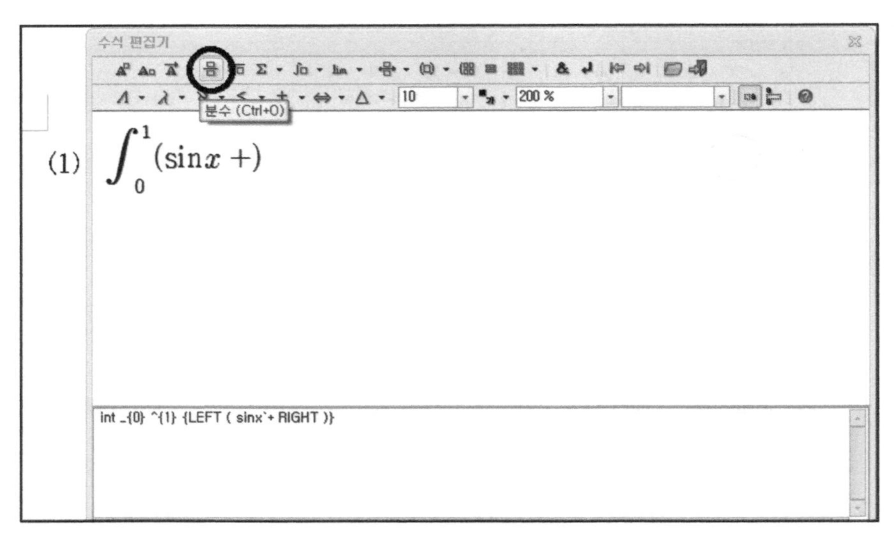

〈그림 11〉

〈그림 12〉와 같이 원이 가리키는 위치에 "x"를 입력한 다음, "탭(TAB) 키"를 누른다.

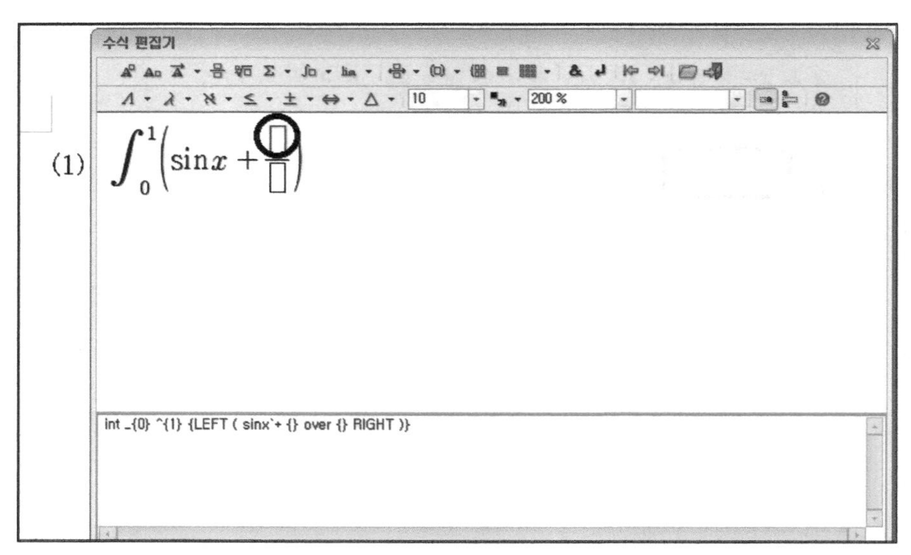

〈그림 12〉

〈그림 13〉과 같이 원의 위치에 "2"를 입력한 다음, "탭"키를 "2회(두 번)" 누른다.

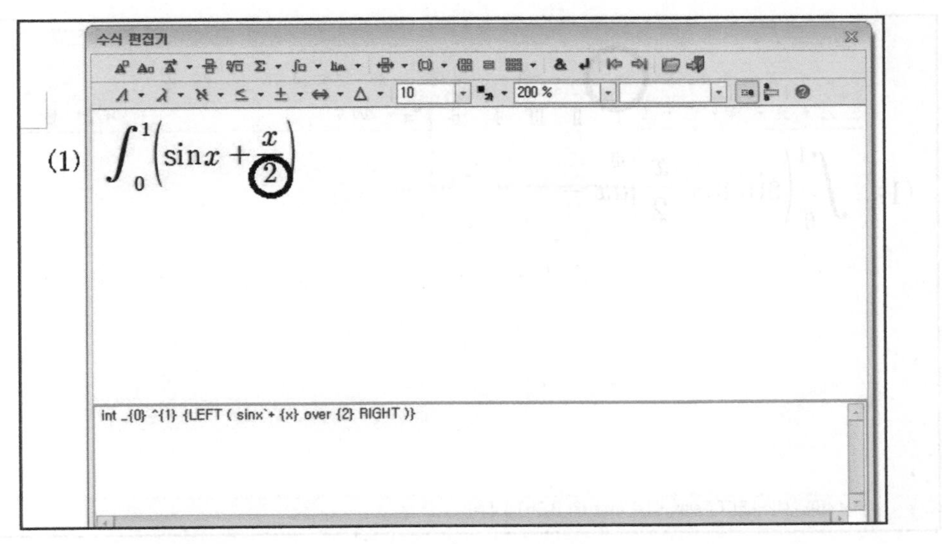

〈그림 13〉

〈그림 14〉와 같이 "dx="을 입력한다.

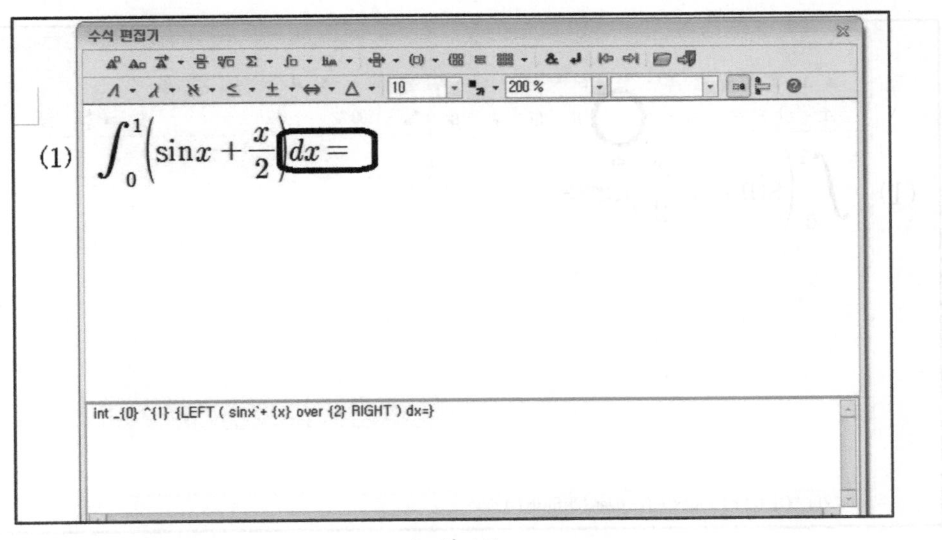

〈그림 14〉

〈그림 15〉와 같이 "적분"을 클릭한다.

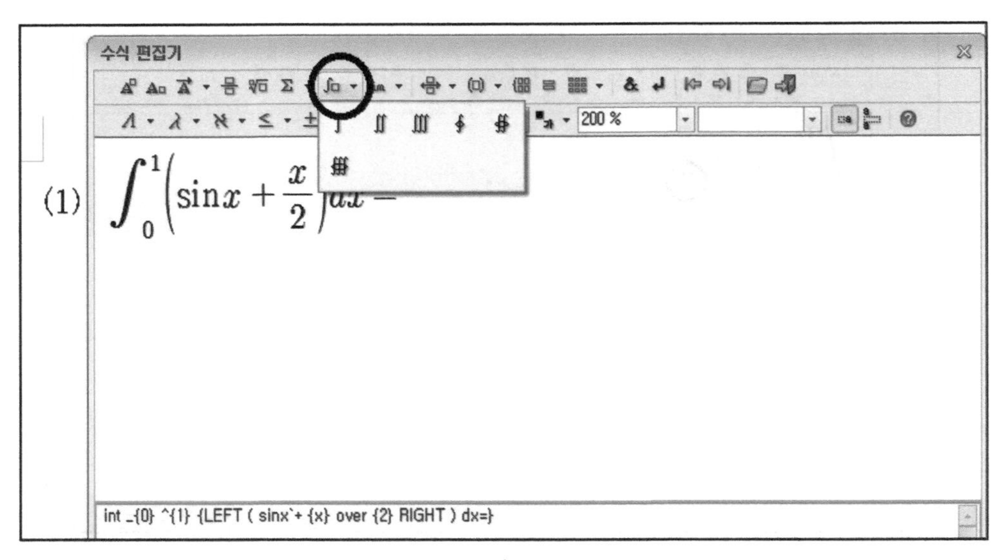

〈그림 15〉

〈그림 16〉과 같이 "첫 번째"를 클릭한다.

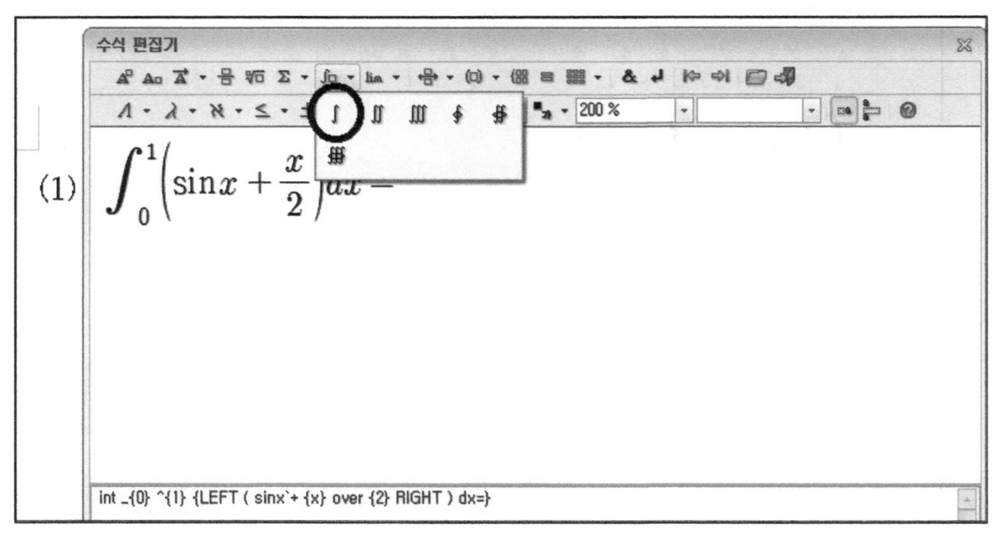

〈그림 16〉

〈그림 17〉과 같이 숫자 "0"을 입력한 다음, "탭 키"를 누른다.

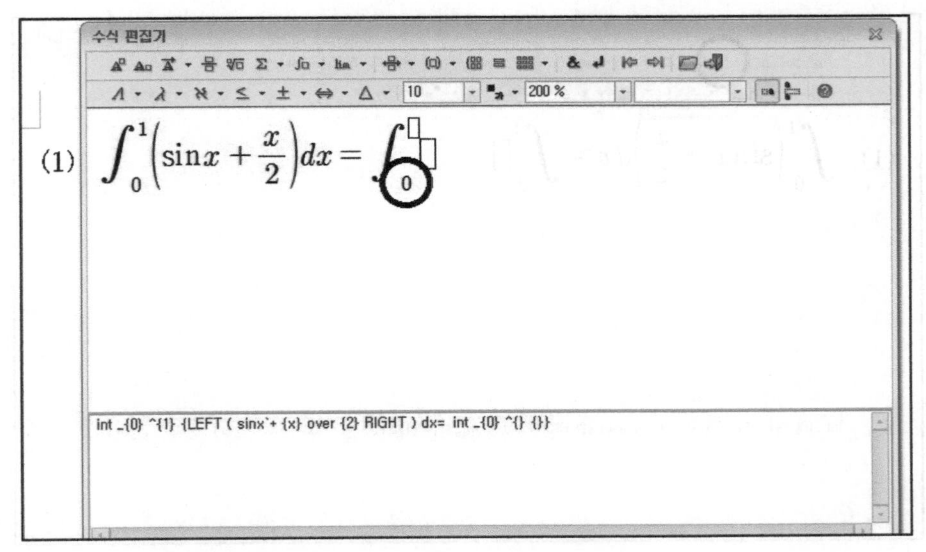

〈그림 17〉

〈그림 18〉과 같이 숫자 "1"을 입력한 다음, "탭 키"를 누른다.

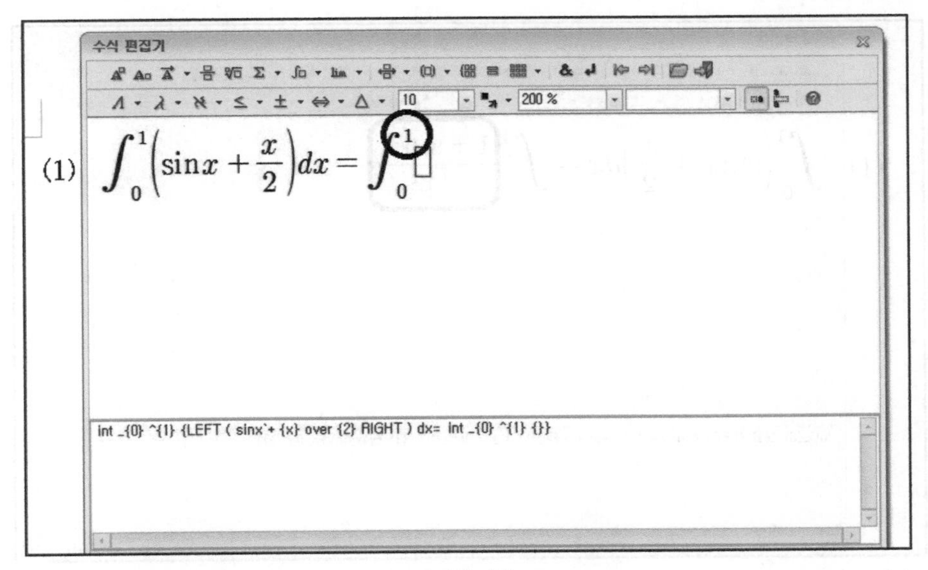

〈그림 18〉

〈그림 19〉와 같이 "분수"를 클릭한다.

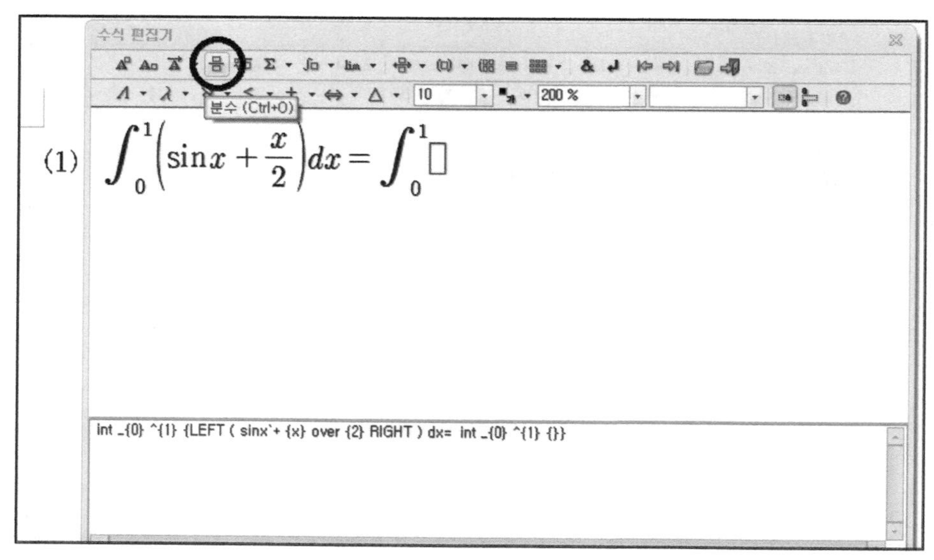

〈그림 19〉

〈그림 20〉과 같이 "1+sinx"를 입력한 다음, "탭(TAB) 키"를 누른다.

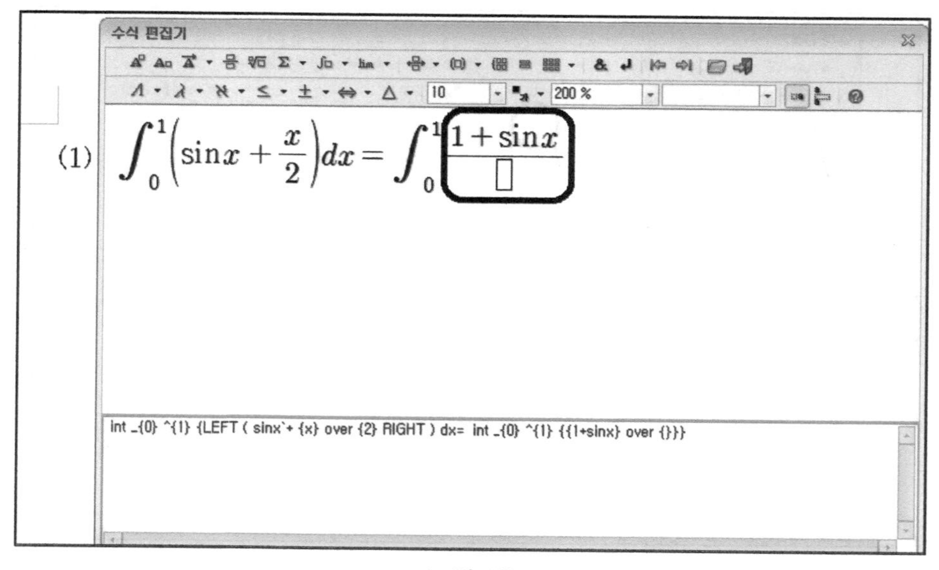

〈그림 20〉

〈그림 21〉과 같이 "2"를 입력한 다음, "탭" 키를 누른다.

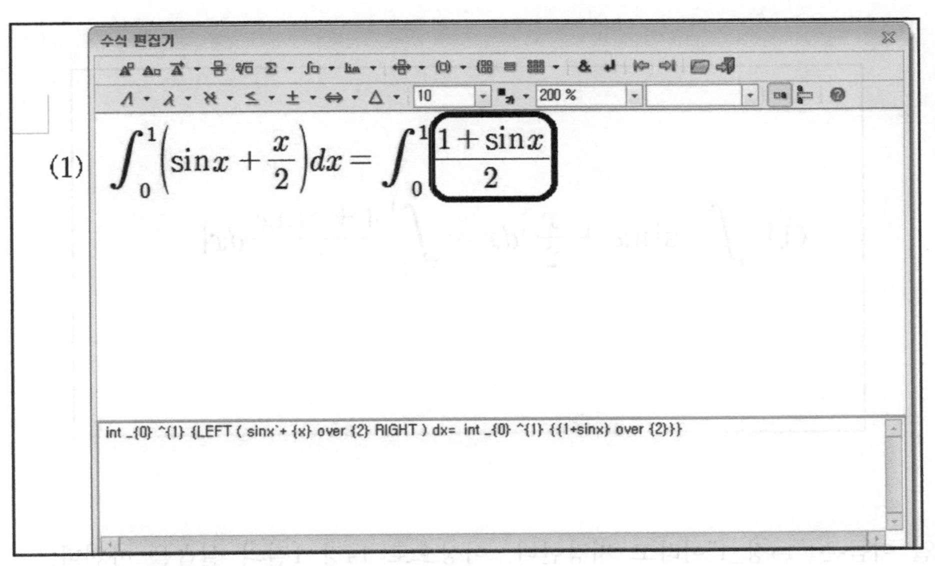

〈그림 21〉

〈그림 22〉와 같이 "dx"를 입력한 다음, "넣기"를 클릭한다.

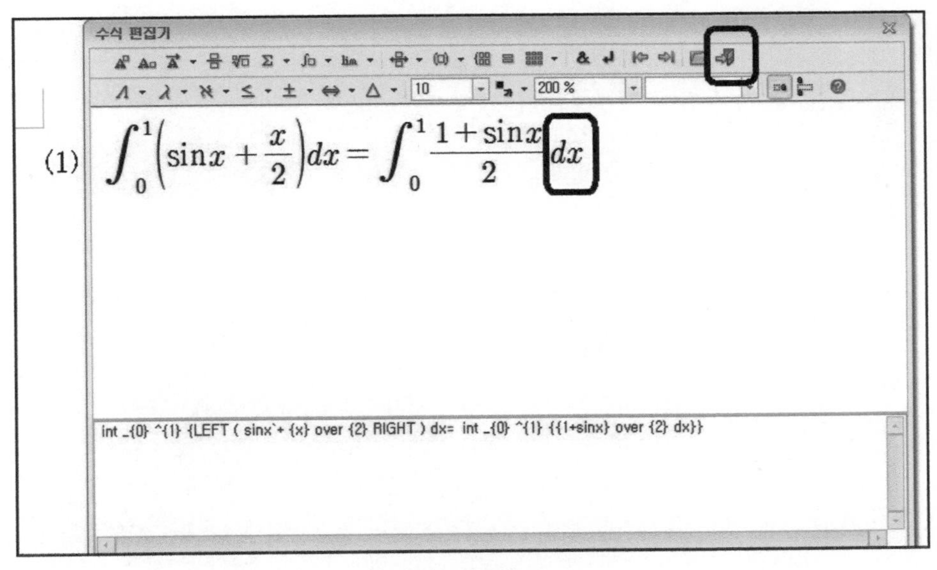

〈그림 22〉

완성된 수식은 〈그림 23〉과 같다(마지막의 수직 바는 입력된 내용이 아니라 커서이다).

$$(1)\quad \int_{0}^{1}\left(\sin x+\frac{x}{2}\right)dx=\int_{0}^{1}\frac{1+\sin x}{2}dx|$$

〈그림 23〉

파일 이름은 "14장_1"이라고 저장한다. 이상으로 14장 1절의 실습을 마친다.

14.2 두 번째 수식 편집하기

14장 1절에 이어서 작업하기로 한다. 〈그림 24〉와 같이 “dx” 바로 뒤에서 “스페이스 바”를 3회 눌러 3칸을 띄운다. 원으로 표시한 커서의 위치만큼 이동한 것이다.

$$(1)\ \int_0^1 \left(\sin x + \frac{x}{2}\right)dx = \int_0^1 \frac{1+\sin x}{2}dx \quad |$$

〈그림 24〉

〈그림 25〉와 같이 “(2)”를 입력한 다음, “스페이스 바”를 한번 눌러 한 칸을 띄운다.

$$(1)\ \int_0^1 \left(\sin x + \frac{x}{2}\right)dx = \int_0^1 \frac{1+\sin x}{2}dx \quad (2)\ |$$

〈그림 25〉

"컨트롤" 키를 누른 상태에서, "N"과 "M"을 차례로 누른다("Ctrl + N, M"). 〈그림 26〉과 같이 "수식 편집기"가 나타날 것이다.

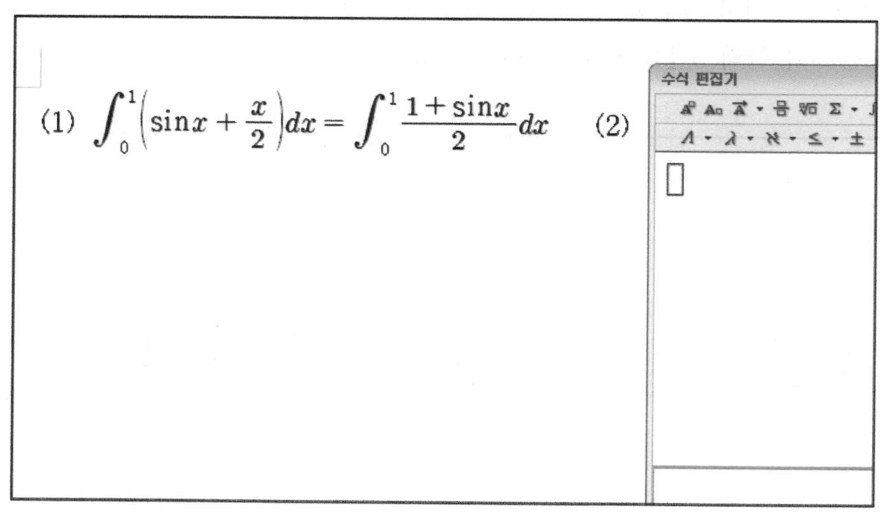

〈그림 26〉

〈그림 27〉과 같이 "그리스 대문자"를 클릭한다.

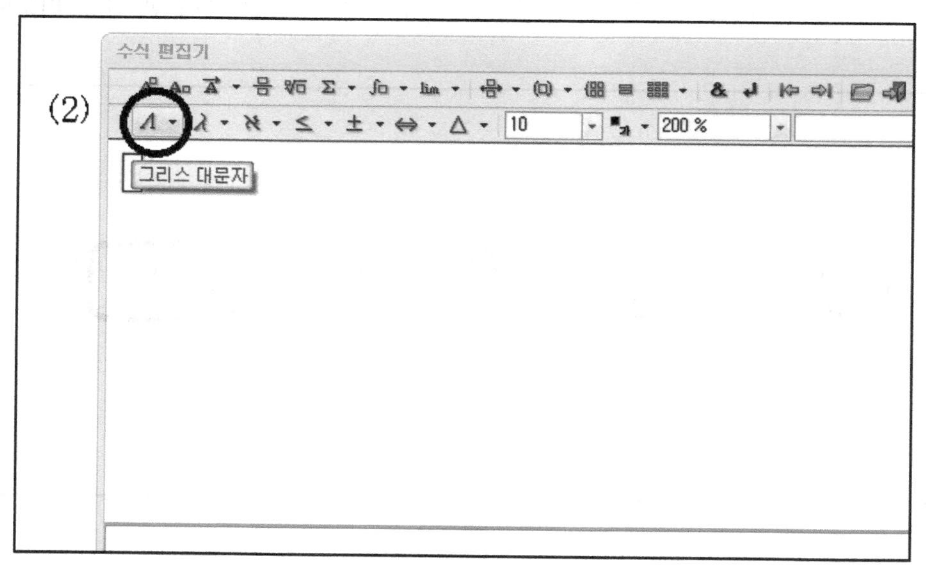

〈그림 27〉

〈그림 28〉과 같이 "델타(DELTA)"를 클릭한다.

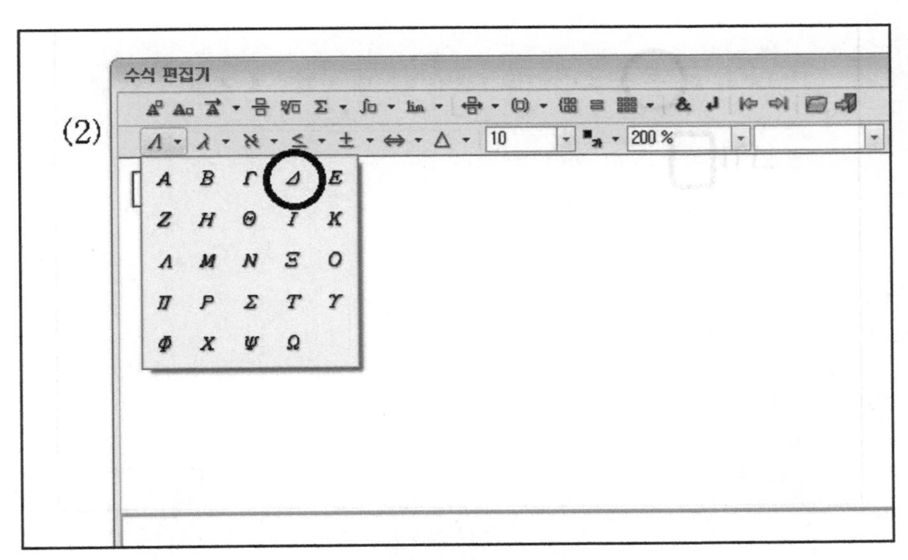

〈그림 28〉

〈그림 29〉와 같이 대문자 "W"를 입력한다.

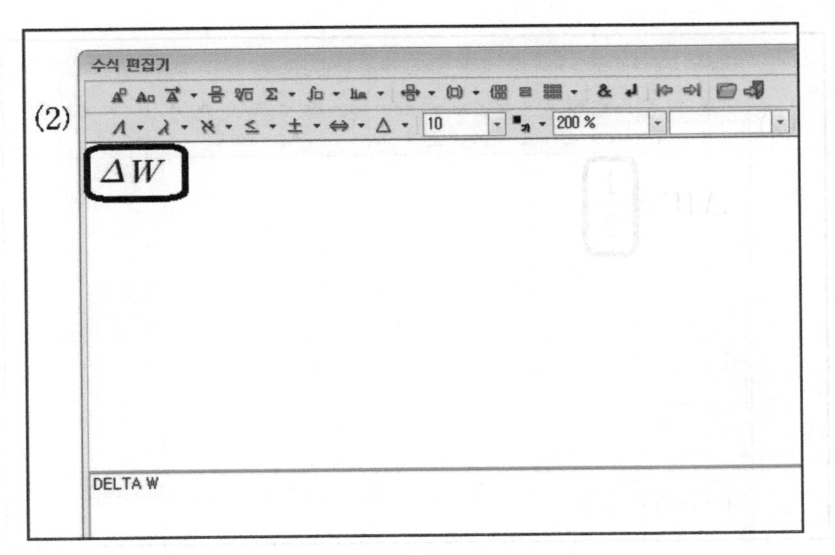

〈그림 29〉

〈그림 30〉과 같이 "="을 입력한 다음, 원으로 가리키고 있는 "분수"를 클릭한다.

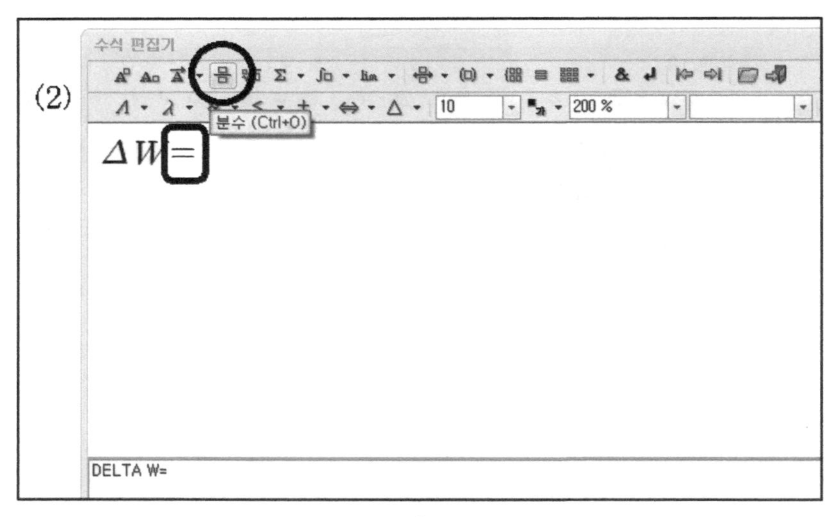

〈그림 30〉

〈그림 31〉과 같이 "1"을 입력한 다음, "탭"키를 누른다. 이어서, "2"를 입력한 다음, "탭"키를 누른다.

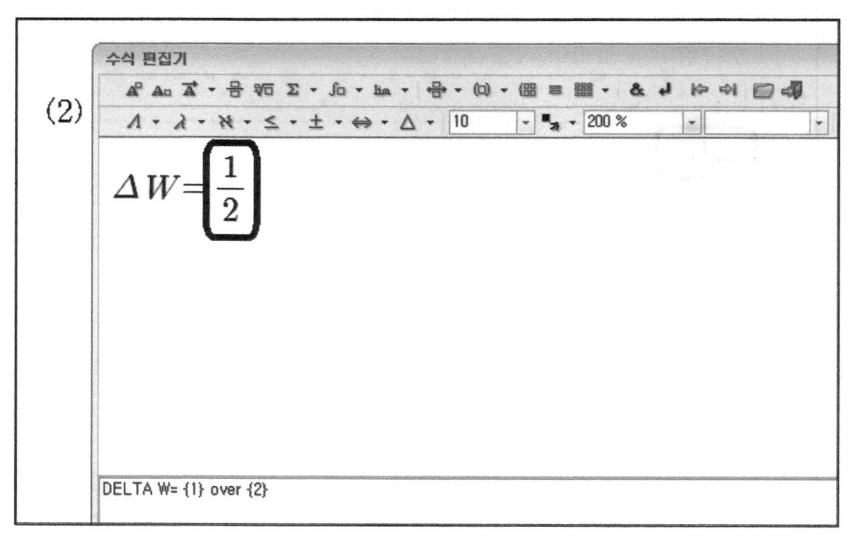

〈그림 31〉

〈그림 32〉와 같이 "m(f"을 입력한다.

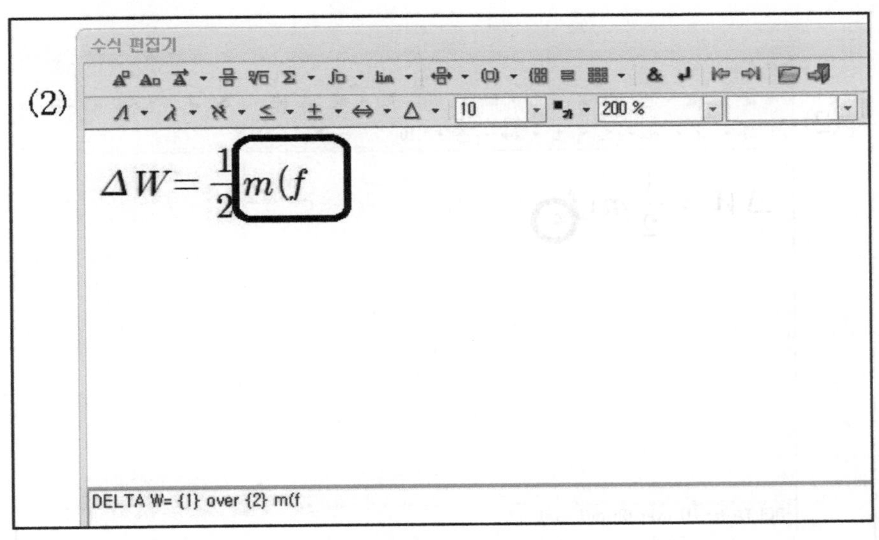

〈그림 32〉

〈그림 33〉과 같이 "아래첨자"를 클릭한다.

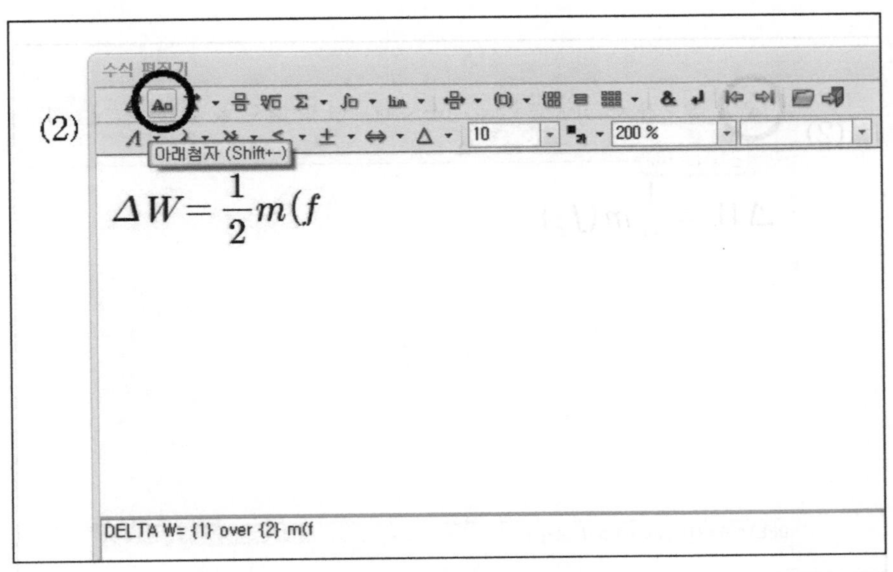

〈그림 33〉

〈그림 34〉와 같이 “x”을 입력한 다음, “탭”키를 누른다.

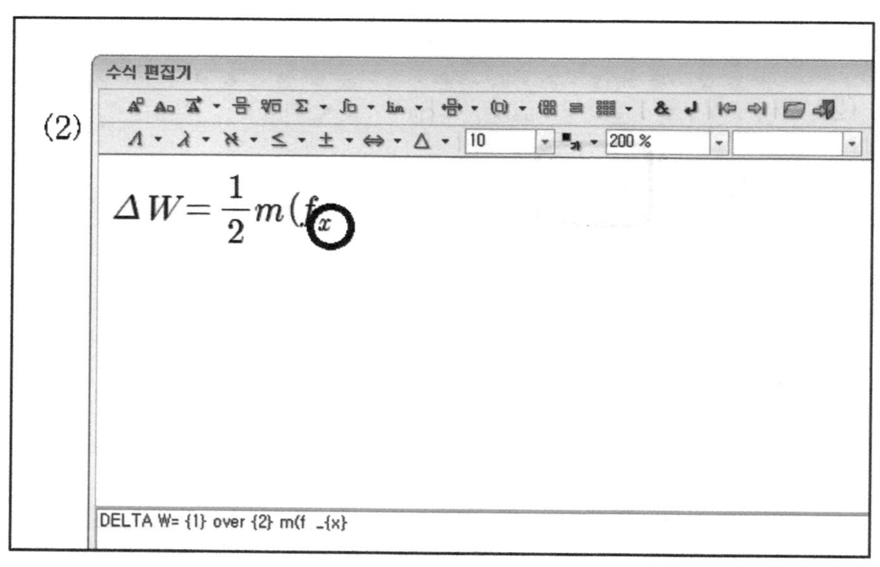

〈그림 34〉

〈그림 35〉와 같이 “)”를 입력한 다음, “위첨자”를 클릭한다.

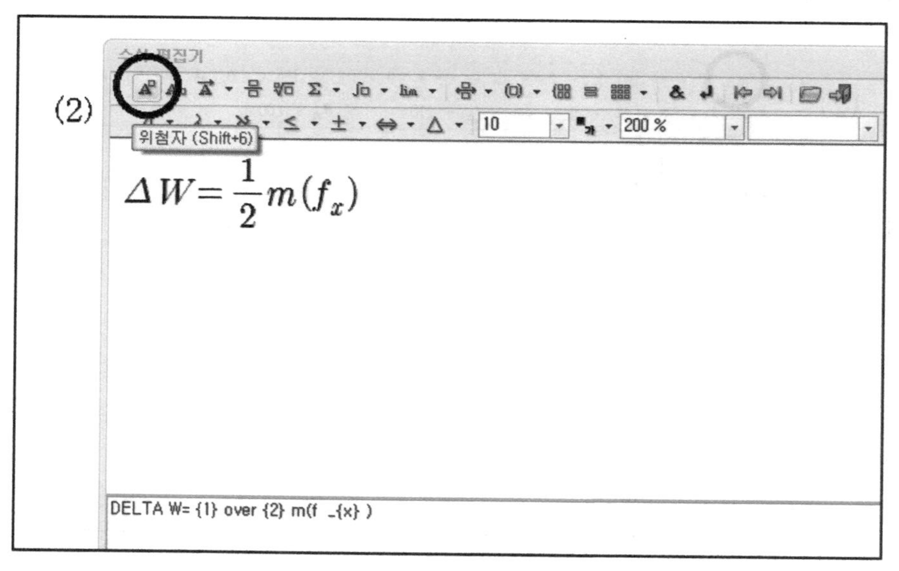

〈그림 35〉

〈그림 36〉과 같이 "2"를 입력한 다음, "탭"키를 누른다.

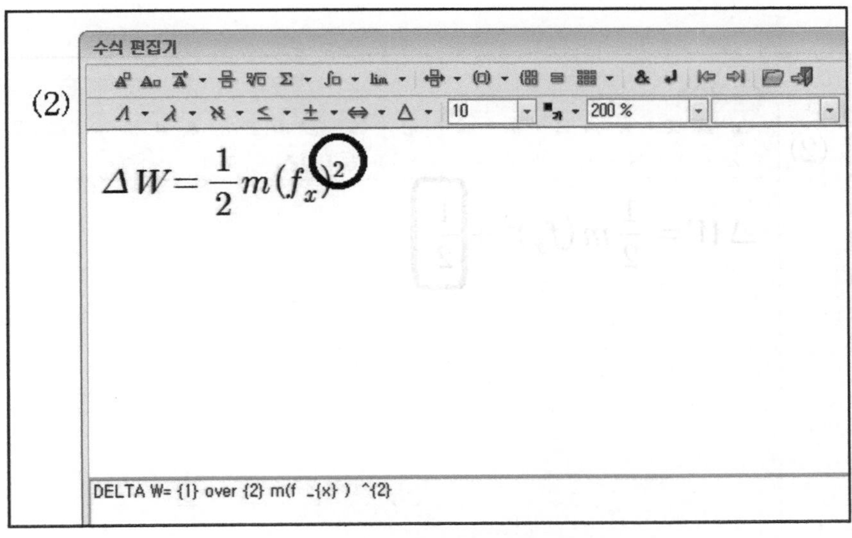

〈그림 36〉

〈그림 37〉과 같이 "+"를 입력한 다음, "분수"를 클릭한다.

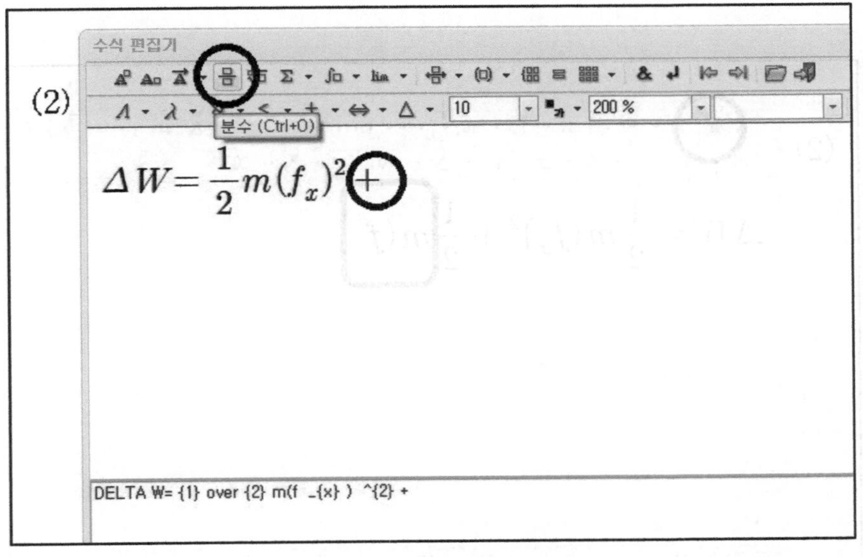

〈그림 37〉

〈그림 38〉과 같이 “1”을 입력한 다음, “탭” 키를 누른다. 이어서, “2”를 입력한 다음, “탭” 키를 누른다.

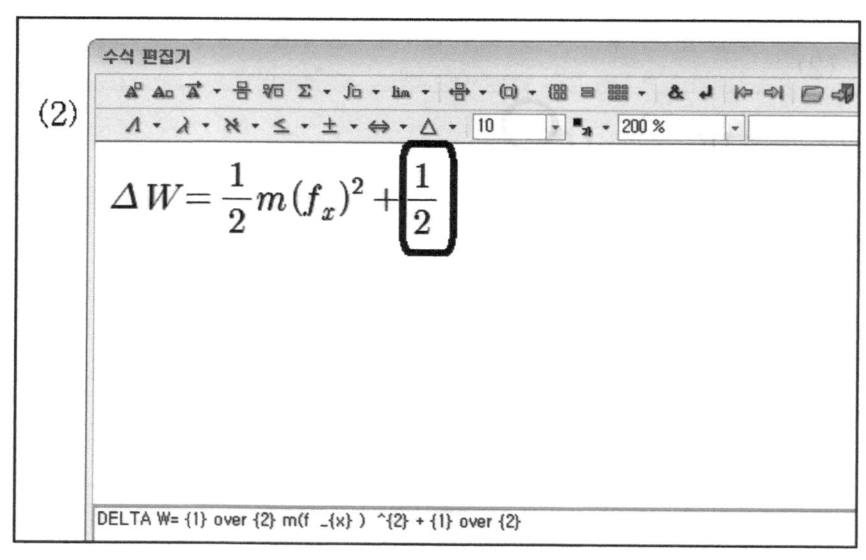

〈그림 38〉

〈그림 39〉와 같이 “m(f”를 입력한 다음, “아래첨자”를 클릭한다.

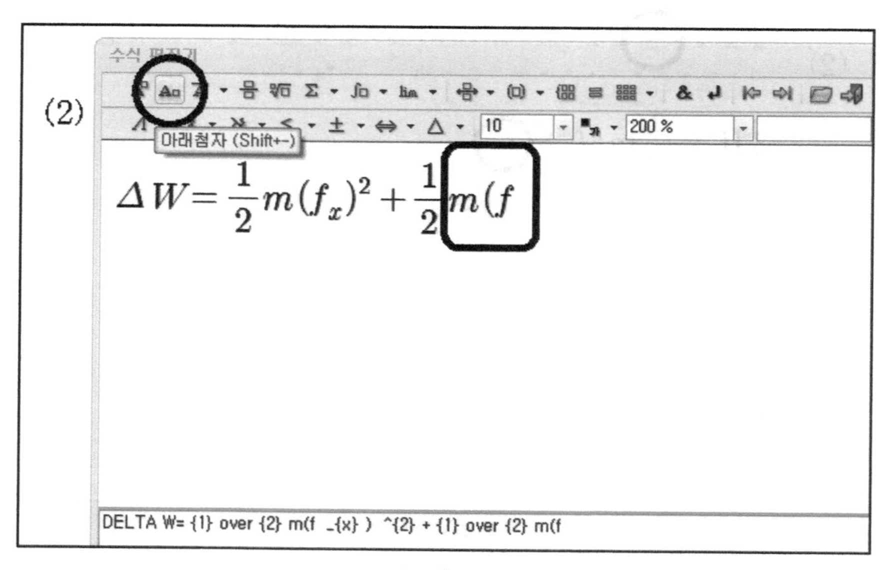

〈그림 39〉

〈그림 40〉과 같이 "y"를 입력한 다음, "탭"키를 누른다.

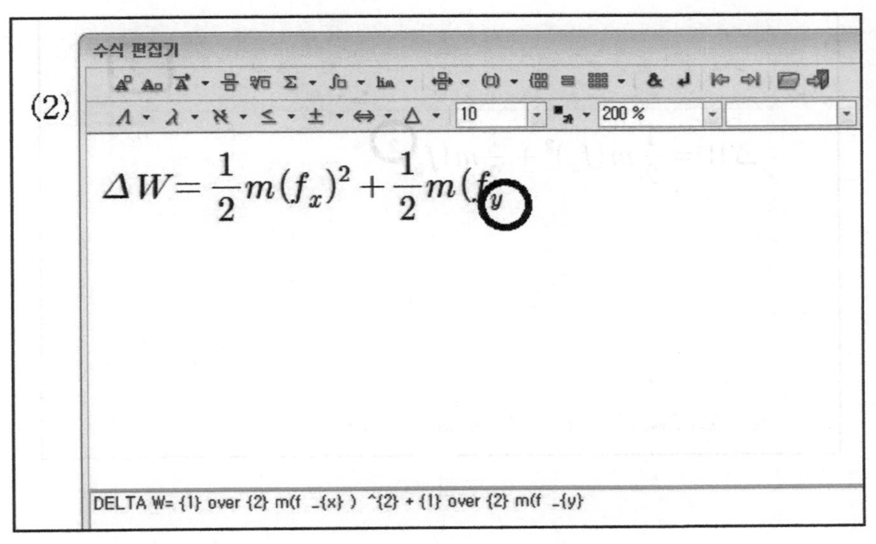

〈그림 40〉

〈그림 41〉과 같이 ")"를 입력한 다음, "위첨자"를 클릭한다.

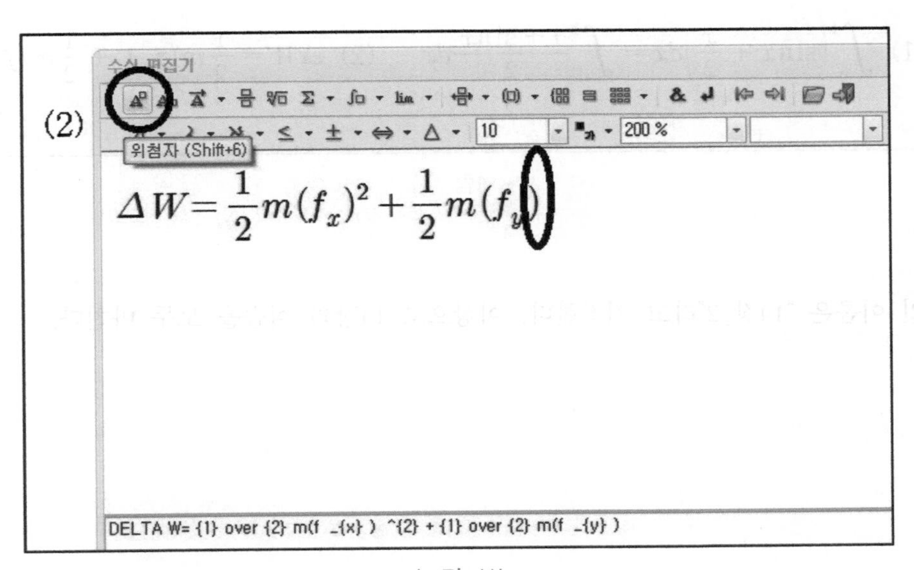

〈그림 41〉

〈그림 42〉와 같이 “2”를 입력한 다음, “넣기”를 클릭한다.

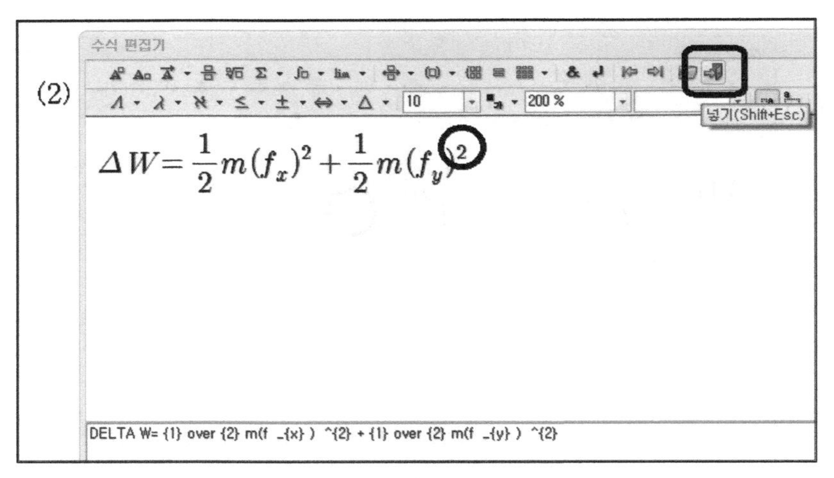

〈그림 42〉

완성된 결과는 〈그림 43〉과 같다.

(1) $\int_{0}^{1} \left(\sin x + \frac{x}{2} \right) dx = \int_{0}^{1} \frac{1 + \sin x}{2} dx$ (2) $\Delta W = \frac{1}{2} m(f_x)^2 + \frac{1}{2} m(f_y)^2$

〈그림 43〉

파일 이름은 “14장_2”라고 저장한다. 이상으로 14장의 실습을 모두 마친다.

이준형

현) 강동대학교 교양과 교수

ITQ 시험준비를 위한 **한글 정복하기**

1판 1쇄 인쇄 2020년 02월 15일
1판 1쇄 발행 2020년 02월 25일
저 자 이준형
발 행 인 이범만
발 행 처 **21세기사** (제406-00015호)
경기도 파주시 산남로 72-16 (10882)
Tel. 031-942-7861 Fax. 031-942-7864
E-mail : 21cbook@naver.com
Home-page : www.21cbook.co.kr
ISBN 978-89-8468-862-9

정가 20,000원